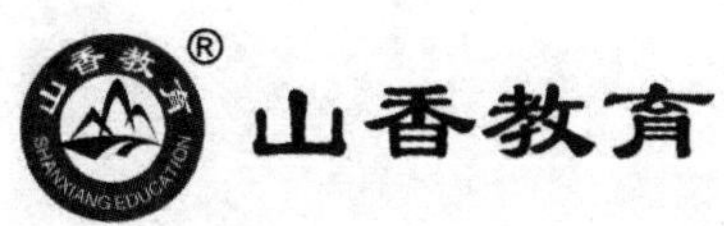

福建省教师招聘考试
历年真题详解及预测试卷

教育综合

真题试卷

（本真题试卷由山香教师招聘考试命题研究中心收集、整理）

目 录

2023年福建省教师招聘考试教育综合真题试卷(一)

(满分150分　时间120分钟)

本套试卷共68小题,分为两部分:第一部分选择题,包括单项选择题(20小题)、多项选择题(10小题)、判断选择题(15小题);第二部分非选择题,包括填空题(15小题)、辨析题(3小题)、材料分析题(5小题)。

一、单项选择题(在下列每题四个选项中只有一个是符合题意的,将其选出并把它的标号写在题后的括号内。本大题共20小题,每小题2分,共40分)

1. 习近平总书记在中国共产党第二十次全国代表大会上所作的《高举中国特色社会主义伟大旗帜 为全面建设社会主义现代化国家而团结奋斗》的报告中,宣读了二十大的主题,该主题要求弘扬伟大的(　　)

A. 创造精神　　B. 奋斗精神　　C. 建党精神　　D. 团结精神

2. 2022年6月5日,神州十四号载人飞船在酒泉发射成功,执行这次载人飞行任务的航天员是(　　)

A. 陈冬、叶光富、聂海胜　　B. 陈冬、刘洋、蔡旭哲

C. 杨利伟、刘洋、蔡旭哲　　D. 杨利伟、叶光富、聂海胜

3. 2022年6月17日上午,我国举行第三艘航空母舰下水命名仪式,经中央军委批准,我国第三艘航空母舰命名为“中国人民解放军海军________”。(　　)

A. 福建舰　　B. 浙江舰　　C. 山东舰　　D. 辽宁舰

4. 2022年10月30日,十三届全国人大常委会第三十七次会议表决通过的,旨在加强河流生态环境保护的法律是(　　)

A.《中华人民共和国长江保护法》　　B.《中华人民共和国流沙保护法》

C.《中华人民共和国黄河保护法》　　D.《中华人民共和国珠江保护法》

5. 2022年11月20日至12月18日,第二十二届世界杯足球赛再次在亚洲举行,也是中东地区举办的首届世界杯,此次世界杯的举办地是(　　)

A. 法国　　B. 意大利

C. 阿根廷　　D. 卡塔尔

6. 2022年11月29日,我国非物质文化遗产项目又一次申遗成功,并列入联合国

教科文组织人类非物质文化遗产代表作名录。该非物质文化遗产项目是(　　)

A. 送王船　　B. 中秋节

C. 藏医药浴法　　D. 中国传统制茶技艺及其相关习俗

7. 2022年12月20日,(　　)最后一台百万千瓦机组投产发电,标志着世界最大清洁能源走廊全面建成。

A. 闽江水电站　　B. 白鹤滩水电站

C. 三峡水电站　　D. 小浪底水电站

8. 依据《中国学生发展核心素养》,下列属于自主发展内涵的是(　　)

A. 人文底蕴　　B. 实践创新　　C. 健康生活　　D. 科学精神

9.《中小学教育惩戒规则(试行)》第十二条规定,教师在教育教学管理、实施教育惩戒过程中,不得有的行为是(　　)

A. 点名批评

B. 承担校内公益服务任务

C. 责令赔礼道歉、做口头或书面检讨

D. 因个人或少数人违规违纪行为而惩罚全体学生

10. 我国最早出现"教育"一词是在"得天下英才而教育之,三乐也"这句话中,该句话出自(　　)(常考)

A.《学记》　　B.《论语》

C.《说文解字》　　D.《孟子·尽心上》

11. 孟禄认为"原始社会的教育使用的方法从头到尾都是简单的无意识的模仿"。这里体现的教育起源理论是(　　)(易混)

A. 神话起源学说　　B. 生物起源学说

C. 心理起源学说　　D. 劳动起源学说

12. 我国教育目的的历史演变过程中,强调"培养学生的创新精神和实践能力"的方针出自(　　)

A.《中华人民共和国宪法》

B.《国家中长期教育改革和发展规划纲要(2010~2020年)》

C.《中共中央 国务院关于深化教育改革,全面推进素质教育的决定》

D.《中共中央关于制定国民经济和社会发展十年规划和"八五"计划的建议》

13. 一项关于"教师工作满意度"的问卷调查,其答案选项是"非常满意"和"非常不满意"。此处违背了问卷设计原则的(　　)

A. 穷尽性　　B. 互斥性　　C. 平衡性　　D. 同层性

14. 我国古代的“六艺”和古希腊的“七艺”的课程类别是( )

A. 学科课程　B. 活动课程　C. 综合课程　D. 隐性课程

15. 无论在白天还是晚上，我们都会把我国国旗知觉为鲜红色。这体现的是( )

A. 形状恒常性　B. 颜色恒常性

C. 方向恒常性　D. 大小恒常性

16. 某同学擅长识别水仙花等花卉。这属于多元智力中的( )(常考)

A. 语言智力　B. 自然智力

C. 内省智力　D. 逻辑数学智力

17. 奥苏贝尔提出的学习理论与( )有关。

A. 有意义学习　B. 内隐学习

C. 观察学习　D. 信息加工学习

18. “仓廪实而知礼节，衣食足而知荣辱”，其中衣食属于( )

A. 生理需要　B. 安全需要

C. 归属需要　D. 自我实现的需要

19. 下列词语中体现激情的是( )(易混)

A. 急中生智　B. 欣喜若狂　C. 心平气和　D. 自我实现

20. 衡量一个班集体成功与否的主要标志是( )

A. 群体规范　B. 群体舆论

C. 群体气氛　D. 群体凝聚力

二、多项选择题(在下列每题四个选项中有两个或两个以上是符合题意的，将其选出并把它的标号写在题后的括号内，错选、多选、漏选均不得分。本大题共10小题，每小题2分，共20分)

21. 依据《中华人民共和国教师法》，下列属于教师权利的有( )(常考)

A. 参加进修或其他方式的培训

B. 不断提高思想政治觉悟和教育教学业务水平

C. 指导学生的学习和发展，评定学生的品行和学业成绩

D. 制止有害于学生的行为或其他侵犯学生合法权益的行为，批评和抵制有害于学生健康成长的现象

22.《中华人民共和国未成年人保护法》第三十八条规定，学校、幼儿园不得( )

A. 安排未成年人参加商业性活动

B. 安排未成年人参加文化娱乐、社会实践等集体活动

C. 与校外培训机构合作为未成年人提供有偿课程辅导

D. 向未成年人及其父母或者其他监护人推销或者要求其购买指定的商品和服务

23. 下列关于政治对教育的影响，正确的有(　　)(易错)

A. 政治影响教学方法

B. 政治影响教育的社会性质

C. 政治影响教育宗旨和目的

D. 政治影响教育领导权和受教育权

24. 下列关于素质教育的说法，正确的是(　　)

A. 面向全体学生　　B. 促进学生个性发展

C. 以提高国民素质为目的　　D. 具有全面性、主动性和可持续性

25. 专业化教师合理的知识结构应包括(　　)

A. 通识性知识　　B. 本体性知识

C. 条件性知识　　D. 实践性知识

26. 思维的基本形式包括(　　)

A. 概念　　B. 概括

C. 推理　　D. 运用

27. 下列属于行为主义学习理论的有(　　)

A. 布鲁纳的发现学习论　　B. 苛勒的完形—顿悟说

C. 桑代克的联结—试误说　　D. 斯金纳的操作条件反射论

28. 下列关于记忆的说法正确的有(　　)

A. 短时记忆也称工作记忆　　B. 记忆的容量是7±2单元

C. 长时记忆保存时间是1分钟以上　　D. 视觉后像是瞬时记忆的例子

29. 下列属于正迁移的有(　　)(易错)

A. 方言对学习普通话的影响

B. 数学学习对理化生学习的影响

C. 汉语拼音对英语字母发音的影响

D. 外语学习中词汇的掌握对阅读的影响

30. 下列属于复述策略的有(　　)

A. 画线　　B. 分段识记

C. 多种感官参与　　D. 复习形式多样化

三、判断选择题(本大题共15小题，每小题1分，共15分)

31. 根据《中华人民共和国教育法》第四十三条规定，在学业成绩和品行上获得公

正评价，完成规定的学业后获得相应的学业证书、学位证书，是受教育者享有的权利之一。 （ ）

A. 正确 B. 错误

32.《中小学教师违反职业道德行为处理办法》中规定，警告和记过处分，公办学校教师由所在学校决定，报主管教育部门备案，民办学校教师由所在学校提出建议，学校主管教育部门决定。 （ ）

A. 正确 B. 错误

33.“故君子之教，喻也。道而弗牵，强而弗抑，开而弗达”体现的是启发性原则。 （ ）

A. 正确 B. 错误

34. 德育的基本途径是班主任工作。（易混） （ ）

A. 正确 B. 错误

35. 课程标准是根据教科书编写的有关课程与教学的纲领性文件。 （ ）

A. 正确 B. 错误

36. 备课是整个教学活动的中心环节。（常考） （ ）

A. 正确 B. 错误

37. 学校教育在人的发展中发挥主导作用是有条件的。 （ ）

A. 正确 B. 错误

38. 经验主义课程论的代表人物是杜威。 （ ）

A. 正确 B. 错误

39. 幻想是不随意想象的特殊形式。 （ ）

A. 正确 B. 错误

40. 人的一切心理活动就其产生的方式来说都是脑的反射活动。 （ ）

A. 正确 B. 错误

41. 温和稳重、内向安静是多血质的心理特征。 （ ）

A. 正确 B. 错误

42. 自我意识中的社会自我是青年初期开始发展和形成的。 （ ）

A. 正确 B. 错误

43. 儿童学习“天气”概念后，再学习“台风”这个概念。这是类属学习。（常考）（ ）

A. 正确 B. 错误

44. 打球、游泳、阅读都属于操作技能。 （ ）

A. 正确 B. 错误

45. 教育心理学研究的核心内容是学习过程。（　　）

A. 正确　　B. 错误

四、填空题（本大题共15小题，每小题1分，共15分）

46. 2022年6月30日至7月1日，中共中央总书记、国家主席、中央军委主席习近平来到香港，出席庆祝香港回归祖国________周年大会暨香港特别行政区第六届政府就职典礼，并视察香港。习近平总书记指出，有伟大祖国的坚定支持，有“一国两制”方针的坚实保障，在实现我国第二个百年奋斗目标的新征程上，香港一定能够创造更大的辉煌。

47.《中华人民共和国义务教育法》规定，实施义务教育，不收学费、________。

48.《深化新时代教育评价改革总体方案》指出，牢固树立科学的教育发展理念，坚决克服短视行为、________倾向。

49. 第一个明确提出“教育性教学”的教育家是________。

50. 我国教育目的的理论基础是马克思主义关于人的________学说。（常考）

51. 我国学校教学的基本组织形式是________。

52. 1632年夸美纽斯发表的著作是________。

53. 根据教育目的、德育目标和德育过程规律而提出的指导德育工作的基本要求是________。

54. “两害相权取其轻”体现的动机冲突是________冲突。

55. 根据思维探索问题答案的方向不同，把思维分为聚合思维和________。

56. 教育心理学是研究教育情境中________的基本心理规律的科学。

57. 艾宾浩斯遗忘曲线揭示的遗忘进程是________。

58. 根据科尔伯格儿童道德发展阶段理论，“好孩子”的取向阶段属于________水平。

59. 强调教学不能只适应发展的现有水平，还应适应最近发展区的心理学家是________。

60. 以注意力缺陷和活动过度为主要特征的行为障碍综合征是________。

五、辨析题（本大题共3小题，每小题5分，共15分）

61. 荀子说：“蓬生麻中，不扶而直；白沙在涅，与之俱黑。”《爱莲说》则写道：“出淤泥而不染，濯清涟而不妖。”结合影响人的发展的基本因素，对上述说法加以辨析。

62. 思想品德教育不是一朝一夕的事，也不能一劳永逸，更需要有前瞻性和预见性。运用德育过程的基本规律，对此观点加以辨析。

63. 当一名教师越来越关注学生的成绩，并把精力放在如何教好每一堂课的时候，说明他已经是一名成熟的教师。结合福勒和布朗的教师专业成长阶段理论，对这一论断进行辨析。

六、材料分析题（本大题共5小题，其中第64小题6分，第65小题9分，第66小题11分，第67小题8分，第68小题11分，共45分）

64. 阅读材料，回答问题。

郑老师从某名牌师范大学教育学专业毕业后，就回到家乡的农村中学任教，长达三十多年。教学中，他坚持每学年都更新教案，布置给学生的每一道习题，他自己都要事先演练，为的是"不让学生问倒"。每年的3月14日，学校都会举办一次特殊的"π纪念活动"，激发学生学习、探究科学的热情，该活动就是由郑老师发起并组织的。郑老师从小就对手工制作感兴趣，曾用纸片做船模，被某博物馆收藏；每年元宵节，他亲手制作的花灯都在最显眼的位置展示。郑老师作为市人大代表，认真履行职责，曾对某些学校的"择校"问题进行跟踪调查，提出整改建议，他的多项提案被采纳，有农村家庭教育问题、教育均衡发展问题、乡村教师培养问题。他的关于全面脱贫、美丽乡村建设等提案也得到有关方面的充分肯定。目前，郑老师的"学习强国"中的积分，在教育系统中持续领先。

问题：

结合材料，运用《新时代中小学教师职业行为十项准则》分析郑老师的行为。(6分)

65. 阅读材料，回答问题。

下列是某小学的评估手册的部分内容。

学习情况记录

科目		平时	学期	总评
语文	语基	66	58	及格
	作文(说话)	65	70	及格
	朗读			及格
	笔试			及格
数学	笔试	75	82	良
英语		61	68	及格
体育				优
科学				优
音乐				良
信息技术				良
道德与法治				良
美术				良
综合实践				良
综合评语：某某同学本学期上课发呆，作业也不按时完成，成绩全班倒数第一。希望你假期认真完成增加的作业，下学期能学会主动学习，争取在各方面进步！				
家长建议和意见：非常感谢老师对某某的耐心教育，假期里我们按照老师的要求，监督他完成了所有的作业。他的额外作业，我们也都一一检查批改过。我们会更加用心地督促孩子改正缺点，认真配合老师的建议，也希望老师今后更加严格地要求某某，让他取得更多的进步。				

问题：

(1)结合该手册的内容，分析其违反的相关教育法律法规。(6分)

(2)依据操行评定的要求，分析该综合评语存在哪些不足。(3分)

66. 阅读材料,回答问题。

以下是《面积单位的换算》的教学片段:

师:同学们,刚才我们认识了1平方厘米,如果用来测量数学书封面的面积,可以吗?

生1:可以,可是1平方厘米太小了,量起来要花很多时间。

生2:从学具中拿出1平方分米的正方形,我用这个正方形去量会更快。

(老师给予肯定和鼓励)

师:动手量一下,这个正方形的边长是多少分米?

生:(动手量一量)它的边长恰好是1分米。

师:边长为1分米的正方形,它的面积就是1平方分米,大家用这个正方形比一比、估一估,数学书封面的面积约有多少平方分米?

生:大约4平方分米。

师:同学们找一找,生活中还有哪些物体的面积大约是1平方分米?

生1:粉笔盒正面的面积大约是1平方分米。

生2:我手掌的面积大约是1平方分米。

师:1平方分米里面有多少个1平方厘米? 同学都画一画、摆一摆。

生:(小组讨论,动手操作)

生1:先摆了一行10个,可以摆10行,也就是10个10,这样1平方分米就可以摆出100个1平方厘米。

生2:我是先摆1列10个,可以摆这样的10列,也就是10个10,这样1平方分米就可以摆出100个1平方厘米。

生3:(无序地摆)

师:同学们拼摆的方法很多,不管怎么拼摆,一定要有序,比如先……再……

(老师操作演示)

师:哪位同学能说出分米和厘米的进率是多少?

生:1分米等于10厘米,所以它们的进率是10。

师:今天我们学习了平方厘米和平方分米,大家议一议,它们之间的进率是多少?

(生上台介绍)

生1:1个1平方分米的正方形由100个1平方厘米的正方形组成,所以平方分米和平方厘米之间的进率是100。

(老师、同学鼓掌)

问题：

(1)结合材料，分析该老师贯彻的教学原则。(6分)

(2)结合谈话法的基本要求，分析该教学片段。(5分)

67. 阅读材料，回答问题。

彭老师在一年级的语文课上，发现学生有的上课几分钟就开始东张西望，有的边听课边玩铅笔，有的会被窗外的鸟语声吸引。于是，彭老师在课堂教学环节中，用清晰的语言，响亮的声音，适当重复让学生明确教学要点，采取读、说、演、唱等多种活动形式活跃课堂气氛；采用竞赛、小组合作学习等方式激发学生的学习热情；还及时表扬专心听讲、正确回答问题的学生；同时，适当用眼神、手势等非言语线索提醒学生，一段时间后，学生的听课效率有了明显提高。

问题：

(1)从注意品质的角度，说明该班级学生存在的问题。(2分)

(2)结合材料，分析彭老师提高学生注意力方法的理论依据。(6分)

68. 阅读材料，回答问题。

小明十分聪明，但是爱玩，学习不刻苦。每次考试，他都喜欢耍小聪明押题。某次考试成绩不佳，他认为是因为自己倒霉，没有押中题。同班同学小红学习认真，以优异的成绩考取了理想的中学。但在升入高中后的第一次期中考试中，她的成绩只有中等水平。她不服气，更加发奋地学习。尤其是临近期末考试，小红废寝忘食地学习，希望通过本次考试迎头赶上。然而事与愿违，成绩毫无进步。她认为是因为自己智商不够，感到很沮丧，原有的对学习的自信与兴趣逐渐减弱。

问题：

(1)根据韦纳的归因理论，分析出小明和小红归因的因素。(4分)

(2)具体分析小红归因方式的纬度及影响，并指导其进行合理归因。(7分)

2022年福建省教师招聘考试教育综合真题试卷(二)

(满分150分　时间120分钟)

本套试卷共58小题,分为两部分:第一部分客观题,包括单项选择题(25小题)、多项选择题(10小题)、填空题(15小题);第二部分主观题,包括判断说理题(3小题)、材料分析题(5小题)。

一、单项选择题(在下列每题四个选项中只有一个是符合题意的,将其选出并把它的标号写在题后的括号内。本大题共25小题,每小题2分,共50分)

1. 2021年7月1日,习近平总书记在庆祝中国共产党成立100周年大会上的讲话中,代表党和人民庄严宣告,经过全党全国各族人民持续奋斗,我们实现了第一个百年奋斗目标,在中华大地上(　　)

A. 全面建成了小康社会　　B. 全面建成了法制社会

C. 全面解决了人民群众的温饱问题　　D. 全面建成了社会主义现代化强国

2. 2021年7月25日,我国世界遗产提名项目在第44届世界遗产大会上顺利通过审议,列入《世界遗产名录》,成为中国第56项世界遗产。我国本次申遗成功的项目是(　　)

A. 杭州西湖文化景观

B. 鼓浪屿:历史国际社区

C. 丝绸之路:长安—天山廊道的路网

D. 泉州:宋元中国的世界海洋商贸中心

3. 2021年8月27日至28日,中央民族工作会议在北京召开。习近平总书记强调,做好新时代党的民族工作的主线是(　　)

A. 实现各民族共同富裕　　B. 坚持依法治理民族事务

C. 铸牢中华民族共同体意识　　D. 促进各民族交往交流交融

4. 从2008年百年奥运圆梦,到2022年与奥林匹克运动再度携手,北京成为历史上首座"双奥之城"。本次北京冬奥会、冬残奥会的主题口号是(　　)

A. 一起向未来　　B. 让我们一起向春天出发

C. 同一个世界,同一个梦想　　D. 更快、更高、更强——更团结

5. 下列时事共同反映的主题是(　　)

①2021年10月14日,我国成功发射首颗太阳探测科学技术试验卫星"羲和号"

②2021年12月27日,神舟十三号航天员乘组圆满完成第二次出舱任务

③2022年2月27日,我国成功发射泰景三号01卫星等22颗卫星,创造我国一箭多星新纪录

A. 科技实力问鼎全球　　B. 星空奇妙无穷

C. 全球科技合作共赢　　D. 太空探索成就显著

6. 下列新闻事件与新闻解读相匹配的是(　　)

①新闻事件:2021年我国国内生产总值1143670亿元(新闻解读:我国已经成为世界第一大经济体)

②新闻事件:我国现有行政村已全面实现"村村通宽带"(新闻解读:网络进村入户助力乡村振兴)

③新闻事件:我国公布第二轮"双一流"建设高校及建设学科名单(新闻解读:高等教育实现全民化和普惠化)

④新闻事件:2022年1月1日,《区域全面经济伙伴关系协定》(RCEP)生效实施(新闻解读:全球最大自由贸易区正式启航)

A. ①②　　B. ①③　　C. ②④　　D. ③④

7. 教师故意不完成教育教学任务给教育教学工作造成损失的,由所在学校、其他教育机构或者教育行政部门给予(　　)(常考)

A. 民事赔偿或解聘　　B. 刑事处罚或解聘

C. 行政处罚或解聘　　D. 行政处分或解聘

8.《关于进一步减轻义务教育阶段学生作业负担和校外培训负担的意见》指出,小学三至六年级与初中书面作业平均完成时间分别不超过(　　)

A. 30分钟 60分钟　　B. 60分钟 90分钟

C. 90分钟 120分钟　　D. 120分钟 150分钟

9. 爷爷和小明在共同观看电视节目《中国诗词大会》时,爷爷向小明介绍了古诗词的写作背景。这种教育活动属于(　　)

A. 学校教育　　B. 家庭教育　　C. 社会教育　　D. 特殊教育

10. 主张最有价值的知识是科学,强调教育的任务是为完满生活做准备的教育家是(　　)

A. 斯宾塞　　B. 乌申斯基

C. 夸美纽斯　　D. 凯兴斯泰纳

11. 如果产业结构和技术结构中的科技含量加大,劳动人口将流向第三产业,教育的类型和结构必然呈现多样化特点。这种现象体现了(　　)

A. 人口质量对教育发展的影响　　B. 人口增长速度对教育发展的影响

C. 人口就业结构对教育发展的影响　　D. 人口年龄结构对教育发展的影响

12. 不能把教材看作为学生谋求职业做好准备的手段,也不能把它们看作对学生进行心智训练的材料,而应该把它们看作用来自我发展和自我实现的手段,不能使学生受教材的支配,而应该使学生成为教材的主宰。主张该观点的课程理论流派是(　　)(易混)

A. 经验主义课程论　　B. 存在主义课程论

C. 学科中心主义课程论　　D. 社会改造主义课程论

13. 某老师在教育教学活动中善于激发学生的学习热情,引导学生形成自主学习的习惯。该老师扮演的角色是(　　)

A. 知识的传授者　　B. 教学活动的设计者

C. 教学改革的研究者　　D. 学生心灵的培育者

14. 在班级学习中和生活中,几位学生因为兴趣爱好相同,自发组建了环保公益活动小组。该小组属于(　　)

A. 积极型非正式组织　　B. 娱乐型非正式组织

C. 消极型非正式组织　　D. 破坏型非正式组织

15. 根据历史学科教学的需要,老师组织学生到校史馆进行教学,该教学组织形式是(　　)

A. 个别教学　　B. 现场教学　　C. 复式教学　　D. 走班制

16. 某教师为培养学生晨诵暮读的习惯,带头在师生微信群早晚读书打卡,该行为体现的教师劳动特点是(　　)(常考)

A. 示范性　　B. 创造性　　C. 复杂性　　D. 长期性

17. 主张人的每一种经验都是一个整体,整体先于部分,整体大于部分之和的心理学流派是(　　)

A. 认知心理学　　B. 格式塔心理学

C. 人本主义心理学　　D. 机能主义心理学

18. 某学生的实际年龄为10周岁零10个月,根据斯坦福—比奈智力量表测得其智龄为13岁整,该学生的比率智商为(　　)(易错)

A. 92　　B. 111　　C. 120　　D. 129

19. 我们先后看100米和10米处同一辆汽车时,汽车在视网膜上的映像大小不

同，但我们仍然感知为这辆车的大小没有变化，这主要体现知觉的(　　)

A. 选择性　　B. 整体性

C. 理解性　　D. 恒常性

20. 学生在背诵温庭筠的《望江南》时，通常更容易记住首句“梳洗罢，独倚望江楼”和末句“肠断白蘋洲”，而中间句“过尽千帆皆不是，斜晖脉脉水悠悠”却容易混淆，这种现象是(　　)

A. 上下文效应　　B. 罗森塔尔效应

C. 系列位置效应　　D. 蔡加尼克效应

21. 从个体思维的发展来看，最先出现的思维是(　　)

A. 形象思维　　B. 抽象思维　　C. 动作思维　　D. 逻辑思维

22. 学生读“枯藤老树昏鸦”时头脑中浮现相应的形象，这种现象属于(　　)

A. 幻想　　B. 再造想象

C. 创造想象　　D. 无意想象

23. 根据巴甫洛夫高级神经活动学说，“强，不平衡”的神经活动过程对应的气质类型为(　　)(易混)

A. 多血质　　B. 胆汁质

C. 黏液质　　D. 抑郁质

24. 某学生得知自己获得编程竞赛一等奖的消息后，欣喜若狂、手舞足蹈，这种情绪状态是(　　)

A. 心境　　B. 热情

C. 应激　　D. 激情

25. 正直诚实、认真细致、自立自强、具备社会责任心，这些品质属于性格的(　　)

A. 态度特征　　B. 理智特征　　C. 情绪特征　　D. 意志特征

二、多项选择题(在下列每题四个选项中有两个或两个以上是符合题意的，将其选出并把它的标号写在题后的括号内，错选、多选、漏选均不得分。本大题共10小题，每小题2分，共20分)

26. 2021年7月1日，习近平总书记在庆祝中国共产党成立100周年大会的讲话中首次提出和阐释伟大建党精神，标示了党的革命精神源头，深化和拓展了党的精神谱系。下列表述中，属于伟大建党精神内容的有(　　)

A. 坚持真理、坚守理想　　B. 践行初心、担当使命

C. 不怕牺牲、英勇斗争　　D. 对党忠诚、不负人民

27. 依据《中小学教育惩戒规则(试行)》规定，学生违反校规校纪，情节较重或者

经当场教育惩戒拒不改正的,学校可以实施的教育惩戒措施包括(　　)

A. 承担校内公益服务任务

B. 由学校德育工作负责人予以训导

C. 安排接受专门的校规校纪、行为规则教育

D. 暂停或者限制学生参加游览、校外集体活动以及其他外出集体活动

28. 下列有关我国现行学校教育制度的描述正确的有(　　)

A. 高等学历教育由本科教育和研究生教育组成

B. 小学和初中实行就近免试入学的原则

C. 全日制小学和普通初中主要实行学年制管理

D. 职业高中、技工学校属于中等教育的办学机构

29. 处理课堂起哄、学生争吵、损坏公物等偶发事件,做好学生的个别教育工作,班主任应(　　)

A. 遇事冷静、沉着、慎重　　B. 弄清事实真相和产生原因

C. 引导学生认识并改正错误　　D. 以批评、处分作为主要教育手段

30. 老师想对中小学生课外阅读现状进行调查,在设计问卷时,问题的表达应(　　)

A. 尽量不使用否定式提问

B. 避免情绪化和诱导性语言

C. 多使用抽象概念或专业术语

D. 在一句话中同时询问两个或多个问题

31. 下列选项中体现巩固性教学原则的有(　　)(易错)

A. 不陵节而施　　B. 熟读而精思

C. 学而时习之　　D. 闻之不若见之

32. 阿特金森认为,成就动机包括(　　)(常考)

A. 成长动机　　B. 交往动机

C. 力求成功动机　　D. 避免失败动机

33. 根据课堂纪律形成的途径,课堂纪律分为(　　)

A. 集体促成的纪律　　B. 教师促成的纪律

C. 任务促成的纪律　　D. 自我促成的纪律

34. 根据心理学中关于学习的界定,下列属于学习结果的有(　　)(易错)

A. 学生画力学分析图

B. 小邱看到酸梅流口水

C. 小赵看到穿白大褂的医生就害怕

D. 个体出生时的啼哭行为和抓握反射

35. 下列关于注意的描述，正确的有（　　）

A. 学生自习时专心致志，是有意注意的表现

B. 阅读时“一目十行”，表明注意转移能力强

C. 开车时眼观六路、耳听八方，表明注意分配能力强

D. 教师上课时声调抑扬顿挫，是利用无意注意规律组织教学

三、填空题（本大题共15小题，每小题1分，共15分）

36. 2021年11月8日至11日，中国共产党第十九届中央委员会第六次全体会议在北京举行。全会审议通过《中共中央关于党的________重大成就和历史经验的决议》。

37.《中华人民共和国教育法》第三十一条规定，学校及其他教育机构应当按照国家有关规定，通过以教师为主体的________等组织形式，保障教职工参与民主管理和监督。

38. 依据课程标准所研制的，便于教师教学与学生学习的基本教学媒介是________。

39. “吾日三省吾身”“君子必慎其独”体现的德育方法是________法。

40. 残疾学生身残志坚，用精神力量和意志来调节自身机体状态，使身心得以持续发展，该现象反映了个体身心发展的________规律。（常考）

41. 近年来，福建许多中小学通过挖掘本地特色资源，开发了地方戏曲、油纸伞工艺等一系列校本课程，有效地促进了传统戏曲和手工艺的传承与普及。这体现了教育的________功能。

42. 班主任既通过对集体的管理去间接影响个人，又通过对个人的直接管理去影响集体，把对集体和个人的管理结合起来。这种管理模式是班级________管理。（易混）

43. 根据知觉反映客观事物的特征不同，知觉可分为空间知觉、时间知觉和________。

44. 从思维特征上看，前人能从日常生活中观察总结出“月晕而风，础润而雨”的结论，反映其思维具有________特征。

45. 与任性、冲动相反的意志品质是________。

46. 马斯洛需要层次理论认为，人的最高层次需要是________的需要。

47. 冯忠良认为，心智技能的形成要经历原型定向、原型操作和________三个阶段。

48. 班杜拉把行为强化分为直接强化、替代强化和________。(常考)

49. 根据迁移内容抽象与概括水平的不同,迁移可以分为水平迁移和________。

50. 柯尔伯格研究道德发展的方法是________。

四、判断说理题(本大题共3小题,每小题5分,共15分)

51. "生成性教学是在弹性预设的前提下,在教学的展开过程中,由教师和学生根据不同的教学情境,自主建构教学活动的过程。"这种说法是否正确?运用教育学知识加以说明。

52. "德育过程必须严格按照知、情、意、行的顺序来进行,以知为开端,以行为终结"。这种说法是否正确?运用教育学知识加以说明。

53. 一个人只要能做到过目成诵,就说明其记忆力好。这种说法是否正确?运用心理学知识加以说明。

五、材料分析题(本大题共5小题,其中第54小题7分,第55小题10分,第56小题12分,第57小题10分,第58小题11分,共50分)

54. 某小学戴老师在组织学生开展课外活动时,一条大狗突然闯入操场,冲向学生。戴老师见此情况,不顾自己的恐惧,迅速地冲上去挡住了学生,并呼叫附近的老师一起将大狗驱赶。随后戴老师将学生带回教室,安抚受惊吓的学生。

运用《新时代中小学教师职业行为十项准则》分析戴老师的行为。(7分)

55. 某学生的母亲是个单亲妈妈，因为工作忙，经常不能按时接孩子。为了得到班主任徐老师的支持和理解，她把自己的情况告诉了徐老师。有一次，徐老师在跟同事的聊天中谈到了该学生的母亲是单亲妈妈，还在全班同学面前把这件事情说了出去。一传十，十传百，越来越多的人知道了该学生的情况，该学生知道之后觉得抬不起头，再也不愿意去上学了。

(1)徐老师侵犯了该生什么权利?(2分)

(2)徐老师的做法违反了哪些法规?(6分)

(3)该教师应承担什么法律责任?(2分)

56. 某九年一贯制学校五年级李老师发现，班上有近半数的学生劳动积极性不高，有的学生连打扫校园和日常值日都相互推诿，甚至让别人替代，有不少学生在家里从来没有洗过碗和衣物。针对这一问题，李老师要求家长督促和指导孩子完成洗碗、洗衣、扫地、整理房间等力所能及的家务，并利用周末带孩子一起种植蔬菜和参加社区公共卫生劳动。同时，李老师还在班上开展玩具拼装、技术作品评析、纸塑泥塑制作等活动，让学生体验劳动的价值和创造的愉悦。

几个月后，李老师欣喜地看到，许多学生精神状态更为饱满，同学关系更加融洽，学生值日主动自觉，教室卫生也变得更好了。一些学生由于感受到实践活动的神奇魅力，学习兴趣更加浓厚了，家长们也高兴地发现，孩子在家开始主动整理床铺、打扫房间，也懂得了一些家电的操作方法，认识了更多蔬菜的名称，而且身体更加健康，情趣更高雅了。

(1)结合材料，分析中小学劳动教育的内容主要包括哪些方面。(4分)

(2)结合材料，分析劳动教育对学生全面发展的作用。(8分)

57. 学习策略分享会上，学生们纷纷介绍了自己的学习方法。

学生一：在学习中，为了提高记忆效果，我常常采用画线方式，以突出重点内容和关键部分。

学生二：我通过编歌谣助力记忆。

学生三：复习时画出思维导图是我坚持做的，这样可以图解各种观点是如何相互联系的，并形成记忆网络。

学生四：我的秘诀是预先制订学习目标，通过浏览阅读材料，分析该如何完成学习任务。

学生五：在遇到学习困难的时候，我经常向老师和同学请教。

结合材料，分析五位学生的学习策略分别属于认知策略、元认知策略和资源管理策略分类中的哪种学习策略。（10分）

58. 美国心理学家赫尔曼·威特金认为，个体的认知风格分为场独立型与场依存型。受威特金认知风格理论的启发，彭老师在班级开展了差异化教育，他运用观察、调查等方法，结合认知风格自我评价表，全面了解学生的认知风格特点。

班上学生小李偏爱的是人文社会学科，善于总体把握所学材料，但具体分析问题的能力不强，对数学和自然学科兴趣不高，学习不够灵活。学生小王偏爱数学和自然学科，善于抓住问题的关键部分，能灵活运用已有的知识解决问题，但把握材料整体的能力相对不足，人文社会学科成绩较差。

彭老师根据小李和小王认知风格的优势，进行了针对性教育。对小李，彭老师布置更多社交性任务，采用小组讨论的教学方式，并及时给予指导。对小王，彭老师布置有难度的学习任务，发挥其学习的自主性。

同时，针对小李和小王认知风格存在的不足，在教学方式上彭老师采取补短板的形式，要求小李承担需要应用分析能力来单独完成的任务，而鼓励小王参加一些需要合作完成的学习活动，对其整体的合作能力加强训练。

彭老师还根据小李和小王认知风格特点的发展变化，不断调整自身的教学方式，组织多样化的教学活动。

(1)按照威特金的认知风格分类，材料中的小李和小王分别属于哪种认知风格？(2分)

(2)结合材料分析彭老师是如何针对不同认知风格的学生进行差异化教育的？(9分)

2021年福建省教师招聘考试教育综合真题试卷(三)

(满分150分　时间120分钟)

本套试卷共57小题,分为两部分:第一部分客观题,包括单项选择题(25小题)、多项选择题(10小题)、填空题(15小题);第二部分主观题,包括判断说理题(3小题)、材料分析题(4小题)。

一、单项选择题(在下列每题四个选项中只有一个是符合题意的,将其选出并把它的标号写在题后的括号内。本大题共25小题,每小题2分,共50分)

1. 2020年5月28日,由第十三届全国人民代表大会第三次会议通过,被称为"社会生活百科全书"的法律是(　　)

A.《中华人民共和国立法法》　　B.《中华人民共和国民法典》

C.《中华人民共和国民法通则》　　D.《中华人民共和国民事诉讼法》

2. 2020年9月8日,全国抗击新冠肺炎疫情表彰大会隆重举行,习近平总书记向国家勋章和国家荣誉称号获得者颁授勋章奖章并发表重要讲话。本次"共和国勋章"获得者是(　　)

A. 钟南山　　B. 张伯礼　　C. 张定宇　　D. 陈薇

3. 2020年12月8日,国家主席习近平同尼泊尔总统班达里互致信函,共同宣布珠穆朗玛峰最新高程为(　　)

A. 8844.43米　　B. 8848.13米　　C. 8848.86米　　D. 8848.96米

4. 2020年12月17日凌晨,随着携带月球土壤样品的返回器在内蒙古预定区域安全着陆,我国探月工程任务圆满成功。执行本次探月工程任务的是(　　)

A. 北斗三号　　B. 天问一号　　C. 长征七号　　D. 嫦娥五号

5. 2020年12月17日,我国单独申报及我国与马来西亚联合申报的两个项目,经评审通过,列入联合国教科文组织人类非物质文化遗产代表作名录。至此,我国共有42个项目列入非遗名录,居世界第一。本次我国单独申报成功的项目是(　　)

A. 端午节　　B. 太极拳　　C. 妈祖信俗　　D. 二十四节气

6. 2021年1月18日,国家统计局发布数据,2020年中国国内生产总值达到1015986亿元,成为全球唯一实现经济正增长的主要经济体,比上年增长(　　)

A. 2.3%　　B. 3.3%　　C. 4.3%　　D. 5.3%

7.《中华人民共和国教育法》规定，国务院和地方各级人民政府领导和管理教育工作的原则是(　　)

A. 集中管理、分工负责　　B. 分类管理、分工负责

C. 授权管理、分工负责　　D. 分级管理、分工负责

8.《中共中央 国务院关于全面加强新时代大中小学劳动教育的意见》提出，注重围绕增加劳动知识、技能，加强家政学习，开展社区服务，适当参加生产劳动，使学生初步养成认真负责、吃苦耐劳的品质和职业意识。该劳动教育内容要求对应的学段是(　　)

A. 小学低年级　　B. 小学中高年级　　C. 初中　　D. 普通高中

9. 中共福建省委、福建省人民政府印发的《关于全面深化新时代教师队伍建设改革的实施意见》中提出，实施"卓越教师培养计划"，分类推进教师培养模式改革。其中，小学教师培养的模式是(　　)

A. 综合培养　　B. 全科型培养

C. "双师型"培养　　D. "一专多能"培养

10. 第一位在中国系统传播马克思主义教育理论的教育家是(　　)

A. 李大钊　　B. 陶行知　　C. 杨贤江　　D. 恽代英

11. 下列关于教育目的的层次，从抽象到具体进行排列的顺序是(　　)

①培养目标　②教学目标　③教育目的　④课程目标

A. ③①④②　　B. ①②④③

C. ③①②④　　D. ①②③④

12. 最早提出"白板说"的教育理论家是(　　)

A. 卢梭　　B. 洛克　　C. 夸美纽斯　　D. 赫尔巴特

13. 班主任对学生一个学期或一个学年内的思想品德、学习、劳动、文体活动和社会工作等的表现和发展情况的评价是(　　)

A. 操行评定　　B. 诊断性评价

C. 形成性评价　　D. 个体内差异评价

14. 我国中小学目前实施的"六三三制"，源于1922年10月全国教育会联合会讨论后公布的《学校系统改革案》。该案史称(　　)(易混)

A. 壬寅学制　　B. 癸卯学制

C. 壬戌学制　　D. 壬子癸丑学制

15. 主张"教育即生活""儿童中心""从做中学"的教育家是(　　)(常考)

A. 杜威　　B. 凯洛夫　　C. 赞科夫　　D. 巴班斯基

16. 以故事的形式详细陈述个体所经历的事情如何开始、如何发展以及如何结束，这种研究方法是(　　)

A. 叙事研究　　B. 调查研究　　C. 案例研究　　D. 行动研究

17. 教师在板书时，用红色粉笔标注教学重点内容，以引起学生关注。这体现了知觉的(　　)(常考)

A. 理解性　　B. 恒常性　　C. 整体性　　D. 选择性

18. 学生成功破解数学难题后产生的愉悦感属于(　　)

A. 美感　　B. 理智感

C. 道德感　　D. 自我效能感

19. 下列属于斯皮尔曼的智力结构理论观点的是(　　)(易错)

A. 智力结构由四个层次组成

B. 智力由G因素和S因素组成

C. 智力由流体智力和晶体智力组成

D. 智力结构包括内容、操作和产品三个维度

20. 有机体感到某种欠缺而力求获得满足的心理倾向是(　　)

A. 能力　　B. 需要　　C. 兴趣　　D. 动机

21. 个体应对挫折的积极反应方式是(　　)

A. 投射　　B. 逃避　　C. 退缩　　D. 升华

22. 根据埃里克森的人格发展理论，小学儿童人格发展要解决的主要矛盾是(　　)

A. 主动感对内疚感　　B. 自主感对羞耻感

C. 勤奋感对自卑感　　D. 自我同一性对角色混乱

23. 一般而言，场独立型学生偏好的学习方式是(　　)

A. 外在学习　　B. 接受学习

C. 模仿学习　　D. 自主学习

24. 下列属于程序性知识的是(　　)

A. 三角形的内角和等于180°

B. 三角形有三条边，三个内角

C. 三角形的两边之和大于第三边

D. 在△ABC中，∠A=30°，∠B＞50°，求∠C的度数

25. 阅读小说后加深对已学词句的理解，这属于(　　)(易错)

A. 顺向正迁移　　B. 顺向负迁移

C. 逆向正迁移　　D. 逆向负迁移

二、多项选择题(在下列每题四个选项中有两个或两个以上是符合题意的,将其选出并把它的标号写在题后的括号内,错选、多选、漏选均不得分。本大题共10小题,每小题2分,共20分)

26. 2020年10月26日至29日,党的十九届五中全会在北京举行,全会审议通过了《中共中央关于制定国民经济和社会发展第十四个五年规划和二〇三五年远景目标的建议》。该建议的核心要义体现的"几个新"是(　　)

A. 进入新的发展阶段　　B. 追求新的发展速度

C. 贯彻新发展理念　　D. 构建新发展格局

27. 根据《中国学生发展核心素养》,下列属于实践创新的核心要点的有(　　)

A. 勤于反思　　B. 劳动意识　　C. 问题解决　　D. 自我管理

28. 教师在课堂教学、日常管理中,对违规违纪情节较为轻微的学生,可以当场采取的教育行为有(　　)

A. 点名批评

B. 课后教导

C. 指派其他学生对该学生实施教育惩戒

D. 一节课堂教学时间内的教室内站立

29. 教与学辩证统一关系中,以下观点正确的有(　　)

A. 教师是教学中起主导作用的主体

B. 学生是参与教学活动的学习主体

C. 教学的中心是儿童,教师处于顾问地位

D. 教学是"教师教"和"学生学"的矛盾统一过程

30. 下列属于综合课程的有哪些(　　)

A. 数学　　B. 科学　　C. 历史　　D. 艺术

31. 下列属于古代社会教育特征的有(　　)

A. 官学与私学并行　　B. 教育普及制度化

C. 教育与生产劳动相分离　　D. 出现了专门的教育机构

32. 已知A>B,C>D,B>C,B>D,求哪个值最大?解答该问题运用的所有思维有(　　)(易混)

A. 辐合思维　　B. 逻辑思维　　C. 分析思维　　D. 创造性思维

33. 下列关于性格和气质的说法,正确的是(　　)

A. 气质是先天的,性格是后天的　　B. 气质无好坏之分,性格有优劣之别

C. 不同的气质可以形成相同的性格　　D. 气质会影响性格的形成和发展速度

34. 下列属于精加工策略的有(　　)(常考)

A. 边复习边做笔记　　B. 用表格罗列主要观点

C. 统筹安排学习时间　　D. 把元素周期表编成口诀

35. 根据皮亚杰的认知发展阶段理论,下列属于具体运算阶段的认知特点的有(　　)

A. 可逆性　　B. 假设推理

C. 去自我中心性　　D. 客体永久性

三、填空题(本大题共15小题,每小题1分,共15分)

36. 2021年3月11日,第十三届全国人大四次会议表决通过了《全国人民代表大会关于完善香港特别行政区________制度的决定(草案)》,表达了全国各族人民维护国家主权、安全、发展利益,维护香港宪制秩序的坚定决心。

37.《中华人民共和国义务教育法》第十九条规定,县级以上地方人民政府根据需要设置相应的实施________教育的学校(班),对视力残疾、听力语言残疾和智力残疾的适龄儿童、少年实施义务教育。

38.《中华人民共和国教师法》规定,取得教师资格的人员首次任教时,应当有________期。

39.《深化新时代教育评价改革总体方案》提出的目标是深入贯彻落实习近平总书记关于教育的重要论述和全国教育大会精神,完善立德树人体制机制,扭转不科学的教育评价导向,坚决克服唯分数、唯________、唯文凭、唯论文、唯帽子的顽瘴痼疾,提高教育治理能力和水平,加快推进教育现代化、建设教育强国、办好人民满意的教育。

40. 制约教育宗旨和目的的社会因素是________。

41. 人的身高发展的两大高峰出现在出生后第一年和青春期。这说明的身心发展规律是________。

42. 根据一定教学目的,遵循一定教学过程规律制定的指导教学工作的基本要求为________。

43. 班主任建设和培养班集体的主要方法包括确定班集体发展目标、建立班集体的________、建立班集体的正常秩序、组织多样的教育活动以及培养正确的舆论和良好班风。

44. 科学心理观认为,心理是人脑对________的主观能动的反映。

45. 当事物不在面前时,人们在头脑中出现的关于事物的形象称为________。

46. 在头脑中把抽象概括出来的概念、原理、理论应用到实际中的思维过程是________。

47. 能力按功能分为认知能力、________和社交能力。

48. 性格是指表现在人对现实的________和相应的行为方式中的比较稳定的、具有核心意义的个性心理特征。

49. 个体自我意识的发展经历了生理自我、社会自我和________的过程。

50. 冯忠良认为，操作技能的形成过程分为操作________、操作模仿、操作整合和操作熟练四个阶段。

四、判断说理题（本大题共3小题，其中第51小题10分，第52小题3分，第53小题7分，共20分）

51. 常言道“教学有法，但无定法”。某教师认为这意味着自己在教学中可以任意采用某一种教学方法。该教师的观点是否正确？请运用教育学知识并结合实际加以说明。

52. 注意的起伏和注意的分散都是稳定性差的表现。这种说法是否正确？请运用心理学知识加以说明。

53. 动机强度与学习效率之间构成线性关系，且与学习任务的难易无关。这种说法是否正确？请运用心理学知识加以说明。

五、材料分析题(本大题共4小题,其中第54小题12分,第55小题16分,第56小题5分,第57小题12分,共45分)

54. 阅读材料,回答问题。

细心的周老师发现,班上苏同学那活泼纯朴的样子有了一些改变,课上注意力不集中的现象也时有发生。周老师便找到苏同学要好的几位同学了解情况,有同学反映曾经在抖音上看到苏同学做直播。于是周老师对苏同学进行了家访,苏同学是单亲家庭(母亲意外早逝)的留守儿童,她奶奶称赞自己的孙女乖巧懂事,只是最近一段时间晚上回家迟了,苏同学解释为初一作业越来越多,就在学校做完作业才回家。

晚自习下课后,周老师跟踪发现,苏同学走进了学校附近的一家销售美容产品的店,跟进去时却没找到她,周老师经过追问店主得知,苏同学正在为该店进行网络直播带货。原来,店主为了营销产品,发现苏同学聪明秀气,又了解到其家庭经济困难,于是为其提供智能手机和相关设备,让苏同学注册直播账号,每天做1小时直播,并为其行为签约付费。周老师要求店主立即停止这种不当行为,让自己带领苏同学回家。在周老师耐心细致地开导和帮助下,苏同学改正了错误。

不久后,周老师发现本校另一位女生晚自习后也走进那家商店,许久未出店门,经过确认发现该生也在参与直播带货。周老师便与店主交涉,店主先是设法讨好周老师,遭到拒绝后,便称该生并非周老师班上的学生,让周老师不要多管闲事,还对周老师进行口头威胁。周老师见店主不能认识和改正自身的行为,果断地向相关部门进行举报。

问题:

(1)运用《中华人民共和国未成年人保护法》(2020年修订)分析材料中的违法主体及其违法行为。(6分)

(2)结合材料,分析周老师践行了新时代中小学教师哪些职业行为准则。(6分)

55. 阅读材料，回答问题。

五年级(2)班全体同学首次参加实践基地活动。第一天晚上，有同学向班主任徐老师报告，男生刘同学在宿舍不停地哭，同学们劝不了，也问不出原因。徐老师一番劝导后得知，刘同学在家没有自己洗过澡，同寝室的同学都洗完回来了，他还在望着满满一箱子衣物和洗涤用品不知所措，经徐老师提议，一位班干部自告奋勇答应帮助他学会一些生活自理技能。

第二天上午组织学生到地里拔草，基地辅导员发现，刘同学居然把菜苗和杂草一起拔光，原来他根本就分不清楚哪些是菜苗、哪些是杂草。于是，部分同学在一旁悄悄议论着，刘同学又羞又愧。这时徐老师向同学们提出问题："哪位同学能准确说出菜园里所有蔬菜的名称?"同学们互相望着，嘀咕着，没有一位同学举手回答。徐老师建议基地辅导员给同学们开一堂现场讲座——《认识家乡农作物》，刘同学听得特别认真。

午休时，徐老师巡查中发现赵同学躲在被窝里玩手机，本次活动明确规定禁止学生带手机，徐老师本想立即批评制止，又担心会影响同学们休息，便放慢脚步继续往前走，转眼发现赵同学已藏好手机装睡。下午劳动结束后，徐老师将赵同学叫到一旁，严肃批评了她，要求她交出手机并承认错误。赵同学万分不舍地交出手机，低声地解释道："徐老师，我都没有玩游戏，也没有打电话，我想着这次基地活动一定很有趣，我平时又很喜欢拍照，就忍不住把手机偷带进来，我错了。"徐老师略有所思，说："那你'偷拍'到照片了吗？能和我分享一下吗?"赵同学同意了。徐老师发现，虽然手机里的照片效果明显受到了拍摄角度等因素影响，但有几张特写非常有价值。当晚的班会上，徐老师肯定了赵同学的初衷，并宣布一个决定：基地活动由赵同学负责拍照。

后来，班级在学校宣传栏成功举办了全校唯一的活动成果展，大多数照片是赵同学负责拍摄的。从那以后，徐老师还感受到，赵同学纪律性更强了，学习的积极性也明显提高了。

问题：

(1)结合材料，分析徐老师贯彻了哪些德育原则。(12分)

(2)结合材料，分析徐老师对赵同学的教育运用了哪些德育方法。(4分)

56. 阅读材料，回答问题。

某教师对两组学生进行以下测试：

第一组的测试问题为：抽屉里有混在一起的黑色袜子和白色袜子，黑色袜子和白色袜子的数量比例是4:5。如果在黑暗中取袜子，至少要拿出几只才能保证得到一双颜色相同的袜子？

第二组的测试问题为：从混在一起的黑色袜子和白色袜子中，眼睛不看，至少拿出几只即可得到一双颜色相同的袜子？

测试结果显示，第二组解答问题的正确率和速度均明显优于第一组。

问题：

(1)材料中影响测试问题解决的因素是哪种？(2分)

(2)结合材料，分析该因素如何影响问题解决？(3分)

57. 阅读材料，回答问题。

甲同学有偏科现象，对语文、历史等学科产生较强的畏难心理。他平时学习缺乏主动性，总是“临时抱佛脚”。考前复习时总以为“文科就靠背”，可以不求甚解。他采取反复识记的方法，但刚能背诵就停止学习，浅尝辄止。再加上时间紧、任务重，学习效果往往欠佳。他对一些形象的知识记忆效果相对好些。对抽象的知识，他采取相同的学习方法，尽管也投入大量的时间和精力，但总难以取得相应的记忆效果。后来，甲同学不断尝试运用自己习惯的记忆方法，发现早晨起床后和晚上临睡前的记忆效果好。

问题：

(1)运用记忆理论，分析“早晨起床后和晚上临睡前的记忆效果好”这一现象。(2分)

(2)结合材料，分析甲同学记忆方面存在的问题并提出相应的改善措施。(10分)

2020年福建省教师招聘考试教育综合真题试卷(四)

(满分150分　时间120分钟)

本套试卷共58小题,分为两部分:第一部分客观题,包括单项选择题(30小题)、多项选择题(5小题)、填空题(15小题);第二部分主观题,包括判断分析题(4小题)、材料分析题(4小题)。

一、单项选择题(在下列每题四个选项中只有一个是符合题意的,将其选出并把它的标号写在题后的括号内,本大题共30小题,每小题2分,共60分)

1. 在第43届世界遗产大会上,我国的“黄(渤)海候鸟栖息地(第一期)”和“良渚古城遗址”获批入选《世界遗产名录》。至此,我国世界遗产总数达55处,位列世界(　　)

A. 第一　　B. 第二　　C. 第三　　D. 第四

2. 中共中央、国务院在《关于支持深圳建设中国特色社会主义先行示范区的意见》中提出:到2025年,深圳将建成(　　)

A. 现代化国际化创新型城市　　B. 全球经济、科技最发达城市

C. 世界经济、政治、文化中心城市　　D. 竞争力、创新力、影响力最强城市

3. 2019年12月17日,由我国自主设计、自主配套、自主建造的首艘航空母舰在海南某军港交付海军,该航母被命名为(　　)

A. 青岛舰　　B. 大连舰　　C. 山东舰　　D. 辽宁舰

4. 2019年4月30日,在北京人民大会堂隆重举行会议,纪念五四运动(　　)

A. 70周年　　B. 80周年　　C. 90周年　　D. 100周年

5. 当地时间2020年1月31日正式宣布脱离欧盟的国家是(　　)

A. 德国　　B. 英国　　C. 法国　　D. 意大利

6. 习近平总书记在决战决胜脱贫攻坚座谈会上强调,到2020年现行标准下的农村贫困人口(　　)

A. 减少到51万　　B. 减少到220万

C. 控制在100万以内　　D. 全部脱贫

7.《中华人民共和国教育法》第六条指出,教育应当增强受教育者的社会责任感、创新精神和(　　)

A. 思维能力　　B. 实践能力

C. 自我管理能力　　　　D. 问题解决能力

8. 依据《中华人民共和国教师法》可知，教师应当履行的义务是（　　）（常考）

A. 遵守宪法、法律和职业道德，为人师表

B. 进行教育教学活动，开展教育教学改革和实验

C. 指导学生的学习和发展，评定学生的品行和学业成绩

D. 从事科学研究、学术交流，在学术活动中充分发表意见

9. 根据《中国学生发展核心素养》可知，科学精神素养的要点之一是（　　）

A. 技术应用　　　　B. 勤于反思

C. 乐学善学　　　　D. 批判质疑

10. 中共福建省委、福建省人民政府印发的《关于全面深化新时代教师队伍建设改革的实施意见》明确提出，申报高级教师职称和特级教师的中小学教师必须到（　　）

A. 乡村学校任（支）教1年或薄弱学校任（支）教3年以上

B. 乡村学校任（支）教3年或薄弱学校任（支）教1年以上

C. 乡村学校任（支）教2年或薄弱学校任（支）教3年以上

D. 乡村学校任（支）教3年或薄弱学校任（支）教2年以上

11. 有关部门在街道宣传栏张贴公益广告，向大众倡导垃圾分类，这种教育活动属于（　　）

A. 特殊教育　　B. 社会教育　　C. 学校教育　　D. 通才教育

12. 我国第一本运用马克思主义观点论述教育的著作是（　　）

A.《教育论》　　　　B.《教育通论》

C.《新教育大纲》　　　　D.《中国教育改造》

13. “法古今完人”“择其善者而从之”体现的德育方法是（　　）（常考）

A. 说理教育法　　　　B. 品德评价法

C. 实际锻炼法　　　　D. 榜样示范法

14. 校园环境、班级氛围和学校风气都属于（　　）

A. 活动课程　　B. 核心课程　　C. 隐性课程　　D. 显性课程

15. 西周“六艺”中属于体育内容的是（　　）

A. 书　　B. 乐　　C. 御　　D. 数

16. 两个八岁儿童，一个只能简单造句，另一个能写好短文，这体现了个体身心发展的（　　）（易混）

A. 差异性　　　　B. 顺序性

C. 互补性　　　　D. 阶段性

17. 教师坚持一分为二地看待学生，化其消极因素为积极因素，这贯彻了教育的(　　)(常考)

A. 知行统一原则　　B. 长善救失原则

C. 在集体中教育原则　　D. 严格要求与尊重学生相结合原则

18. 主张运用自然科学的范式研究教育问题，该教育学流派是(　　)

A. 元教育学　　B. 文化教育学

C. 批判教育学　　D. 实验教育学

19. 为提高本班学生的课堂参与度，某教师在自然真实的教育环境中，按照一定的程序，综合多种方法与技术展开研究，该研究是(　　)

A. 理论研究　　B. 行动研究

C. 基础研究　　D. 历史研究

20. 教师能够一边讲课，一边观察学生，这体现的注意品质是(　　)(常考)

A. 注意的分配　　B. 注意的稳定性

C. 注意的广度　　D. 注意的转移

21. 红色往往让人感到温暖，绿色往往让人感到凉爽，这种感觉现象是(　　)

A. 联觉　　B. 感觉后像

C. 感觉补偿　　D. 感觉适应

22. 根据学习的定义，下列不属于学习现象的是(　　)(常考)

A. 上行下效　　B. 近朱者赤

C. 吃一堑长一智　　D. 青春期学生的变声

23. 运用数学知识求证某一定理的思维活动属于(　　)

A. 动作思维　　B. 形象思维

C. 抽象思维　　D. 发散思维

24. 提出需要层次理论的心理学家是(　　)

A. 默里　　B. 勒温　　C. 罗杰斯　　D. 马斯洛

25. 教育心理学研究的核心内容是(　　)

A. 评价过程　　B. 学习过程　　C. 教学过程　　D. 反思过程

26. 关于情绪、情感的描述正确的是(　　)

A. “喜者见之则喜”是一种激情

B. 暴怒时肌肉紧张、面红耳赤是一种应激

C. 在进行认知活动时有新发现的喜悦感是一种理智感

D. “先天下之忧而忧，后天下之乐而乐”是一种美感

27. 学校心理健康教育的最主要途径是(　　)

A. 心理危机干预　　B. 个别心理咨询

C. 心理辅导课程　　D. 大型户外团体活动

28. 美国心理学家布鲁纳认为,学习的实质在于(　　)

A. 构造一种完形　　B. 主动形成认知结构

C. 建构自己知识的过程　　D. 形成刺激与反应的联结

29. 水下击靶实验说明了迁移理论的(　　)

A. 形式训练说　　B. 共同要素说　　C. 关系转换说　　D. 经验类化说

30. 下列属于元认知策略的是(　　)

A. 做笔记　　B. 列提纲

C. 设置学习目标　　D. 统筹安排学习时间

二、多项选择题(在下列每题四个选项中有两个及两个以上是符合题意的,将其选出并把它的标号写在题后的括号内,错选、多选或漏选均不得分。本大题共5小题,每小题2分,共10分)

31. 2019年度国家最高科学技术奖的获得者有(　　)

A. 黄旭华　　B. 钟南山　　C. 曾庆存　　D. 袁隆平

32. 根据《中华人民共和国义务教育法》,下列关于教科书的说法,正确的有(　　)

A. 国家鼓励教科书循环使用

B. 教科书价格由出版社自行确定

C. 未经审定的教科书,不得出版、选用

D. 教科书根据国家教育方针和课程标准编写

33. 关于教育与社会发展的关系描述正确的有(　　)

A. 教育发展的规模由文化决定　　B. 教育具有自身发展的传统

C. 教育促进文化的传播与交流　　D. 教育对社会发展具有能动作用

34. 下列关于能力的描述正确的有(　　)(易错)

A. 能力高者,创造力也高　　B. 能力属于个性心理特征

C. 能力是掌握知识、技能的前提　　D. 流体智力随着年龄的增长不断提高

35. 影响问题解决的因素有(　　)

A. 定势　　B. 知识经验　　C. 功能固着　　D. 问题的特征

三、填空题(本大题共15小题,每小题1分,共15分)

36. 根据新时代党的建设总要求,中共中央政治局决定:从2019年6月开始,在全

党自上而下分两批开展“不忘初心，________”主题教育。

37.《中华人民共和国教师法》第三条规定，教师是履行教育教学职责的________，承担教书育人，培养社会主义事业建设者和接班人、提高民族素质的使命。（常考）

38.《关于加强和改进新时代师德师风建设的意见》指出，把________的成效作为检验学校一切工作的根本标准。

39.《中共中央 国务院关于深化教育教学改革全面提高义务教育质量的意见》明确提出，优化综合实践活动课程结构，确保________教育课时不少于一半。

40. 学生品德由认知、情感、________和行为四个基本要素组成。

41. 我国现行学校教育系统包括________、初等教育、中等教育和高等教育四个层次。（常考）

42. 教师在实施课程计划过程中，在完成某一阶段（如一节课）的教学工作时所期望达到的要求或结果称为________。

43. 根据课程目标从人类的经验体系中选择出来，并按照一定的逻辑序列组织编排而成的知识体系和经验体系称为________。

44. 影响人身心发展的主要因素中，提供必要的生物前提和发展潜在可能性的是________。

45. 美国心理学家桑代克于________年出版了《教育心理学》一书，这是西方第一本以教育心理学命名的专著。

46. 皮亚杰认为适应包括同化和________两个过程。

47. 班杜拉认为，影响自我效能感形成的最主要因素是个体自身行为的________。

48. 根据埃里克森的理论，中学阶段人格发展的主要任务是培养________。

49. 教学过程主要有三种直观方式：实物直观、模像直观和________直观。

50. 科学心理学的创始人是德国心理学家________。

四、判断分析题（本大题共4小题，每小题5分，共20分）

51. 有人认为家庭教育完全是父母或者监护人的事情。对此你觉得是否正确，请用法律法规知识说明理由。

52. 班主任工作内容中的个别教育,实质上是对少数学生的教育。对此你觉得是否正确,请用教育学知识说明理由。

53. 某生的血型是AB型,有同学说:“你这种血型属于黏液质。”对此你觉得是否正确,请用心理学知识说明理由。

54. 根据遗忘的干扰说可知,为了防止遗忘,应及时复习。对此你觉得是否正确,请用心理学知识说明理由。

五、材料分析题(本大题共4小题,其中第55小题12分,第56小题15分,第57小题9分,第58小题9分,共45分)

55. 阅读材料,按要求回答问题。

某农村初中校友会的座谈会上,几位校友谈起了母校的物理教师张老师。

省级教学骨干教师李某说:“如果没有张老师那次突袭家访,我成为一名教师的梦想就不可能实现。”李老师当年家境困难,尽管自己学习成绩优异,但父母还是决定终止他的学业,班主任张老师冒雨步行几十里崎岖的山路,与他的家长进行了推心置腹地沟通。家长很受感动,邀请张老师留下吃饭却被他婉拒。

林董事长接着说："当年自称为下棋神童的我，学习成绩不理想，却只想着早点闯世界，无心读书。张老师作为科任老师主动邀请我对弈，结果难分伯仲。在他的悉心开导下，我的思想发生了根本转变，大学毕业后我的创业也深受他的影响。可很遗憾的是，为表达对张老师的感激，我几次请他和他的家人到国外旅游都被他果断拒绝。"

陈总工迫不及待地说："我是张老师开小灶的得益者，每次参加物理竞赛前，他都专门为我准备系统的学习资料并精心辅导，遇到无法解答的难题向他请教时，他竭尽全力的指导总会让我茅塞顿开。"

"是啊，张老师的课总是那样深入浅出、生动活泼、引人入胜，听他的课简直是一种享受。他曾多次参加教学竞赛并获奖，出版过个人诗集，长期参加业余马拉松比赛，还是市书法协会的副会长，真是令人钦佩！"某学院李教授补充道。

苏某说："我可是张老师家的常客，最近张老师家获得'教育世家'称号，你们不知道，当年师娘没少抱怨张老师，说他只会顾及人家的孩子。我提议林董事长如果真想报答张老师，不妨以张老师的名义设立一个教育基金。"

问题：

(1)结合材料，分析张老师践行了新时代中小学教师哪些职业行为准则。(6分)

(2)结合材料，分析张老师所具备的知识素养。(6分)

56. 阅读材料，按要求回答问题。

《揠苗助长》教学片段

片段一：

学生：一天，他终于想出了办法，就急忙跑到田里，把禾苗一棵一棵往高里拔，从中午一直忙到太阳落山，弄得筋疲力尽。

老师：为什么要把禾苗一棵一棵往高里拔，而不是猛得一大把往上拔，你们知道吗？

学生：因为他怕把禾苗拔死了。

学生：他怕把禾苗的根部拔断。

老师：是呀，其实他也有聪明的一面，对不对？他只是想帮助它们……

学生：长高。

老师：我有个问题，为什么是“揠苗助长”而不是“拔苗助长”，“揠”这个字是什么意思，谁知道？

学生：不知道。

老师：有什么办法能解决？

学生：可以查字典。

老师：对了，非常好。查字典是一个非常好的办法。

学生：查了字典，我知道“揠苗”是抓住苗芯往上拔。

老师：真了不起，自己就把问题解决了，这是新的收获。

片段二：

学生：他回到家里，一边喘气一边说：“今天可把我累坏了。”

老师：“一边喘气一边说”应该怎么读？

学生：(一边喘气一边说)今天可把我累坏了！力气总算没白费，禾苗都长高了一大截。

老师：再读一遍。(学生绘声绘色地读)

学生：他的儿子不明白是怎么回事。

老师：他的儿子不明白什么？

学生：不明白为什么这么短的时间内禾苗就长高了一大截。

老师：那么他的儿子明白的是什么，你们知道吗？

学生：这么短的时间内长高绝对有问题。

老师：绝对有问题，好极了！

学生：第二天跑到田里一看，禾苗都枯死了。

老师：这个人揠苗助长，无非就是想让禾苗快点长高，他这样做会有用吗？

学生：没用。

老师:有个成语叫欲速则……谁来接着说?

学生:欲速则不达。

老师:是呀,我们做任何事情都要遵循规律,否则会把事情弄糟。同学们,什么是寓言?寓言大多是故事,故事里还蕴含着道理,这是常识,是我们要掌握的知识,明白了吗?

学生:明白了。

片段三:

老师:同学们,谁能用自己的话讲讲这个故事?

学生:老师,我来试试!(生动地讲故事)

老师:讲得不错,大家多练练。(练习后)谁来把故事讲得更生动些?

学生:老师,我来!(学生如临其境,讲得活灵活现)

老师:讲得真好!你们回家再练几遍,然后讲给家人听。

(下课)

问题:

(1)结合材料,分析该教学片段遵循了哪几条教学规律。(6分)

(2)结合材料,分析该教学片段贯彻了哪些教学原则。(9分)

57. 阅读材料，按要求回答问题。

心算技能一般可利用运算规律，对算式进行变形，使算式表达符合已有的心智操作基础，从而准确快速地计算。例如，某教师在教1.8×27时，教学过程是：

呈现1.8×27=(2-0.2)×27=2×27-0.2×27

或者1.8×27=1.8×(30-3)=1.8×30-1.8×3

出一些类似的题目引导学生进行纸笔操作练习，从而产生言语表征，形成熟练的心算技能。

问题：

根据心智技能形成理论，说明教师如何引导学生形成心算技能。(9分)

58. 阅读材料，按要求回答问题。

一个新教师和一个具有20年教龄的教师各自上了一节公开课，得出以下数据。

		新教师	老教师
学生课堂注意的时间比例		70%	95%
对学生回答的反馈	未理睬	36%	5%
	鼓励	43%	57%
	追问	21%	38%
学生的作业效果	好	44%	75%
	一般	22%	20%
	差	34%	5%
练习针对性		中等生	全体学生
学生执行课堂规则		中	优

问题：

根据专家型和新手型教师的差异，比较两位教师的教学过程。(9分)

2019年福建省教师招聘考试教育综合真题试卷(五)

(满分150分　时间120分钟)

本套试卷共71小题,分为两部分:第一部分客观题,包括单项选择题(30小题)、判断选择题(15小题)、填空题(20小题);第二部分主观题,包括论述题(2小题)、材料分析题(4小题)。

一、单项选择题(在下列每题四个选项中只有一个是符合题意的,将其选出并把它的标号写在题后的括号内,本大题共30小题,每小题2分,共60分)

1. 第十三届全国人大常委会第五次会议表决通过了关于修改个人所得税法的决定,将个人所得税的起征点提高至(　　)

A. 2500元/月　　B. 3500元/月　　C. 5000元/月　　D. 6000元/月

2. 2018年5月18日至19日,全国生态环境保护大会在北京召开,习近平总书记出席会议并发表重要讲话,指出新时代推进生态文明建设必须坚持的原则有(　　)

①绿水青山就是金山银山　　②山水林田湖草是生命共同体

③生态环境是最根本的民生福祉　　④用最严格制度最严密法治保护生态环境

A. ①②③　　B. ①②④　　C. ①③④　　D. ②③④

3. 2018年7月2日,在第42届世界遗产大会上,被联合国教科文组织世界遗产委员会列入《世界遗产名录》的是(　　)

A. 江西庐山　　B. 安徽黄山

C. 福建武夷山　　D. 贵州梵净山

4. 自2018年起,我国将每年农历(　　)设立为“中国农民丰收节”。

A. 立春　　B. 夏至　　C. 秋分　　D. 冬至

5. 我国自主研制并于2018年10月20日试飞成功的大型灭火/水上救援水陆两栖飞机是(　　)

A. 鲲龙AG600　　B. 大型客机C919

C. 大型客机C929　　D. 大型运输机运-20

6. 2018年6月8日,中华人民共和国“友谊勋章”颁授仪式在北京人民大会堂举行,被授予首枚“友谊勋章”的人是(　　)

A. 俄罗斯总统普京　　B. 韩国总统文在寅

C. 法国总统马克龙　　　　　　　　D. 美国总统特朗普

7. 根据《中华人民共和国教育法》第二十九条规定，学校及其他教育机构可行使的权利是(　　)

A. 按照章程自主管理

B. 自主确定收费项目

C. 义务教育阶段自主选用教科书

D. 从办学结余中提取一定比例用于支付教师工资

8.《中共中央 国务院关于全面深化新时代教师队伍建设改革的意见》在"战略意义"中强调，教育发展的第一资源是(　　)

A. 教师　　B. 知识　　C. 制度　　D. 技术

9. 福建省在《关于全面深化新时代教师队伍建设改革的实施意见》中提出，小学高级教师岗位比例将提高(　　)

A. 3个百分点　　　　　　　　B. 4个百分点

C. 5个百分点　　　　　　　　D. 6个百分点

10. 下列关于教育的阐述，正确的是(　　)(易混)

A. 学校产生于封建社会时期

B. 现代教育的公共性日益突出

C. 原始社会的教育具有阶级性

D. 从词源看，中文的"教育"有潜质引发之意

11. 将教学过程分为明了、联想、系统、方法四个阶段的教育家是(　　)(常考)

A. 杜威　　　　　　　　B. 凯洛夫

C. 夸美纽斯　　　　　　D. 赫尔巴特

12. 小学低年级教学很少使用模像直观，高中教学经常使用模像直观。这违背了个体身心发展的(　　)

A. 阶段性规律　　　　　　B. 互补性规律

C. 稳定性规律　　　　　　D. 可变性规律

13. 根据马克思主义教育学的基本观点，培养全面发展的人的唯一方法是(　　)

A. 创新与动手实践相结合　　　　B. 认知与情感体验相结合

C. 道德与知识学习相结合　　　　D. 教育与生产劳动相结合

14. 中国近代教育史上第一部由国家颁布并在全国实行的学制是(　　)(易混)

A. 壬戌学制　　　　　　B. 癸卯学制

C. 壬寅学制　　　　　　D. 壬子癸丑学制

15. 某教师教授《景阳冈》时发现学生积极性不高，便灵机一动，让学生替武松写一封求职自荐信，学生表现出浓厚的学习兴趣。这体现出教师劳动的（　　）

A. 复杂性　　B. 长期性　　C. 创造性　　D. 示范性

16. 教师就某一单元内容编制试题，对学生进行测试，这是一种（　　）

A. 诊断性评价　　B. 形成性评价

C. 终结性评价　　D. 个体内差异评价

17. "不陵节而施之谓孙"体现的教学原则是（　　）

A. 启发性原则　　B. 直观性原则

C. 巩固性原则　　D. 循序渐进原则

18. 电影《放牛班的春天》中，马修老师组建合唱团，借助音乐让顽劣的学生心灵受到感化和净化。这种德育方法是（　　）

A. 说服教育　　B. 榜样示范　　C. 情感陶冶　　D. 品德评价

19. 开展教育科学研究的第一个步骤是（　　）

A. 编制工具　　B. 提出课题

C. 查阅文献　　D. 收集和分析数据

20. 下列属于认知过程的心理现象是（　　）

A. 注意　　B. 思维　　C. 情绪　　D. 人格

21. 进入吵闹的市集，刚开始会觉得嘈杂，一段时间后觉得嘈杂声减弱了。这体现的是（　　）（常考）

A. 听觉掩蔽　　B. 听觉对比　　C. 听觉疲劳　　D. 听觉适应

22. 根据艾宾浩斯遗忘曲线揭示的规律，学生学完新的知识后，需要（　　）

A. 分散复习　　B. 及时复习

C. 间隔学习　　D. 适当过度学习

23. 根据日常生活中绵羊的形象创作出喜羊羊这一卡通人物。这种心理现象是（　　）

A. 推理　　B. 联想　　C. 表象　　D. 想象

24. 学生运用学会的公式解决某一类型的问题，体现的是（　　）

A. 常规思维　　B. 直觉思维

C. 创造性思维　　D. 直观动作思维

25. 根据马斯洛需要层次理论，希望多交朋友是为了满足（　　）

A. 安全需要　　B. 尊重需要

C. 自我实现的需要　　D. 归属与爱的需要

26.“触类旁通”“举一反三”描述的是(　　)

A. 学习迁移　　B. 下位学习　　C. 认知风格　　D. 发散性思维

27. 桑代克认为,学习者对刺激情境做出反应后能获得满意的结果,S-R联结力量就会增加。这符合(　　)(易混)

A. 准备律　　B. 强化律　　C. 练习律　　D. 效果律

28. 学生解答几何难题后,对自己的解题思维进行反思、总结。其所采用的学习策略是(　　)

A. 复述策略　　B. 组织策略

C. 元认知策略　　D. 资源管理策略

29. 将饼干藏起来,儿童会去寻找;将饼干掰成两半,儿童认为饼干变多了。儿童所处的认知发展阶段是(　　)(易错)

A. 感知运动阶段　　B. 前运算阶段

C. 具体运算阶段　　D. 形式运算阶段

30. 教师主动对自身教学活动进行计划、检查、评价、反馈、控制和调节。这是(　　)

A. 教学认知能力　　B. 教学操作能力

C. 教学监控能力　　D. 教学研究能力

二、判断选择题(本大题共15小题,每小题1分,共15分)

31. 经某省认定颁发的教师资格证书在其他省不适用。(　　)

A. 正确　　B. 错误

32. 教师可以通过教职工代表大会或者其他形式,参与学校的民主管理。(　　)

A. 正确　　B. 错误

33. 学校组织师生参加社会公益活动,必须以不影响正常教育教学活动为前提。(　　)

A. 正确　　B. 错误

34.“教育即生长”“教育即生活”“学校即社会”“从做中学”都是杜威的观点。(易混)(　　)

A. 正确　　B. 错误

35. 影响个体身心发展的因素中起决定作用的是学校教育。(　　)

A. 正确　　B. 错误

36. 我国教育目的体系由国家所规定的教育目的和各级各类学校制定的培养目标、教学目标三个层次构成。(　　)

A. 正确　　B. 错误

37. 课程计划由课程标准、学科顺序、课时分配、学年编排和学周安排构成。(易错) ( )

A. 正确 B. 错误

38. 讲授法容易导致灌输,谈话法有利于活跃学生思维。因此,教学时尽量避免使用讲授法,多用谈话法。 ( )

A. 正确 B. 错误

39. 婴儿通过微笑、哭闹获得成人的关注,体现的是情绪的组织功能。 ( )

A. 正确 B. 错误

40. 负强化的目的是降低目标行为出现的概率。(常考) ( )

A. 正确 B. 错误

41. 执拗性是与坚韧性相反的意志品质。 ( )

A. 正确 B. 错误

42. 班杜拉认为强化有自我强化、直接强化和替代性强化。 ( )

A. 正确 B. 错误

43. 学习识别交通标志属于概念学习。(易错) ( )

A. 正确 B. 错误

44. 根据科尔伯格的道德发展阶段理论,通过"做个好人"寻求认可的儿童属于前习俗水平。 ( )

A. 正确 B. 错误

45. 操作技能的活动对象具有客观性,心智技能的活动对象具有观念性。( )

A. 正确 B. 错误

三、填空题(本大题共20小题,每小题1分,共20分)

46. 习近平总书记在2018年8月21日至22日召开的全国宣传思想工作会议上强调,完成新形势下宣传思想工作的使命任务,必须以新时代中国特色社会主义思想和党的第________次全国代表大会精神为指导。

47. 2018年10月23日,历经14年的筹备建设,被誉为"现代世界七大奇迹之一"的________大桥开通仪式在珠海市举行。

48. 2018年12月18日,庆祝改革开放________周年大会在北京人民大会堂隆重举行。

49. 根据《中华人民共和国教师法》第二十三条规定,学校对教师的考核应当客观、公正、准确,充分听取教师本人、其他教师以及________的意见。

50.《国务院办公厅关于加强中小学幼儿园安全风险防控体系建设的意见》中要

求，对实施暴力情节严重，构成违法犯罪的学生，公安、司法机关要坚持宽容但不________、关爱又严管的原则，指定专门机构或者专门人员依法处理。

51. 根据《中华人民共和国未成年人保护法》第三条规定，未成年人不分性别、民族、种族、家庭财产状况、宗教信仰等，依法________地享有权利。

52. 根据《中华人民共和国义务教育法》第二十七条规定，对违反学校管理制度的学生，学校应当予以批评教育，不得________。（常考）

53. 教育活动主要包括教育者、受教育者和________三个基本要素。

54. 在一定程度上，以学生的兴趣爱好和发展需要为中心的________课程可以弥补学科课程的不足。

55. 制约着教育事业发展规模和速度的因素是________。（常考）

56. 教育起源于日常生活中儿童对成人的无意识模仿，这是"________起源说"的观点。

57. 师生关系反映的是教师与学生各自的角色、地位、行为方式和相互对待的________。

58. 我国德育内容主要包括思想教育、政治教育、________、法纪教育以及心理健康教育。

59. 神经系统结构和功能的基本单位是________。

60. 信息加工理论按照信息处理的先后顺序，将记忆区分为三个阶段系统：感觉记忆、________、长时记忆。

61. 耶克斯—多德森定律表明，动机强度与工作效率之间是________关系。（常考）

62. 思维是人脑对客观事物概括的和________的反映。

63. 问题解决策略包括算法策略和________策略。

64. 自尊心、自卑感属于自我意识成分中的________。

65. 奥苏伯尔把先于学习任务本身呈现的一种引导性材料称为________。

四、论述题（本大题共2小题，第66小题7分，第67小题8分，共15分）

66. 阐述班级授课制的含义，并分析其成为教学基本组织形式的理由。

67. 阿特金森认为，在面对成功概率为50%的任务时，人们存在两种相反的选择倾向。阐述该理论的主要观点及其教育启示。

五、材料分析题（本大题共4小题，其中第68小题12分，第69小题10分，第70小题6分，第71小题12分，共40分）

68. 阅读材料，按要求作答。

班主任李老师建立了家校联系微信群。为规范使用该群，他专门制定了群规，如不在群里发广告、不发网络投票链接等。李老师从不在群里公开学生成绩或布置家庭作业。学生家长高某在学校周边经营一家小书店，不时在群里发布有关商品信息。李老师在群里再三提醒，未能奏效，便发布严正警告。其他家长纷纷支持李老师，并指责高某行为不当。高某便到李老师家送礼，遭到果断拒绝。为此，高某四处发布李老师向他索取高额回报的消息，并向该校举报。

校长为避免事件扩大，要求李老师向高某道歉，李老师坚决拒绝。高某又向教育局匿名举报，称李老师参与有偿补课。教育局经调查核实后，相关部门对高某的不良行为给予相应的行政处罚。

问题：

(1)分析对高某给予行政处罚的法律依据。(3分)

(2)结合相关法律法规分析校长的做法。(3分)

(3)结合材料分析李老师遵守了哪些新时代教师职业行为准则。(6分)

69. 阅读材料，按要求作答。

材料1 预备铃一响，闹哄哄的教室迅速安静下来。陈老师走进教室，提醒个别仍未做好上课准备的同学调整好状态。开始上课之后，陈老师进行了“如何把6颗糖分成3份”的教学，并要求学生用学具模拟分糖果。学生答出了三种分法，陈老师引导学生进行对比，最后得出“2:2:2”的分法是最公平的分法，让学生初步体会到平均分的意义。随后，陈老师揭示本节课的题目——《平均分》，明确本次学习的目的及任务。

材料2 在教学过程中，当学生通过幻灯片展示操作成果时，陈老师发现赵同学低着头在做小动作，于是悄悄予以提醒，赵同学立即改正。在后续的学习环节中，赵同学认真听课，陈老师及时肯定，他更加自觉主动地投入到课堂学习中去。陈老师决定评选星级作业，作业被评为“五星级”的同学，老师可以帮他实现一个愿望。赵同学一改以往对待作业不认真、马虎了事的不良习惯。经过一番刻苦努力，他的作业最终被评为“五星级”。

问题：

(1)预备铃声和课前陈老师的提醒，有助于影响学生的哪一种注意品质？(2分)

(2)根据引起和维持随意注意的条件，分析陈老师的教育教学行为。(8分)

70. 阅读材料,按要求作答。

八年级(3)班的小刚和小雯是同桌。小雯聪慧敏锐,思维缜密,学习成绩优异。小刚直率开朗,热情外向。一次自习课上,小刚邀请小雯一起看小说,被小亮发现,他随即向班主任杨老师举报。

杨老师把小雯叫到办公室了解情况。小雯感觉周遭都是审视的目光,如芒刺在背,既难堪又委屈。她一直低着头,双手紧拽衣角,老师问什么,她都一声不吭。小刚得知小雯被老师叫去办公室是因为小亮的举报,怒气冲冲地找小亮理论。见到小亮,他不由分说,一把将小亮推倒在地。

问题:

(1)分别写出小雯和小刚的气质类型。(2分)

(2)针对小刚的气质类型,杨老师应采取哪些恰当的教育措施?(4分)

71. 阅读材料，按要求作答。

丁老师准备接任小学二年级某班班主任。开展工作前，他了解到该班的一些情况。该班班干部都是通过抽签产生的，他们没有讨论过班级的愿景，也不知道自己要做什么。个别班干部向原班主任反映问题时，得到的回答总是“做好你自己的事，别管那么多”。班级曾组织一次演讲比赛，只有个别同学报名参加，最后活动不了了之。其他几次活动都是执行学校的统一安排，多数同学觉得没意思，缺乏参与热情。该班纪律松散，时常有同学迟到，课堂上也总有人交头接耳。在校卫生评比中，该班屡屡落后。学习委员钟某偶然发现，自家钟点工阿姨竟是副班长林某的母亲，他便将这个“重大发现”在班上公开。林某发觉原来和自己要好的几个同学渐渐疏远了自己，情绪低落，工作和学习热情受到不小影响。此外，科任老师反映同学之间互起绰号的风气盛行。

问题：

运用班集体组织和建设的方法，分析该班级存在的问题，并就丁老师如何组织、培养班集体提出合理建议。(12分)

2018年福建省教师招聘考试教育综合真题试卷(六)

(满分150分　时间120分钟)

本套试卷共66小题,分为两部分:第一部分客观题,包括单项选择题(35小题)、多项选择题(10小题)、填空题(15小题);第二部分主观题,包括判断说理题(2小题)、案例分析题(4小题)。

一、单项选择题(在下列每题四个选项中只有一个是符合题意的,将其选出并把它的标号写在题后的括号内,本大题共35小题,每小题2分,共70分)

1. 中国共产党第十九次全国代表大会通过的党章修正案把(　　)确立为我们党的行动指南,实现了党的指导思想的又一次与时俱进。

A. 毛泽东思想

B. 邓小平理论

C. "三个代表"重要思想

D. 习近平新时代中国特色社会主义思想

2. 十九大报告指出,推动城乡义务教育一体化发展,高度重视农村义务教育,办好学前教育、特殊教育和网络教育,普及高中阶段教育,努力让每个孩子都能享有(　　)的教育。

A. 均等而幸福　　B. 一流而有尊严

C. 普及而有效　　D. 公平而有质量

3. 2017年7月8日,在第41届世界遗产大会上,中国福建省的(　　)获准列入世界文化遗产名录。至此,中国拥有世界遗产52处。

A. 土楼　　B. 鼓浪屿　　C. 武夷山　　D. 三坊七巷

4. 2017年9月29日,世界首条量子保密通信干线——"京沪干线"正式开通。承担这一保密通信的量子卫星是(　　)

A. 墨子号　　B. 悟空号

C. 天宫号　　D. 蛟龙号

5. 2018年2月9日,第23届冬季奥林匹克运动会在(　　)开幕。

A. 韩国平昌　　B. 中国北京

C. 朝鲜平壤　　D. 日本北海道

6. 2018年3月5日，李克强总理在第十三届全国人大一次会议上作政府工作报告，报告中指出，2017年我国国内生产总值达到82.7万亿元，比上年增长(　　)

A. 6.5%　　B. 6.7%

C. 6.9%　　D. 7.1%

7. 根据《中华人民共和国教育法》第十九条规定，国家实行义务教育制度的年限是(　　)(常考)

A. 六年　　B. 八年　　C. 九年　　D. 十二年

8. 根据《中华人民共和国未成年人保护法》第十三条规定，应当尊重未成年人受教育的权利，必须使适龄未成年人依法入学接受并完成义务教育，不得使接受义务教育的未成年人辍学。承担这一保护义务的主体是(　　)

A. 司法机关　　B. 学校或老师

C. 各级人民政府　　D. 父母或者其他监护人

9.《关于加强中小学劳动教育的意见》中提出，义务教育阶段中切实开设综合实践活动中的劳动与技术教育课的年级是(　　)

A. 三到六年级　　B. 七到九年级

C. 六到八年级　　D. 三到九年级

10. 根据《中小学教师违反职业道德行为处理办法》第三条规定，警告期限为(　　)

A. 3个月　　B. 6个月　　C. 12个月　　D. 18个月

11. 中国的学校教育形态最早出现在(　　)

A. 夏代　　B. 西周　　C. 汉代　　D. 春秋时期

12. 法国教育家卢梭的代表作是(　　)

A.《理想国》　　B.《爱弥儿》

C.《教育漫话》　　D.《教育与文化》

13. 国家规定某一学科的课程性质、课程目标、内容标准和实施建议的教学指导性文件是(　　)

A. 教科书　　B. 课程计划

C. 课程标准　　D. 课程设计

14. 教育中“拔苗助长”的现象违反了个体身心发展的(　　)(易混)

A. 顺序性　　B. 互补性

C. 不均衡性　　D. 个别差异性

15. 杜威认为：“学校课程中相关的真正中心，不是科学，不是文学，不是历史，不

是地理，而是儿童本身的社会活动。”该观点体现的课程理论是(　　)

A. 知识中心课程论　　B. 学生中心课程论

C. 社会中心课程论　　D. 后现代主义课程论

16. “活到老，学到老”体现的现代教育制度的发展趋势是(　　)

A. 延长义务教育年限　　B. 终身教育体系的完善

C. 加强教育的国际交流　　D. 普通教育与职业教育相互渗透

17. 夸美纽斯论述的教学组织形式是(　　)

A. 个别教学制　　B. 分组教学制

C. 设计教学法　　D. 班级授课制

18. 乌申斯基说：“如果你厌恶学生，那么，教育工作刚刚开始时就已经结束了。”这强调教师应具备(　　)

A. 高尚的师德　　B. 广博的文化素养

C. 专门的教育素养　　D. 扎实的学科素养

19. 荀子说：“干、越、夷、貉之子，生而同声，长而异俗，教使之然也。”这强调影响人的身心发展的因素是(　　)

A. 遗传　　B. 环境

C. 教育　　D. 个体主观能动性

20. 学校组织学生参加交通协管员志愿者活动，以此来培养学生良好的品德。这运用的德育方法是(　　)(常考)

A. 说服法　　B. 榜样法　　C. 陶冶法　　D. 锻炼法

21. “没有规矩，不成方圆。”因此在组织和培养班集体时应(　　)

A. 确立班集体的目标　　B. 全面了解和研究学生

C. 建立健全必要的班级规则　　D. 开展丰富多彩的集体活动

22. 在较长时间内，通过系统搜集特定个体的有关资料，研究其发展变化过程。这种研究方法是(　　)

A. 观察法　　B. 调查法

C. 行动研究法　　D. 个案研究法

23. 撰写出《教育心理学》，从而使教育心理学成为一门独立学科的心理学家是(　　)

A. 冯特　　B. 斯金纳

C. 桑代克　　D. 班杜拉

24. 听完一节精彩的语文课，自觉投入到下一节数学课的学习，这体现的注意品

质是(　　)(易错)

A. 注意的分配　　B. 注意的转移

C. 注意的起伏　　D. 注意的广度

25. 高级神经活动表现为强、不平衡,与此相对应的气质类型是(　　)

A. 胆汁质　　B. 多血质

C. 黏液质　　D. 抑郁质

26. 根据学习程度对保持的影响,一般情况下,若学习30分钟刚好记住材料,要想达到最佳的记忆效果,则需要继续学习(　　)

A. 10分钟　　B. 15分钟

C. 30分钟　　D. 45分钟

27. 经常使用一个物体的某项功能,而认为该物体只有这种功能的现象,称为(　　)

A. 顿悟　　B. 原型启发

C. 功能固着　　D. 导向功能

28. 吉尔福特提出的能力结构理论是(　　)

A. 二因素理论　　B. 群因素理论

C. 三维智力理论　　D. 多元智力理论

29. 以求知作为目标,从知识的获得中得到满足,这种学习动机是(　　)

A. 外部动机　　B. 认知内驱力

C. 附属内驱力　　D. 自我提高内驱力

30. 周末,小明同学认真完成作业后,被允许玩半个小时的电子游戏。这种强化方式是(　　)(常考)

A. 负强化　　B. 正强化

C. 消退　　D. 惩罚

31. 某生观看了电影《战狼》后,对军人产生了敬佩之情,立志成为一名中国人民解放军。根据加涅的学习结果分类,这属于(　　)

A. 态度的学习　　B. 智慧技能的学习

C. 动作技能的学习　　D. 言语信息的学习

32. 学习了写毛笔字后,有助于之后学习写好粉笔字。这是(　　)

A. 顺向正迁移　　B. 顺向负迁移

C. 逆向正迁移　　D. 逆向负迁移

33. 与意志的果断性品质相反的是(　　)(易混)

A. 怯懦　　B. 顽固　　C. 受暗示性　　D. 优柔寡断

34. 科尔伯格研究儿童道德发展所采用的方法是(　　)

A. 文献法　　B. 对偶故事法

C. 角色扮演法　　D. 两难故事法

35. “跳一跳,摘果子”体现了维果斯基的(　　)

A. 掌握学习理论　　B. 先行组织者策略

C. 最近发展区理论　　D. 认知结构学

二、多项选择题(在下列每题四个选项中有两个及两个以上是符合题意的,将其选出并把它的标号写在题后的括号内,错选、多选、漏选均不得分。本大题共10小题,每小题2分,共20分)

36. 中共中央、国务院《关于全面深化新时代教师队伍建设改革的意见》要求全面加强师德师风建设。下列举措中属于加强师德师风建设的有(　　)

A. 实行义务教育教师“县管校聘”

B. 加强教师党支部和党员队伍建设

C. 提高教师思想政治素质,加强理想信念教育

D. 弘扬高尚师德,注重加强对师德师风的监察监督

37. 根据《中华人民共和国教师法》第二十二条规定,学校或者其他教育机构应当对教师进行考核,考核内容包括(　　)(常考)

A. 政治思想　　B. 业务水平　　C. 工作态度　　D. 工作成绩

38.《中国学生发展核心素养》确立了六大核心素养,其中自主发展的素养包括(　　)

A. 科学精神　　B. 学会学习　　C. 责任担当　　D. 健康生活

39. 下列属于赫尔巴特对教育学的贡献的有(　　)(易混)

A. 主张“教育即生活”

B. 撰写了代表作《雄辩术原理》

C. 将教学分为明了、联想、系统和方法四个阶段

D. 以伦理学和心理学为理论基础建立教育学体系

40. 选择与运用教学方法的依据包括(　　)

A. 学生特点　　B. 教学目的和任务的要求

C. 教学内容的性质与特点　　D. 教师自身素养及其具备的条件

41. 下列关于学生的表述,正确的有(　　)

A. 学生具有独特性

B. 学生具有可塑性

C. 学生是以学习为主要任务的人

D. 学生对教育施加的影响是无条件接受的

42. 下列关于感觉规律的表述，正确的有(　　)

A. 感觉有补偿现象　　B. 感觉适应时感受性下降

C. 感受性与感觉阈限成反比关系　　D. 感觉对比分为同时对比和继时对比

43. 下列选项中，属于认知策略的有(　　)

A. 复述策略　　B. 组织策略

C. 计划策略　　D. 精加工策略

44. 下列关于操作技能熟练阶段的动作特点的表述，正确的有(　　)

A. 动作具有灵活性、稳定性和准确性

B. 主要靠视觉控制，动觉控制水平较低

C. 紧张感、疲劳感减少，动作具有轻快感

D. 动作衔接连贯、流畅、协调，多余动作消失

45. 下列关于情绪和情感关系的表述，正确的有(　　)(易错)

A. 情绪是情感的基础，情感离不开情绪

B. 情绪依赖于情感，是情感的具体表现

C. 情绪具有情境性，情感具有较强的稳定性和持久性

D. 情绪更多的是与人的生理需要相联系，情感则是与社会性需要相联系

三、填空题(本大题共15小题，每小题1分，共15分)

46. 2018年3月11日，第十三届全国人民代表大会第一次会议表决通过了《中华人民共和国________修正案》，这是该法自1982年公布施行后的第五次修改，反映了新时代亿万人民的共同心声。

47.《中华人民共和国教育法》第五条规定，教育必须为社会主义现代化建设服务、________，必须与生产劳动和社会实践相结合，培养德、智、体、美等方面全面发展的社会主义建设者和接班人。

48.《国务院办公厅关于加强中小学幼儿园安全风险防控体系建设的意见》中提出，应构建防控学生________和暴力行为的有效机制。

49.《乡村教师支持计划(2015~2020年)》中提出，城市中小学教师晋升高级教师职称(职务)，应有在乡村学校或薄弱学校任教________年以上的经历。

50. 最早专门论述教育问题的著作是中国的《________》。(常考)

51. 我国教育目的的理论基础是马克思主义关于人的________学说。

52. 班主任对学生一学期或者一学年以来的思想品德发展变化情况的评价，称为

________评定。

53. 德育过程的主要矛盾是教育者提出的德育要求与受教育者已有________之间的矛盾。

54. 教学工作的起始环节是________。

55. 心理学是研究________及其发生发展规律的科学。

56. 人的心理过程包括________过程、情绪情感过程和意志过程。

57. 短时记忆的容量约为________个组块。(常考)

58. 根据注意过程中有无预定目的和是否需要意志努力,把注意分为无意注意、有意注意和________。

59. 奥苏伯尔认为学生的学习主要是有意义的________学习。

60. 学与教的过程包括五个要素,即学生、教师、________、教学媒体和教学环境。

四、判断说理题(本大题共2小题,每小题5分,共10分)

61. “中小学教学中直观手段运用越多,教学效果越好。”这种认识是否正确?结合教学原则的知识说明理由。

62. “幻想是一种不切实际、不能实现的想象,不宜提倡。”这种说法是否正确?结合想象的知识说明理由。

五、案例分析题(本大题共4小题,其中第63小题14分,第64小题6分,第65小题6分,第66小题9分,共35分)

63. 阅读案例,按要求作答。

A小学是一所农村片区中心学校,郑老师是该校的新任校长。开学前,郑校长深入调查了A小学之前的办学情况,了解到一些问题:因外来生源多而学位有限,采取考试入学;学校经费管理、使用不够规范,存在虚报、挪用少量代课金现象;个别教师在校外进行有偿补课。

开学后,郑校长组织全体教职员工系统学习教育法律法规,提高依法执教和依法治校的思想认识,纠正了原有的错误做法,对各项管理工作建章立制,以身作则,模范遵守。他工作兢兢业业,坚持深入教学第一线,承担一门课程的教学任务。他积极参加进修学习和课题研究,努力提高自身科学管理水平。他为人和蔼可亲,善于沟通激励,并且公平公正、铁面无私。有位教师对学生实施变相体罚,产生不良影响,郑校长拒绝熟人说情,召开学校行政会,依照学校规定给予该教师警告处分。

问题:

(1)结合相关教育法律法规,分析案例中存在的违反教育法律法规的现象。(6分)

(2)结合案例,分析郑校长践行了哪些中小学教师职业道德规范。(8分)

64. 阅读案例，按要求作答。

开发校本课程时，面对本地区丰富多样的课程资源，课程负责人刘老师认为，武术是中华民族优秀文化遗产的典型代表，它在弘扬民族精神和激发学生对民间体育活动的兴趣上有着不可替代的作用。因此，依据本校实际情况，学校开设了《武术》课程。校本课程《武术》的目标中，既有“仁、义、礼、智、信、勇”的传统武德，又提出了“树立理想、为国争光、见义勇为、团结互助、修身养性、举止端庄”的新时期武德。该课程依据学生的特点，综合各种武术要领，编排了别具一格的武术操，代替了传统广播操。

《武术》课程的实施取得了阶段性成果：通过教学增强了学生的体质，宣扬了戚继光等展现的民族正义感；举行全校性武术操比赛，邀请家长观看，产生了良好的反响；学校多次接待社会各界的参观访问；个别师生参加了国内外武术交流比赛活动；课程组成员发表相关学术论文十多篇；学校增加了“习武重德、强身健体”的校训。《武术》课程丰富了校园文化，形成了学校的办学特色，学校被正式授牌为“体育项目传统学校”。

问题：结合案例，分析教育的文化功能。（6分）

65. 阅读案例，按要求作答。

辛老师了解到学生小丁学习基础较差，且因家境贫寒产生了自卑心理，于是他为小丁制定并实施了“智志双扶”的措施。辛老师利用课余时间与小丁谈心，以励志的榜样故事鼓舞他树立理想，实现人生价值；为他组建“学习帮帮团”，帮助他学习；让他当班级宣传委员，发挥画画的特长；对他取得的进步给予赞赏；在“我们是一个友爱和谐的家”班会课上，同学们友善地接纳了小丁；针对小丁在课堂上做小动作的行为，辛老师没有当众训斥他而是委婉地提示。一段时间后，小丁爱上学习，成绩也提高了。他在日记中写道：“我要靠自己去奋斗，努力学习吧，我能越来越……”

问题：结合案例，分析辛老师是如何依据需要层次理论制定教育措施的。（6分）

66. 阅读案例,按要求作答。

小学科学《磁铁有磁性》教学中,蔡老师通过播放《机器人总动员》中的片段“机器人与磁铁”让学生明白,磁铁之所以喜欢机器人瓦力,是因为瓦力是铁做的。

第一个实验探索的问题是“能被磁铁吸引和不能被磁铁吸引的物品分别有哪些?”学生带着问题进行观察,随后踊跃回答:“能被磁铁吸引的有回形针、铁夹子”,“不能被磁铁吸引的有卡纸、棉布、木片、橡皮筋”。蔡老师及时引导,学生得出结论:磁铁可以吸引铁材料做的物体。

第二个实验主题是“用磁铁识别铁家族成员”,学生通过观察发现,同样是硬币,却有着能被磁铁吸引和不能被磁铁吸引的差别,进而得出:能被磁铁吸引的为铁质硬币。

第三个实验中,学生通过铁质教具“芭蕾舞者”的演示得知,磁铁隔着纸也能吸引铁制品。随后,蔡老师分发木片、布片和塑料等不同材质的隔板及不同大小的磁铁,进行分组探究实验。学生发现:磁铁可以隔物吸铁,且与磁性大小有关。

蔡老师紧接着提出:“磁铁被固体隔着能吸铁,被液体隔着呢?”学生利用水、牛奶等液体进行第四个实验,进一步验证了磁铁可以隔物吸铁的结论。

问题:结合案例,分析蔡老师是如何引导学生进行知识概括的。(9分)

2017年福建省教师招聘考试教育综合真题试卷(七)

(满分150分　时间120分钟)

本套试卷共67小题,分为两部分:第一部分客观题,包括单项选择题(30小题)、判断题(15小题)、填空题(15小题);第二部分主观题,包括论述题(2小题)、案例分析题(5小题)。

一、单项选择题(在下列每题四个选项中只有一个是符合题意的,将其选出并把它的标号写在题后的括号内,本大题共30小题,每小题2分,共60分)

1. 2016年8月5日,第三十一届夏季奥林匹克运动会开幕,本届奥运会的举办城市是(　　)

A. 英国的伦敦　　B. 澳大利亚的悉尼

C. 巴西的里约热内卢　　D. 西班牙的巴塞罗那

2. 2016年10月13日,第71届联合国大会正式任命的第九任联合国秘书长是(　　)

A. 潘基文　　B. 特朗普

C. 哇集拉隆功　　D. 古特雷斯

3. 教育部2017年1月10日表示,教材修改要求将8年抗战一律改为(　　)

A. 9年抗战　　B. 10年抗战　　C. 14年抗战　　D. 15年抗战

4. 2016年6月25日,随着中国新一代运载火箭长征七号成功首飞,我国第四个卫星发射中心首次在世界面前精彩亮相。这个卫星发射中心是(　　)

A. 酒泉卫星发射中心　　B. 太原卫星发射中心

C. 文昌卫星发射中心　　D. 西昌卫星发射中心

5. 2016年7月17日,在土耳其伊斯坦布尔举行的第四十届世界遗产大会上,我国被正式列入世界遗产名录的项目是(　　)

A. 安徽黄山　　B. 山东泰山

C. 福建武夷山　　D. 湖北神农架

6. 2017年3月15日,是中国民事立法上具有里程碑意义的日子,这天,第十二届全国人大第五次会议通过了(　　)

A. 民法总则　　B. 民法通则

C. 民法修正案　　D. 民法修正草案

7. 根据《中华人民共和国义务教育法》第三十八条规定，不得参与或者变相参与编写教科书的人员是(　　)(常考)

①科研人员　②中小学教师　③国家机关工作人员　④教科书审查人员

A. ①②　　B. ②③

C. ①④　　D. ③④

8.《福建省"十三五"教育发展专项规划》提出的发展目标之一是到2020年"教育强县"占比超过(　　)

A. 20%　　B. 30%

C. 50%　　D. 60%

9.《关于全面加强和改进学校美育工作的意见》提出了初步形成具有中国特色的现代化美育体系的总体目标，实现该目标的时间是到(　　)

A. 2018年　　B. 2020年

C. 2025年　　D. 2028年

10. 根据《中小学幼儿园安全管理办法》第二十六条规定，学校接送学生不得租用(　　)

①拼装车　②报废车　③个人机动车　④运输公司客车

A. ①②③　　B. ②③④

C. ①③④　　D. ①②④

11. 沛西·能认为"教育既无需周密的考虑使它产生，也无需科学予以指导，它是扎根于本能的不可避免的行为"。该观点属于(　　)(常考)

A. 生物起源论　　B. 心理起源论

C. 劳动起源论　　D. 交往起源论

12. 主张"泛智教育"思想，并提出把一切知识教给一切人类的教育家是(　　)

A. 洛克　　B. 杜威

C. 夸美纽斯　　D. 裴斯泰洛齐

13. 中国古代的儒家经典"四书"是指《大学》《中庸》《孟子》和(　　)

A.《春秋》　　B.《论语》

C.《礼记》　　D.《学记》

14. 学生往往会"度德而师之"，因而要求教师应扮演好(　　)

A. 研究者角色　　B. 管理者角色

C. 示范者角色　　D. 授业、解惑者角色

15. “亲其师，信其道”表明教育目标的顺利完成受师生之间的(　　)(易错)

A. 道德关系的影响　　B. 心理关系的影响

C. 组织关系的影响　　D. 非正式关系的影响

16. 教学过程的中心环节是(　　)

A. 领会知识　　B. 巩固知识

C. 运用知识　　D. 检查知识

17. 教师按一定的教学要求提出问题让学生回答，通过问答、对话的形式引导学生思考、探究或获取知识，促进学生智能发展的教学方法是(　　)

A. 讲授法　　B. 谈话法

C. 讨论法　　D. 练习法

18. 反映测验结果可靠程度的指标是(　　)

A. 信度　　B. 效度

C. 难度　　D. 区分度

19. “仁言不如仁声(音乐)之入人深也”体现的德育方法是(　　)(易混)

A. 榜样法　　B. 陶冶法

C. 锻炼法　　D. 说服法

20. 班主任工作的中心环节是(　　)

A. 了解学生　　B. 做好个别教育工作

C. 组织班会活动　　D. 组织和培养班集体

21. “小明既聪明又勤奋。”该评价涉及的心理现象是(　　)(易错)

A. 气质和意志　　B. 能力和性格

C. 能力和气质　　D. 性格和气质

22. 根据皮亚杰的认知发展阶段理论，获得“客体永久性”的儿童最低处于(　　)

A. 感知运动阶段　　B. 前运算阶段

C. 具体运算阶段　　D. 形式运算阶段

23. 老师当众高度赞誉某学生的助人行为，随后班上出现了更多互帮互助的现象。这是一种(　　)

A. 负强化　　B. 直接强化　　C. 替代强化　　D. 自我强化

24. 某大学生想通过中介找兼职赚点零花钱，并得到实践锻炼，却又担心上当受骗和影响学习。这种心理状态是(　　)

A. 双趋冲突　　B. 双避冲突

C. 趋避冲突　　D. 多重趋避冲突

25. 下列属于一般能力测验的是(　　)

A. 罗夏克墨渍测验　　B. 主题统觉测验

C. 标准化成就测验　　D. 韦克斯勒智力测验

26. 某生急躁、直率、热情、情绪兴奋性高、容易冲动,具有外向性。该生的气质类型是(　　)

A. 胆汁质　　B. 多血质

C. 黏液质　　D. 抑郁质

27. 学生采用关键词法进行复习,这种做法属于(　　)(常考)

A. 注意策略　　B. 复述策略

C. 组织策略　　D. 精加工策略

28. 下列属于迁移理论的是(　　)

①形式训练说　②相同要素说　③概括化理论　④多元智力理论

A. ①②③　　B. ①②④

C. ①③④　　D. ②③④

29. 福勒等人的研究认为,衡量教师是否成熟的重要标志之一是能否自觉关注(　　)

A. 生存　　B. 情境

C. 学生　　D. 名望

30. 下列关于课堂管理目标的描述,正确的是(　　)

①课堂的一切由教师做决定　②争取更多的时间用于学习

③争取更多的学生投入学习　④帮助学生形成自我管理的能力

A. ①②③　　B. ②③④

C. ①②④　　D. ①③④

二、判断题(判断下列各命题的正误,并在题后括号内打"√"或"×"。本大题共15小题,每小题1分,共15分)

31.《福建省"十三五"教育发展专项规划》提出,扩大师范生免费教育规模,重点培养小学、幼儿教育男教师和农村小学分科型教师。(　　)

32. 根据《中华人民共和国教育法》第三十六条规定,学校及其他教育机构中的管理人员,实行专业技术职务聘任制度。(　　)

33. 根据《中小学幼儿园安全管理办法》第三十二条规定,学生在教学楼进行教学活动和晚自习时,学校应当合理安排学生疏散时间和楼道上下顺序,同时安排人员巡查,防止发生拥挤踩踏伤害事故。(　　)

34. 教师劳动的创造性表现为教育机智。(易错) ( )

35. 教学的首要任务是引导学生掌握系统的科学文化基础知识和基本技能。 ( )

36. 隐性课程的影响是非预期、非计划性的,所以应尽量减少它对学生的影响。 ( )

37. 文化制约着教育内容及人们的教育观念和思想。 ( )

38. 注意是一种独立的心理过程。 ( )

39. 有的观众因喜欢《中国诗词大会》节目而对诗词感兴趣,这是一种直接兴趣。 ( )

40. 一面红旗不管在白天或是在晚上,人们都会把它知觉为红色。这是知觉的恒常性。 ( )

41. “想起母亲的笑脸”是一种想象。 ( )

42. 社会环境中的各种影响往往会通过有意识记而被个体“潜移默化”地接受。 ( )

43. 在规定的时间内,被试所列出发散项目的范围越大,维度越多,说明他的变通性越强。(常考) ( )

44. 并列结合学习比上位学习和下位学习更简单、容易。 ( )

45. 一般而言,内部动机的作用比外部动机的作用稳定、持久。 ( )

三、填空题(本大题共15小题,每小题1分,共15分)

46. 1970年4月24日,我国第一颗人造地球卫星“东方红一号”发射成功,为铭记历史、传承精神,经党中央批准,国务院批复,自2016年起将每年的4月24日设立为________日。

47. 2016年11月30日,联合国教科文组织通过审议,正式将“________”——中国人通过观察太阳周年运动而形成的时间知识体系及其实践列入联合国教科文组织人类非物质文化遗产代表作名录。

48. 2017年1月1日,中国正式接任金砖国家主席国,将于2017年9月在福建省________市举办金砖国家领导人第九次会晤。

49. 根据《中华人民共和国教育法》第六条规定,教育应当坚持________,对受教育者加强社会主义核心价值观教育,增强受教育者的社会责任感、创新精神和实践能力。

50.《中国学生发展核心素养》确立了人文底蕴、科学精神、学会学习、健康生活、________和实践创新六大学生核心素养。

51.《福建省“十三五”教育发展专项规划》提出的发展目标是：率先基本实现教育现代化，率先基本形成________社会，进入教育强省和人力资源强省行列。

52.《乡村教师支持计划（2015～2020年）》提出，国家对在乡村学校从教________年以上的教师按照有关规定颁发荣誉证书。

53. 1806年，赫尔巴特出版了《________》，标志着科学教育学的诞生。

54. 美国教育学家布鲁纳在教学方法方面倡导________。

55. 教育目的是一切教育工作的________和归宿。（常考）

56. 当前我国课程的表现形式中，________是教师教学、学生学习的基本材料。

57. 大脑半球分为________、顶叶、枕叶和颞叶。

58. 情感分为道德感、理智感和________。

59. 感觉是人脑对直接作用于感觉器官的客观事物的________的反映。

60. 阅读技能、写作技能、运算技能、解题技能等属于________技能。（常考）

四、论述题（本大题共2小题，每小题10分，共20分）

61. 霍尔说“一两的遗传胜过一吨的教育”。请评析这个观点，并说明遗传在人的身心发展中的作用。

62. 试述埃里克森的人格发展理论（前五阶段）及其教育启示。（常考）

五、案例分析题(本大题共5小题,共40分)

63. 某小学五年级(1)班期中考试数学试卷改完了,有10多位学生的成绩低于80分,班主任戚老师很生气,便向这些学生的家长群发了短信:“某某67分,某某73.5分,某某78分……这些连80分都达不到的成绩是垃圾成绩!某某只考了29分,简直是垃圾中的垃圾!留在学校没有任何意义,建议主动退学,收到短信的家长明天下午请到学校开家长会。”短信中使用了学生的真实姓名,所有家长能了解到每位学生的成绩。

根据《中华人民共和国未成年人保护法》,结合以上案例分析该老师的行为侵犯了学生的什么权利。(7分)

64. 根据上级通知,学校选派小学二年级数学科任老师参加2周的业务进修并安排李老师代课。上午最后一节课下课铃响时,李老师才匆忙地在屏幕上呈现课外作业:(1)《教材全解》练习X,7~15题;(2)《优化设计》专题X,1~8题;(3)《天天练》练习X,8~15题。教室里顿时躁动起来……次日上午,李老师收作业时,有的交了专门的作业本,有的交了册子,有的说老师没说清楚什么时候交。

依据布置课外作业的要求,分析案例中李老师的做法。(6分)

65. 升国旗仪式后，少先队大队部下发了为残疾儿童献爱心的倡议。回教室途中，班主任刘老师听到本班有位同学在嘀咕："献爱心，献爱心，想必又要让我们捐款了。"一旁的同学也在低声讨论着。下午的班队课上，刘老师组织同学们观看有关残疾儿童的纪录片，并围绕"有何感想"和"我们能做什么？"进行分组讨论。集体交流时，A同学说："我们小区有一个这样的孩子，真的很可怜，我去帮过他，但是我要上学做作业，只能偶尔帮帮他。"其他同学也纷纷发言："我们可以省下自己的零花钱，更多地帮助他们。""众人拾柴火焰高！""捐物捐款只是献爱心的一种表现，帮助他们对生活充满信心才是关键！""我们可以给他们写信、送贺卡"……刘老师总结时，分享了自己很喜欢的一句话——"让别人因为我们的存在而感到幸福"。

结合案例，分析刘老师的行为遵循了哪些德育规律。(9分)

66. 老师：同学们请说老师手上拿的是什么图形(依次呈现各色纸片图片)

学生：直角三角形、锐角三角形……

老师：OK，我们来做个拼角的游戏，把三角形三个角拼在一起会有个特殊现象，看谁能发现？(同学们跃跃欲试，老师分发三角形，每人一个)

老师：请同学们跟随老师的示范一起折纸。(当学生代表把各种结果展示在黑板时)

学生甲：(迅速)都是直线(其他同学也陆续说出相同答案)。

老师：这说明什么问题？请同学们用量角器量自己手上三角形三个内角的度数并相加，然后报告得数。

学生乙：179度。

学生丙：181度。

学生(多数)：180度。

老师：为什么多数同学是180度。个别同学会有一点偏差呢？应该是由于度量三个角的时候，观察角度不够准确，稍微有些误差，实际上都是180度，也就是平角。

老师（总结）：今天大家通过折纸游戏发现，任意一个三角形的三个角都能拼成一条直线，这太棒了！又通过测量验证，理解掌握了“三角形的内角和等于180度”这个重要理论，同学们要把它牢牢记住，它对我们今后学习其他知识很关键。

从影响识记因素的角度，结合案例分析该老师合理组织识记的做法。（9分）

67. 单元考后，语文老师让同学们对考试成绩进行反思，总结经验教训，写成作业上交，甲、乙、丙三人分别写道：

甲：我使尽了“洪荒之力”，一分耕耘，一分收获。

乙：考得好是因为背的全考到了，还没有背的都没有考到。

丙：别人都很强，我可能不是块学习的料。

（1）运用韦纳的归因理论，具体分析甲、乙、丙归因的维度和因素。（6分）

（2）分析甲、乙、丙的归因对其动机及行为的影响。（3分）

2016年福建省教师招聘考试教育综合真题试卷(八)

(满分150分　时间120分钟)

本套试卷共60小题,分为两部分:第一部分客观题,包括单项选择题(35小题)、填空题(20小题);第二部分主观题,包括判断说理题(3小题)、案例分析题(2小题)。

一、单项选择题(在下列每题四个选项中只有一个是符合题意的,将其选出并把它的标号写在题后的括号内,本大题共35小题,每小题2分,共70分)

1. 中国药学家屠呦呦获得2015年度诺贝尔(　　)

A. 细胞学或药学奖　　B. 生理学或医学奖

C. 病理学或化学奖　　D. 生物学或光学奖

2. 2015年7月31日下午,国际奥委会第128次全会在马来西亚吉隆坡投票决定,将2022年冬季奥运会举办权交给中国的(　　)

A. 北京　　B. 上海

C. 哈尔滨　　D. 张家界

3. 第十二届全国人大第四次会议表决通过,自2016年9月1日起施行的法律是(　　)

A.《中华人民共和国慈善法》　　B.《中华人民共和国大气法》

C.《中华人民共和国证券法》　　D.《中华人民共和国国家安全法》

4. 2016年1月29日,国家统计局发布数据,经初步推算,2015年中国国内生产总值按可比价格计算,比上年增长了(　　)

A. 8.19%　　B. 7.85%　　C. 7.2%　　D. 6.9%

5. 2015年9月3日,在北京天安门广场隆重举行纪念大会(包括检阅部队),以纪念中国人民抗日战争暨世界反法西斯战争胜利(　　)

A. 60周年　　B. 65周年

C. 70周年　　D. 80周年

6. "十三五"规划提出的到2020年实现的两个"翻一番"是指(　　)

①国家科技总量翻一番　②城乡居民人均收入翻一番

③国内生产总值翻一番　④农村人均生产总值翻一番

A. ①③　　B. ②④　　C. ①④　　D. ②③

7. 2016年1月19日至23日，国家主席习近平访问的中东国家是(　　)

①沙特　②捷克　③埃及　④伊朗

A. ①②③　　B. ②③④　　C. ①③④　　D. ①②④

8. 根据《中华人民共和国教师法》的规定，下列属于教师义务的是(　　)(常考)

A. 参加进修或者其他方式的培训

B. 不断提高思想政治觉悟和教育教学业务水平

C. 对学校教育教学、管理工作和教育行政部门的工作提出意见或建议

D. 从事科学研究、学术交流，参加专业型学术团队，在学术活动中充分发表意见

9. 根据《中小学幼儿园安全管理办法》第二十四条规定，学校应当建立学生安全信息通报制度，将关系学生安全的信息及时告知其监护人，下列属于通报内容的是(　　)

①学生身体和心理的异常状况　②学生在校期间的知识掌握情况

③学校规定的学生到校和放学时间　④学生非正常缺席或擅自离校情况

A. ①②③　　B. ①②④　　C. ①③④　　D. ②③④

10.《乡村教师支持计划(2015～2020年)》总体要求中提出的基本原则是(　　)

①师德为先，以德化人　②能力为重，终身学习　③规模适当，结构合理

④提升质量，提高待遇　⑤改革机制，激发活力

A. ①②③④　　B. ①②③⑤

C. ①②④⑤　　D. ①③④⑤

11. 根据《关于进一步加强学校体育工作的若干意见》的规定，中小学生每天校园体育活动的时间应该达到(　　)

A. 0.5小时　　B. 1小时

C. 1.5小时　　D. 2小时

12. 根据《教师资格条例》的规定，参加教师资格考试有作弊行为的，其考试成绩作废，不得再次参加教师资格考试的限制年限是(　　)

A. 1年　　B. 3年　　C. 5年　　D. 8年

13. 强调儿童在教育中的中心地位，以儿童中心主义著称的教育家是(　　)

A. 杜威　　B. 凯洛夫

C. 夸美纽斯　　D. 赫尔巴特

14. 具有与生产劳动相分离特征的教育阶段是(　　)(易混)

A. 原始社会教育　　B. 奴隶社会和封建社会教育

C. 近代教育　　D. 现代教育

15. 政治经济制度决定着(　　)

①教育领导权　②受教育权　③教育目的　④教育结构　⑤教育内容

A. ①②③④　　　　B. ①②④⑤

C. ②③④⑤　　　　D. ①②③⑤

16. 裴斯泰洛齐认为:"发展个人天赋的内在力量,使其经过锻炼,使人能尽其才,能在社会上达到他应有的地位。这就是教育的目的。"这种观点反映的教育目的价值取向是(　　)

A. 生活本位论　　　　B. 社会本位论

C. 个人本位论　　　　D. 文化本位论

17. 学校工作的中心环节是(　　)(常考)

A. 教学　　　　B. 必修课程

C. 学科课程　　　　D. 综合课程

18. 为适应学生的个性差异而开发的课程类型是(　　)

A. 选修课程　　B. 必修课程　　C. 学科课程　　D. 综合课程

19. "既知教之所由兴,又知教之所由废,然后可以为人师也"表明教师应具备(　　)

A. 广博的文化修养　　　　B. 扎实的专业基础知识

C. 丰富的教育理论知识　　　　D. 良好的实际工作能力

20. 陶行知说:"你的教鞭下有瓦特,你的冷眼中有牛顿,你的讥笑中有爱迪生。"与之相关联的教师职业道德是(　　)

A. 爱国守法　　　　B. 关爱学生

C. 爱岗敬业　　　　D. 终身学习

21. 乌申斯基指出,一般说来,儿童是依靠形式、颜色、声音和感觉来进行思维的。这说明教学中应贯彻(　　)

A. 直观性原则　　　　B. 启发性原则

C. 巩固性原则　　　　D. 循序渐进原则

22. 把教师自评和学校领导评价、同行评价、学生评价等结合起来对教师进行评价,体现了(　　)

A. 评价主体的多元性　　　　B. 评价内容的全面性

C. 评价功能的发展性　　　　D. 评价方法的灵活性

23. "君子欲讷于言而敏于行"强调的品德因素是(　　)

A. 道德认识　　B. 道德情感　　C. 道德意志　　D. 道德行为

24.“一千个人的眼里,有一千个哈姆雷特”表明人的心理具有( )

A. 客观性　　B. 主观性

C. 目的性　　D. 社会性

25. 对许多事物和活动都乐于参与、乐于探求,主要体现了兴趣的( )

A. 敏捷性　　B. 广泛性　　C. 持久性　　D. 效能

26. 在鲜花盛开、花草葱茏的阳春三月,人们常有“花在微笑、草在点头”的愉悦体验。这种情绪状态是( )(常考)

A. 心境　　B. 激情

C. 应激　　D. 热情

27. 教师为了让小学生形成利他的习惯,采用了为其提供榜样,并经常奖励其利他行为的方法。这种做法的理论依据是( )

A. 顿悟说　　B. 试误说

C. 认知失调论　　D. 社会学习论

28. 场独立型学习者一般偏爱的学科是( )

A. 语文　　B. 数学

C. 政治　　D. 历史

29. 根据学习的定义,下列属于学习现象的是( )(易混)

①会打球　②个子越长越高　③风沙吹进眼睛自然流泪

④小孩看到穿白大褂的医生感到害怕　⑤儿童理解了“地球是圆的,而不是平的”

A. ①②④　　B. ②③⑤

C. ①④⑤　　D. ①③④

30. 教师的期望会影响学生,使被期望的学生按照教师所期望的方向来塑造自己的行为,产生预言效应。这种现象称为( )

A. 近因效应　　B. 晕轮效应

C. 投射效应　　D. 罗森塔尔效应

31. 光和影有着和谐的旋律,如梵婀玲上奏着的名曲。这种“有色听觉”是( )

A. 联觉　　B. 后像

C. 感觉适应　　D. 感觉对比

32. 某学生认为自己学业成功的原因是努力学习,这种归因维度是( )

A. 内部、稳定、可控　　B. 外部、稳定、不可控

C. 内部、不稳定、可控　　D. 外部、不稳定、不可控

33.“曲不离口,拳不离手”强调了在动作技能形成中起重要作用的是(　　)

A. 示范　　B. 反馈

C. 练习　　D. 言语指导

34. 下列关于能力与知识、技能关系的说法,正确的是(　　)(易混)

①知识、技能等同于能力

②能力的强弱与知识、技能的多少成正比

③能力的形成与发展依赖于知识、技能的获得

④在掌握知识、技能的过程中会促进相应能力的发展

A. ①②　　B. ②③　　C. ①④　　D. ③④

35. 根据福勒等人提出的教师成长阶段论,处于“关注情境阶段”的教师主要关注的问题是(　　)

①“学生喜欢我吗”　②“备课是否充分”

③“怎样上好每堂课”　④“如何安排教学时间”

A. ①②③　　B. ①②④

C. ②③④　　D. ①③④

二、填空题(本大题共20小题,每小题1分,共20分)

36. 2016年2月11日美国加州理工学院、麻省理工学院的研究人员宣布,他们利用LIGO探测器于2015年9月14日探测到来自两个黑洞合并的________信号。

37. 根据《中华人民共和国教育法》的规定,国家实行教师资格、职务、________制度,通过考核、奖励、培养和培训,提高教师素质,加强教师队伍建设。

38. 根据《中华人民共和国义务教育法》第十七条规定,县级人民政府根据需要设置________制学校,保障居住分散的适龄儿童、少年入学接受义务教育。

39.《中华人民共和国未成年人保护法》中所称未成年人是指未满________周岁的公民。(常考)

40. 根据《中小学幼儿园安全管理办法》第五十二条规定,文化部门依法禁止在中小学校园周围________米范围内设立互联网上网服务营业场所。

41.《国家中长期教育改革和发展规划纲要(2010~2020年)》提出到2020年,基本实现教育现代化,基本形成________社会,进入人力资源强国行列的战略目标。

42.“道而弗牵,强而弗抑,开而弗达”体现了________式教学思想。

43. 我国教育目的的基本特征之一是坚持全面发展与________发展的统一。

44. 现代教育制度发展的趋势之一是普通教育与________朝着相互渗透的方向发展。

45. 师生关系在人格上是________的关系。

46. 在教师的指导下，学生以全班或小组为单位，围绕教材的中心问题各抒己见而获得知识的一种教学方法，称为________。

47. 教育评价的实质是________判断或优劣判断。

48. “抓中间，促两头”描述的班主任工作内容是________。（易错）

49. 科学心理观认为，心理是________的机能。

50. 表象具有三大特征，即直观性、________和可操作性。

51. 现代认知心理学将知识分为陈述性知识与________。

52. 迈克卡等人将复述策略、精加工策略和组织策略统称为________。

53. 根据识记材料有无意义以及对材料是否理解，识记分为机械识记和________。

54. 皮亚杰将儿童的认知发展分为感知运动阶段、前运算阶段、________和形式运算阶段。（常考）

55. 维果斯基提出“教学应该走在发展的前面”，主张教学内容应该略高于儿童________，这样教学才能够促进发展。

三、判断说理题（本大题共3小题，每小题5分，共15分）

56. 某位学科教师认为，自己的职责就是教好书，学生的思想品德教育那是班主任的事。该教师的认识是否正确？请结合教育学的知识说明理由。

57. 人应该立长志，而不应该常立志。这种说法是否正确？结合意志品质的知识说明理由。

58. 表扬对学习具有推进作用，批评则会伤害学生的自尊自信，所以，教育中只能表扬，不能批评。这种说法是否正确？请结合心理学的知识说明理由。

四、案例分析题（本大题共2小题，其中第59小题30分，第60小题15分，共45分）

59. 阅读案例，回答问题。

第一学期期中考试后，七年级某班班主任纪老师发现班级总平均成绩在年级排名最后。为了能有效地提高学生成绩，家长会上纪老师宣布了一些决定，首先是将在班级微信群里公布学生每次考试成绩及排名，要求子女成绩不好的家长配合监督；其次对排名最后的同学实施惩罚：要么背着第一名绕操场跑一圈，要么罚款20元以奖励第一名。女生杨某是外地生，近一个月连续几次考试都排名最后，由于身材弱小，她只能接受罚款。杨某为逃离这种困境，决定离开学校，父亲认为女儿的成绩升学无望，同意她的想法，告知纪老师后，父亲把女儿送到亲戚家的小吃店做服务员。一周后，校领导到班级听课时发现了问题，充分调查后，慎重做出了更换班主任的决定，由经验丰富的黄老师接任。

第一次班级晨会，黄老师先和同学们用掌声欢迎杨某"回家"，以"我们是一家人"为主题发表了热情洋溢的讲话；进而黄老师以和蔼的态度，生动具体地分析了学习的意义和班级学风建设的重要性；最后黄老师宣布，学期结束时，班内设立特殊奖并颁发荣誉证书，包括"文艺能手""勤学标兵""进步典型""优秀组长""助人为乐之星"等奖项。短短的班会，黄老师的精彩"演讲"让全班同学耳目一新，充满期待。之后黄老师在教室里设立"班主任信箱"，让同学们为班级建设提建议，也可匿名留言等。信箱的效果很明显，收集到许多意见和建议，黄老师都及时给予采纳或反馈，并在"点赞墙"给同学们点赞！

有一天，黄老师收到了一张留言："谢谢您，黄老师！是您开启了我人生的希望之门……"那隽秀的文字表达了杨某的心声。原来，黄老师一接任班主任就到杨某家进行家访，了解到期中考试前杨某的母亲生病在床，父亲务工时间长，照顾母亲的许多担子就落在她身上。黄老师一方面个人出资对杨某的家庭表达了慰问,引导杨某及其父亲正确认识接受教育的必要性;另一方面针对杨某的实际困难制订了详细的帮扶计划。

后来,黄老师发现杨某在歌唱方面很有潜质,建议音乐老师给予关注,又鼓励她参加校园歌手大赛,最终杨某获得二等奖。期末考试前,黄老师组织了主题为"主动学习,快乐成长"的温书迎考班会,邀请各科任课教师和部分家长代表参加。班会设有学习经验交流、生问师答、自由发言、家长寄语等环节,杨某在发言中表达了自己努力学习的信心和决心。

(1)案例涉及的违法主体有哪些?(2分)

(2)运用相关教育法律法规知识,分析案例中纪老师的行为。(6分)

(3)结合案例,分析黄老师的行为自觉贯彻了哪些德育原则。(10分)

(4)结合影响个体身心发展的因素,分析案例中杨某发生变化的主要原因。(8分)

(5)结合案例中黄老师的行为,分析如何建立教师威信。(4分)

60. 阅读案例,回答问题。

小叶同学经常“眉头一皱,计上心来”,他不仅深思好学,触类旁通,有独立见解,还能透过现象看本质;喜欢打破砂锅问到底,是班上名副其实的“智多星”。数学课上,当问题与条件发生变化时,他总能打破常规,想出新办法;解决问题当机立断,毫不犹豫。对此梁老师也十分赏识,决定在数学课上采取新举措。

首先,在班上开展课前讲故事活动,提高学生的言语表达能力和对数学题意的理解力。苹果落地现象是人们司空见惯的,但牛顿却在此基础上提出了万有引力定律;伽利略敢于质疑和挑战权威,通过在比萨斜塔上同时抛下两个大小不同的铁球实验,指出铁球同时落地才是真知。当学生讲到此类故事时,梁老师就及时倡议学生给课本挑刺,要“吾爱吾师,吾更爱真理”,要敢于说“老师,我反对”,对敢于挑毛病的学生给予奖励。其次,在课堂教学中,梁老师设置问题情境,激励学生独立发现问题,提出问题,老师不急于回答,鼓励学生运用已有知识经验去思考如何解决问题。老师给予一定的启发,让学生自己寻找答案,并鼓励学生一题多解。通过梁老师的指导和训练,小叶同学的思维品质更完善。他不仅敢于质疑,而且善于创新求异。初三毕业时,他成了“小发明家”,觉得自己离“创新梦工厂”越来越近了。

(1)结合案例分析小叶同学具有的思维品质。(8分)

(2)结合案例中梁老师的做法,阐述如何培养学生的思维品质。(7分)

2015年福建省教师招聘考试教育综合真题试卷(九)

(满分150分　时间120分钟)

本套试卷共66小题,分为两部分:第一部分客观题,包括单项选择题(35小题)、判断题(10小题)、填空题(15小题);第二部分主观题,包括简答题(2小题)、案例分析题(4小题)。

一、单项选择题(在下列每题四个选项中只有一个是符合题意的,将其选出并把它的标号写在题后的括号内,本大题共35小题,每小题2分,共70分)

1. 2015年1月12日~1月14日,中国共产党第十八届中央纪律检查委员会第五次全体会议在北京举行。习近平总书记在会上强调要按照“四个全面”的要求坚定不移地推进廉政建设和反腐斗争。“四个全面”是指(　　)

①全面建成小康社会　②全面深化改革　③全面推进依法治国

④全面从严治党　⑤全面建设生态文明

A. ①②③④　　B. ①②④⑤

C. ①③④⑤　　D. ②③④⑤

2. 2015年3月24日,中共中央政治局审议通过广州、天津、福建自由贸易试验区总体方案,进一步深化上海自由贸易试验区改革试验方案。其中主要发展对台湾地区和东盟贸易的自贸区是(　　)

A. 福建　　B. 上海

C. 天津　　D. 广东

3. 国家统计局于2015年1月20日发布数据,经核算,2014年我国国内生产总值636463亿元,按可比价格计算,比上年增长(　　)

A. 7.0%　　B. 7.4%

C. 8.0%　　D. 8.4%

4. 第十二届全国人大常委会第十一次会议决定将每年的12月4日设立为(　　)

A. 扶贫日　　B. 烈士纪念日

C. 国家宪法日　　D. 抗日战争胜利纪念日

5. 获得2014年度国家最高科技奖的是中国工程物理研究院高级科学顾问(　　)

A. 于敏　　B. 程开甲　　C. 吴孟超　　D. 袁隆平

6. 2014年6月12日～7月13日，第20届世界杯在巴西举行，冠军球队是（　　）

A. 荷兰　　B. 德国

C. 巴西　　D. 阿根廷

7. 2014年6月15日～6月25日，在卡塔尔首都举行的第38届世界遗产大会上，我国申报的被列入世界遗产名录的文化遗产是（　　）

A. 殷墟　　B. 五台山

C. 大运河　　D. 云冈石窟

8. 根据《中华人民共和国未成年人保护法》的规定，非法招用未满16周岁的未成年人，情节严重的由工商行政管理部门（　　）

A. 追究民事责任　　B. 追究刑事责任

C. 吊销营业执照　　D. 口头警告

9.《中小学教师专业标准》提出的基本理念是（　　）

A. 师德为先、学生为本、能力为重、终身学习

B. 师德为先、智育为本、创新为重、改革创新

C. 能力为先、智育为本、创新为重、终身学习

D. 能力为先、学生为本、创新为重、促进公平

10.《中小学幼儿园安全管理办法》要求，省级教育行政部门向国务院教育行政部门书面报告上一年度安全工作和学生伤亡事故情况的时间应当是在每年的（　　）

A. 1月15日前　　B. 1月31日前

C. 2月15日前　　D. 2月28日前

11.《中华人民共和国教育法》第十条规定，国家扶持和发展（　　）

A. 老年人教育事业　　B. 残疾人教育事业

C. 体育特长生教育事业　　D. 流动人员教育事业

12.《中华人民共和国义务教育法》第二十六条规定，依法聘任校长的部门是（　　）

A. 省级人民政府

B. 县级人民政府

C. 省级人民政府教育行政部门

D. 县级人民政府教育行政部门

13. 提出"人之所以千差万别，便是由于教育之故"的是以"白板说"著称的教育家（　　）

A. 夸美纽斯　　B. 卢梭

C. 洛克　　D. 马卡连柯

14. 决定教育发展的规模和速度并制约着教育结构变化的社会因素是(　　)(常考)

A. 法律制度　　B. 政治经济制度

C. 精神文明　　D. 社会生产力

15. 为了改变传统课程过分强调学科本位的现象,新课程注重联系学生经验和生活实际,提倡和追求不同学科间的彼此关联。这体现的新课程结构特征是(　　)

A. 均衡性　　B. 选择性　　C. 独立性　　D. 综合性

16. 华生提出,给他一打健康的婴儿,不管他们祖先状况如何,他可以任意把他们培养成各种类型的人。这种观点反映的身心发展动力理论是(　　)

A. 原发论　　B. 内发论

C. 外铄论　　D. 多因素相互作用论

17. 荀况认为"人性恶",因此教育要从"礼"这一需要出发,须以"礼义"加以教化。这体现的教育目的价值取向是(　　)(易混)

A. 社会本位论　　B. 个人本位论

C. 无目的本位论　　D. 生活本位论

18. 从形态上看,我国现行的学校教育制度是(　　)

A. 单轨学制　　B. 双轨学制

C. 分支型学制　　D. 综合型学制

19. 颜回说:"夫子循循然善诱人,博我以文,约我以礼,欲罢不能。"这说明德育工作要遵循(　　)

A. 因材施教原则　　B. 方向性原则

C. 疏导原则　　D. 长善救失原则

20. 春秋战国时期出现的中国教育发展史上里程碑式的学校教育类型是(　　)

A. 国学　　B. 私学　　C. 太学　　D. 乡学

21. 在教师指导下,由学生自己决定学习目的和内容,在自己负责、自己规划的单元活动中获得有关知识和能力。这种教学组织形式是(　　)

A. 导生制　　B. 设计教学法

C. 特朗普制　　D. 道尔顿制

22. 将教育评价的结果作为决定升留级、分班编组、选择教程乃至指导职业定向的依据。这体现了教育评价的(　　)(易错)

A. 调节功能　　B. 激励功能

C. 诊断功能　　D. 管理功能

23.“苦其心智，劳其筋骨，饿其体肤，空乏其身”体现的德育方法是（　　）

A. 锻炼法　　B. 陶冶法　　C. 说服法　　D. 榜样法

24. 在大教室上课，教师借用扩音设备让全体学生清晰地感知。这依据的感知规律是（　　）

A. 差异律　　B. 强度律　　C. 活动律　　D. 组合律

25. 教师答疑时，能迅速、灵活地提取头脑中的知识，以解决学生当前的问题。这体现了记忆品质的（　　）

A. 准确性　　B. 持久性

C. 敏捷性　　D. 准备性

26. 人们偶然看到天上的白云，会下意识地说出它像棉絮、小山等。这是（　　）

A. 无意想象　　B. 有意想象

C. 幻想　　D. 幻觉

27. 某学生学习英语字母“b”时，总是发出汉语拼音字母“b”的音。这种心理现象是（　　）

A. 原型启发　　B. 功能固着

C. 晕轮效应　　D. 思维定势

28. 在操作技能形成阶段中，表现出多余动作消失这一特点的阶段是（　　）（易混）

A. 操作整合　　B. 操作熟练

C. 操作定向　　D. 操作模仿

29. 成语“百折不挠”体现的意志品质主要是（　　）

A. 自制性　　B. 果断性

C. 坚韧性　　D. 自觉性

30. 有大器晚成者，也有少年早慧者。这体现了个体能力发展的（　　）

A. 顺序性　　B. 个别差异性

C. 互补性　　D. 阶段性

31.“率真、耿直”反映的个别心理现象是（　　）

A. 能力　　B. 兴趣　　C. 性格　　D. 动机

32. 小丽用记号笔把错题标示出来，便于更高效地复习。这运用了知觉的（　　）（常考）

A. 理解性　　B. 恒常性

C. 整体性　　D. 选择性

33. 用简要的词语写出材料中的主要观点、次要观点，再用金字塔的形式呈现材料的要点及各种观点的直接关系。这种学习策略属于（　　）

A. 监视策略　　B. 复述策略

C. 精加工策略　　D. 组织策略

34. 国家乒乓球队的健儿团结拼搏，为祖国和人民赢得金牌。这种爱国主义和集体主义情感属于（　　）

A. 伦理的道德情感　　B. 想象的道德情感

C. 直觉的道德情感　　D. 记忆的道德情感

35. 埃里克森的人格发展阶段理论中，12~18岁对应的是（　　）

A. 主动感对内疚感阶段　　B. 勤奋感对自卑感阶段

C. 自我同一性对角色混乱阶段　　D. 自主感对羞耻心与怀疑阶段

二、判断题（判断下列各命题的正误，并在题后括号内打"√"或"×"。本大题共10小题，每小题1分，共10分）

36. "教然后知困""知困，然后能自强也"。这强调的教师职业道德素养主要是终身学习。（　　）

37. 某校将操场改为对外开放的临时停车场，并收费管理的行为违反了《中小学幼儿园安全管理办法》。（　　）

38. 我国现代第一个学制是1904年清政府颁布的《奏定学堂章程》。（　　）

39. 课外活动的基本组织形式是群众性活动。（　　）

40. 文化对教育既有推动作用又有阻碍作用。（　　）

41. 个体主观能动性在人的身心发展中起主导作用。（常考）（　　）

42. 一般能力又称为智力。（　　）

43. 面对耀眼的玻璃墙反光，小黄产生了不适的反应，此时他的视觉感受性提升了。（　　）

44. 胆汁质的小丁冲动、粗心又鲁莽；黏液质的小林冷静、认真又稳重。可见小林的气质类型比小丁的好。（　　）

45. 负强化的实质就是惩罚。（　　）

三、填空题（本大题共15小题，每小题1分，共15分）

46. 2015年3月15日，第十二届全国人民代表大会第三次会议表决通过了修改《中华人民共和国________法》的决定。这是该法自2000年实施以来的第一次大修。

47. 根据《基础教育课程改革纲要（试行）》的规定，为保障和促进课程适应不同地区、学校、学生的要求,实行国家、________和学校三级课程管理。

48.《中华人民共和国教育法》第五十三条规定,国家建立以________为主,其他多种渠道筹措教育经费为辅的体制,保证学校教育经费来源。(常考)

49.《中华人民共和国教师法》第二十四条规定,教师________结果是受聘任教、晋升工资、实施奖惩的依据。

50. 在中国古代教育中形成了“六艺”教育。“六艺”指________、乐、射、御、书、数。

51. 在我国,学科课程标准和教科书的编排通常采取直线式和________。

52. 一般来说,构成课的基本组成部分是:________、复习过渡、讲授新教材、巩固新教材、布置课外作业。

53. 实用主义教育家杜威主张新的“三中心”,即经验中心、活动中心和________中心。

54. 基础教育课程改革倡导的学习方式是自主学习、________学习和探究学习。

55. 中小学德育的基本途径是思想品德(政治)课与________的教学。

56. 晚上睡觉前背诵材料的记忆效果最好,主要是因为没有受到________抑制的影响。(常考)

57. 个体品德的核心部分是________。

58. 韦纳对行为结果的归因进行了系统探讨,并把归因分为三个维度:内在性、稳定性和________。

59. 最早提出“自我效能感”这一概念的美国心理学家是________。

60. 奥苏伯尔根据学习进行的方式将学习分为接受学习与________。

四、简答题(本大题共2小题,每小题5分,共10分)

61. 有人认为,大学生的学科知识就能胜任小学教师的岗位要求。请从教师专业素养的角度评价分析这一观点。

62. 丰富的想象是打开知识宝库的金钥匙，这充分说明想象力的重要意义。教学过程中如何培养学生的想象力？

五、案例分析题（本大题共4小题，其中第63小题15分，第64小题6分，第65小题9分，第66小题15分，共45分）

63. 八年级（2）班女生张某在上课时玩手机，罗老师发现后强行收走了手机，并要求张某写检讨书。罗老师看完检讨书认为张某认错态度不够诚恳，立即把她从课堂中叫到办公室。罗老师对张某说："够新潮的嘛，比我一个月的工资还高。家里有钱你就任性了啊！还有，你到底还想不想学习，年纪轻轻就想着谈恋爱……"张某准备开口辩解，但罗老师制止了她，气冲冲地训斥道："别以为我什么都不知道，我已经翻看了你手机微信里的聊天记录……"张某感到很委屈，跑回家向家长哭诉。张某家长了解情况后，带着张某找到了校长，校长先安抚了张某，接着替罗老师诚恳地向家长道歉，还用充满慈爱的话开导张某。事后，校长又找了罗老师，就如何正确对待和处理学生的问题做了充分的交流。

（1）结合案例，分析校长是如何践行教师职业道德规范的。（5分）

（2）运用相关教育法律法规，分析案例中张某的行为。（5分）

（3）运用相关教育法律法规，分析案例中罗老师的行为。（5分）

64. 深谙教学之道的校长建议教师授课时对重点内容多用彩色笔标注，不着奇装异服，用抑扬顿挫的声调问问题。

结合案例，请运用无意注意规律分析校长建议的依据。(6分)

65. 中学生李某学习成绩良好，在一次数学单元测试前，他认为这类考试小菜一碟，未加以重视，结果考试成绩相当不理想。后来，李某有机会参加学科竞赛，他认为能否得奖很大程度上影响自己的升学，发誓一定要获奖，结果事与愿违。

(1)阐述“耶克斯—多德森定律”。(4分)

(2)运用“耶克斯—多德森定律”分析李某两次考试失败的原因，并提出恰当控制动机水平的建议。(5分)

66. 师：丑小鸭伤心地离开了家，就是离家出走的意思，你们离家出走过吗？

生：(齐答)没有。

师：所以我们体会不到丑小鸭的伤心，现在我们来一起朗读课文的四到六自然段，谁来说说丑小鸭后来怎么样了。(师随后指学生回答，生1、生2都答不上来，师表情严肃)

生3：丑小鸭很……很……很悲惨。(紧张)

师：悲惨吗？你来说说到底是怎么个悲惨法？(追问)

生3：不……不知道。(更紧张，声音更小)

师：还有谁回答这个问题？(全班鸦雀无声)

师：算了，我们还是回到课本，先看看第四段是怎么说的，书上说小鸟讥笑他，这时候丑小鸭会有什么样的感觉？

生：紧张。(脱口而出)

师：不对，再猜一猜。(生七嘴八舌，有学生喊道"害怕")

师：害怕，对了，就是害怕。(马上给予表扬)

师：现在我要请小A回答问题。(走到小A面前)丑小鸭白天躲起来，到了晚上才敢出来找吃的，他愿意吗？

小A：不愿意。

师：那他有办法吗？

小A：没办法。

师：哪个词语表示他没办法？

小A：只好。

师：晚上天黑黑的你害怕吗……(这时有些学生坐不住，开始交头接耳，教师停下讲课，转向批评学生)

(1)案例中的教师主要采用了哪种教学方法？结合案例分析该教学方法的运用要求。(5分)

(2)结合案例分析该教师违背了哪些教学原则。(10分)

2014年福建省教师招聘考试教育综合真题试卷(十)

(满分150分　时间120分钟)

本套试卷共62小题,分为两部分:第一部分客观题,包括单项选择题(35小题)、填空题(20小题);第二部分主观题,包括简答题(3小题)、案例分析题(4小题)。

一、单项选择题(在下列每题四个选项中只有一个是符合题意的,将其选出并把它的标号写在题后的括号内,本大题共35小题,每小题2分,共70分)

1. 党的十八大以来,国务院确定的全国第一个生态文明先行示范区是(　　)

A. 海南　　B. 云南　　C. 福建　　D. 广西

2. 2013年我国国内生产总值比上年增长(　　)

A. 7.5%　　B. 7.7%　　C. 7.8%　　D. 8.1%

3. 党的十八届三中全会强调,在资源配置中起决定性作用的是(　　)

A. 政府　　B. 市场　　C. 企业　　D. 个人

4. 党的群众路线教育实践活动的主要任务是反对"四风",即反对形式主义、官僚主义、享乐主义和(　　)

A. 奢靡之风　　B. 攀比之风

C. 浮夸之风　　D. 空谈之风

5. 2013年6月20日上午,神舟十号航天员王亚平在天宫一号成功地开展了中国首次(　　)

A. 太空科研　　B. 太空会议　　C. 太空授课　　D. 太空对话

6. 第22届冬季奥林匹克运动会于2014年2月7日开幕,其主办城市是(　　)

A. 索契　　B. 莫斯科　　C. 盐湖城　　D. 温哥华

7. 在2013年度"南南合作奖"颁奖典礼上,获得"人道主义成就奖"的是(　　)

A. 曼德拉　　B. 阿拉法特

C. 德克勒克　　D. 甘地

8. 根据《教师资格条例》的规定,教育行政部门和受委托的高等学校每年受理教师资格认定申请的次数是(　　)

A. 1次　　B. 2次　　C. 3次　　D. 4次

9.《福建省中长期教育改革和发展规划纲要(2010～2020年)》提出,教育工

作的根本要求是坚持(　　)

A. 优先发展　　B. 改革创新　　C. 育人为本　　D. 促进公平

10. 根据《中小学幼儿园安全管理办法》的规定,接送学生的机动车驾驶员的条件之一是最近3年内任一记分周期内的记录没有记满(　　)

A. 3分　　B. 6分　　C. 9分　　D. 12分

11. 根据《中华人民共和国教师法》的规定,下列属于教师享有的权利的是(　　)(常考)

A. 对受教育者进行学籍管理,实施奖励或处分

B. 遵守宪法、法律和职业道德,为人师表

C. 参加进修或者其他方式的培训

D. 努力学习,完成规定的学习任务

12. 根据《中华人民共和国义务教育法》的规定,县级以上人民政府及其教育行政部门应当缩小学校之间办学条件的差距,促进学校(　　)

A. 跨越发展　　B. 优先发展　　C. 均衡发展　　D. 差异发展

13. 我国奴隶社会"学在官府"的现象体现的教育特点是(　　)(易错)

A. 社会性　　B. 阶级性

C. 历史性　　D. 永恒性

14. 著有《普通教育学》并被西方称为"科学教育学之父"的教育家是(　　)

A. 亚里士多德　　B. 夸美纽斯

C. 赫尔巴特　　D. 杜威

15. 最早提出学习过程是"学—思—行"统一的过程的教育家是(　　)

A. 孔子　　B. 孟子　　C. 荀子　　D. 墨子

16. 现阶段我国教育目的的重点是(　　)

A. 发展学生的智力　　B. 发展学生的个性特征

C. 培养学生的思想政治素质和道德品质　　D. 培养学生的创新精神和实践能力

17. 下列关于教育与社会政治经济制度关系的表述中,不正确的是(　　)

A. 社会政治经济制度决定教育的目的

B. 社会政治经济制度决定教育的领导权

C. 社会政治经济制度决定受教育的权利

D. 社会政治经济制度决定教育发展的规模和速度

18. 通常把形成课程的要素来源以及实施课程的必要而直接的条件称为(　　)

A. 课程标准　　B. 课程结构　　C. 课程评价　　D. 课程资源

19. 苏联教育家赞科夫的教学理论是(　　)

A. 课程结构理论　　B. 范例教学理论

C. 发展性教学理论　　D. 教学过程最优化理论

20. “既追求让所有人都受到同样的教育,又追求教育的自由化”体现的教育特点是(　　)

A. 教育全民化　　B. 教育终身化

C. 教育多元化　　D. 教育民主化

21. “蓬生麻中,不扶而直;白沙在涅,与之俱黑。”这句话体现的影响个体身心发展的因素是(　　)(常考)

A. 遗传素质　　B. 环境

C. 教育　　D. 个体主观能动性

22. 我国幅员辽阔,各地各方面的差异很大,为了使教学不脱离实际,就要补充必要的乡土教材。这贯彻的教学原则是(　　)

A. 直观性原则　　B. 启发性原则

C. 循序渐进原则　　D. 理论联系实际原则

23. “十年树木,百年树人”体现的教师劳动特点是(　　)

A. 复杂性　　B. 创造性　　C. 长期性　　D. 示范性

24. 人的精神力量、意志、情绪状态对整个机体能起到调节作用,帮助人战胜疾病和残缺,使身心依然得到发展。这一现象说明个体身心发展具有(　　)

A. 顺序性　　B. 阶段性

C. 不均衡性　　D. 互补性

25. 思想品德教育的最终目的是培养学生良好的(　　)

A. 道德认识　　B. 道德情感　　C. 道德意志　　D. 道德行为

26. 古希腊学者阿基米德在浴缸洗澡时突然发现了浮力定律,解决了“王冠之谜”。这种思维是(　　)

A. 直觉思维　　B. 常规性思维

C. 分析思维　　D. 抽象思维

27. 教师突然中断讲课,引起分心学生的注意。这种注意是(　　)

A. 有意注意　　B. 无意注意　　C. 有意后注意　　D. 随意注意

28. 在一些国际会议上,同声翻译人员使用的记忆主要是(　　)

A. 瞬时记忆　　B. 短时记忆

C. 长时记忆　　D. 无意记忆

29. 人们欣赏名画《蒙娜丽莎》时，陶醉在“永恒”的微笑中，感到非常愉悦。这种情感属于（　　）

A. 道德感　　B. 理智感　　C. 美感　　D. 自豪感

30. 学生已经有了“鸟”的观念，再学习“百灵鸟”这种动物。这种学习是（　　）

A. 下位学习　　B. 上位学习

C. 命题学习　　D. 并列结合学习

31. 小丁的智力年龄为10岁，实际年龄为8岁，其比率智商是（　　）（易错）

A. 80　　B. 95　　C. 100　　D. 125

32. 学过电子琴的人，再学习弹钢琴就会比较容易。这种迁移类型是（　　）

A. 水平迁移　　B. 垂直迁移

C. 逆向迁移　　D. 负迁移

33. 皮亚杰认为，儿童的道德判断从他律阶段进入到自律阶段的年龄是（　　）

A. 3岁左右　　B. 5岁左右

C. 7岁左右　　D. 10岁左右

34. 热爱集体与自私自利，创新与保守，自尊与自卑属于（　　）（易混）

A. 性格特征　　B. 气质特征　　C. 意志特征　　D. 能力特征

35. 学生出现教师期望的行为后，教师发给学生小红星，学生可用小红星兑换奖励物或喜欢的活动。教师采用的方法是（　　）

A. 行为塑造法　　B. 代币奖励法　　C. 自我控制法　　D. 系统脱敏法

二、填空题（本大题共20小题，每小题1分，共20分）

36. 2014年召开的全国两会是指全国政协十二届二次会议和十二届全国________二次会议。

37. 根据《中华人民共和国教育法》的规定，受教育者享有获得________、贷学金、助学金的权利。

38. 根据《中华人民共和国义务教育法》第二十六条规定，学校实行________负责制。（常考）

39. 根据《中华人民共和国未成年人保护法》第三十三条规定，国家采取措施，预防未成年人沉迷________。

40.《幼儿园教师专业标准（试行）》《小学教师专业标准（试行）》和《中学教师专业标准（试行）》的基本内容包括________与师德、专业知识、专业能力三方面。

41. 实质教育论认为教学的主要任务是向学生传授知识，形式教育论认为教学的主要任务是发展学生的________。

42. 我国中小学班级工作的组织者、领导者和教育者是________。

43. 教学方法是为完成教学任务而采取的方法,它包括教师教的方法和________的方法。

44. 课程结构的三个基本特征是均衡性、综合性和________。(常考)

45. 从教学与研究的关系看,新课程要求教师应该是教育教学的________。

46. 根据课程任务不同,课程类型可分为基础型课程、________课程和研究型课程。

47. 教师以他人的高尚思想、模范行为和卓越成就来对学生进行思想品德教育,这种德育方法是________。

48. 学生诵读"落霞与孤鹜齐飞,秋水共长天一色"时的想象是再造想象,诗人王勃创作诗句时的想象是________。

49. 某同学沉默寡言,做事认真稳重,情感不外露,思维灵活性差,自制力强。他的气质类型是________。

50. 根据兴趣所指向的目标,可以把兴趣分为直接兴趣和________。

51. 提出需要层次理论的美国心理学家是________。

52. 奥苏伯尔认为学生在课堂中主要的学习方法是________。

53. 学生不是空着脑袋走进教室,教学不能忽视学生的经验,而要将其作为新知识的生长点,这是________学习理论的学生观。(常考)

54. 与新教师相比,专家型教师的课时计划简洁、灵活、以学生为中心,并具有________。

55. 开汽车、打篮球、跳健美操等属于________技能。

三、简答题(本大题共3小题,每小题5分,共15分)

56. 简述意志行动的基本特征。

57. 简述能力的个体差异表现。

58. 简述我国基础教育课程改革中课程评价发展的基本特点。

四、案例分析题(本大题共4小题,其中第59小题8分,第60小题7分,第61小题和62小题各15分,共45分)

59. 初二学生李某不喜欢物理课,一次物理课上,他趁班主任王老师不注意,溜出教室,而年老体弱的门卫无力阻拦他跑出校门。李某进入了与学校一巷之隔的网吧,受社会不良青年柯某的教唆,在网上参与赌博。王老师对此非常气愤,向学校建议开除李某,校方没有同意,要求班主任对李某进行耐心教育。

(1)除学校、王老师和李某外,该案例涉及的法律关系主体还有哪些?(2分)

(2)运用相关教育法规分析学校和王老师的行为。(6分)

60. 李老师是某中学小有名气的数学教师,他备课非常认真,自己对课上和作业里的每道习题都事先演练,课堂上讲解清晰明确,教学效果良好;课外作业坚持全批全改,发现作业上有错误就要求学生订正并罚抄10遍,每次测试都进行细致地质量分析,及时在班上公布每位学生的成绩和排名。他每年都挑选几位成绩优秀的学生,利用周末时间在自己家里进行辅导,被辅导的学生多次获得学科竞赛的好成绩。他的辅导虽然没有明确要求收费,但也没拒绝家长们的礼物。

请从教师职业道德规范的角度,联系材料分析李老师的行为。(7分)

61. 小辉是班上有名的“调皮大王”，他上课时在前排同学后背贴字条，课间把口香糖粘在同学的椅子上，还给同学起绰号，用小石头砸坏邻居的窗户玻璃……他经常遭到老师的批评，他的父亲对他非打即骂。九岁那年，小辉转学遇到新班主任，父亲对新班主任说：“我这个孩子非常调皮，我拿他没办法，请你帮我严格管教。”班主任好奇地走近小辉，从生活上关心他，学习上帮助他，并尝试与他进行朋友式的交流。全面了解后，老师对他的父亲说：“你的孩子虽然调皮，但是非常聪明，我们要找到发挥他聪明才智的地方。”在老师正确的指导下，小辉成了品学兼优的学生，后来他还成为了著名企业家。

(1)从学生的特点分析教师应如何看待并教育小辉这样的孩子。(6分)

(2)联系材料分析在思想品德教育过程中应贯彻哪些原则。(9分)

62. 林老师为了上好《两栖动物的生殖与发育》一课，精心制作了PPT，并准备了青蛙标本、三张挂图和视频材料。课前林老师将这些教具摆放悬挂好后，马上受到了许多学生的围观。课上他先是播放了视频材料，接着他演示了青蛙标本，因标本过小，后面的同学伸长脖子也看不到。他不断翻着PPT，却没有适时做出讲解。下课铃声响了，准备的PPT还没有翻完。课后学生们反映说：“我们忙着看这看那，老师讲什么都没听清，而且有的PPT里的浅色字很模糊。”

(1)林老师在教学过程中运用直观手段存在哪些问题?(6分)

(2)联系材料，阐述教师应如何提高知识直观的效果。(9分)

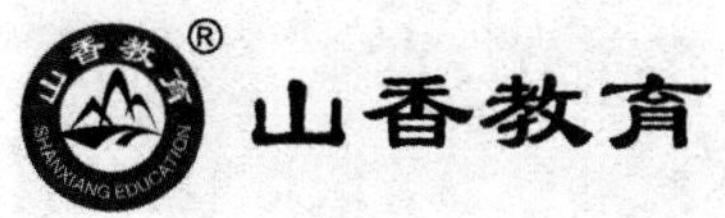

福建省教师招聘考试
历年真题详解及预测试卷

教育综合

预测试卷

（本预测试卷由山香教师招聘考试命题研究中心精心编写）

目 录

福建省教师招聘考试教育综合预测试卷(十一)

(满分150分　时间120分钟)

本套试卷共68小题,分为两部分:第一部分选择题,包括单项选择题(20小题)、多项选择题(10小题)、判断选择题(15小题);第二部分非选择题,包括填空题(15小题)、辨析题(3小题)、案例分析题(5小题)。

一、单项选择题(在下列每题四个选项中只有一个是符合题意的,将其选出并把它的标号写在题后的括号内。本大题共20小题,每小题2分,共40分)

1. 2022年4月20日,第十三届全国人大常委会第三十四次会议表决通过新修订的________法,首次明确________是与普通教育具有同等重要地位的教育类型。(　　)

A. 网络教育　网络教育　　B. 继续教育　继续教育

C. 职业教育　职业教育　　D. 素质教育　素质教育

2. 中国航天科技集团表示,2023年计划安排60余次宇航发射任务,发射(　　)余个航天器,开展一系列重大任务。

A. 100　　B. 200　　C. 150　　D. 50

3. 以下各项不属于《中小学教育惩戒规则(试行)》中的原则的是(　　)

A. 符合教育规律,注重育人效果

B. 关注学生心理,坚持效率第一

C. 遵循法治原则,做到客观公正

D. 选择适当措施,与学生过错程度相适应

4. 根据《中华人民共和国未成年人保护法》的规定,未成年人的父母或者其他监护人可以实施的行为有(　　)

A. 关注未成年人的生理、心理状况和情感需求

B. 放任、教唆或者利用未成年人实施违法犯罪行为

C. 放任或者迫使应当接受义务教育的未成年人失学、辍学

D. 虐待、遗弃、非法送养未成年人或者对未成年人实施家庭暴力

5. 第一次从法律角度确认了教师职业专业地位的是(　　)

A.《中华人民共和国教育法》　　B.《中华人民共和国义务教育法》

C.《教师资格条例》 D.《中华人民共和国教师法》

6. 在教育部颁布的《小学教师专业标准(试行)》与《中学教师专业标准(试行)》中,属于“反思与发展”领域的基本要求的是( )

A. 针对教育教学工作中的现实需要与问题,进行探索和研究

B. 与同事合作交流,分享经验和资源,共同发展

C. 具有相应的艺术欣赏与表现知识

D. 合理利用教学资源,科学编写教学方案

7. 某学校组织学生围绕“我和我的祖国”“新时代、新作为”等主题展开演讲、辩论等活动,帮助引导学生深化对习近平新时代中国特色社会主义思想的认识和理解,实现内化于心、外化于行。该学校运用的德育方法是( )

A. 榜样示范法 B. 说服教育法

C. 品德评价法 D. 修养指导法

8. 教育目的包括三个层次,下列属于第三个层次的是( )

A. 国家的教育目的 B. 各级各类学校的培养目标

C. 课程目标 D. 教师的教学目标

9. 某小学老师每天下午都会带着学生们去学校附近散步,看到花,就告诉他们如何区分雄蕊和雌蕊;看见蜜蜂,就告诉他们蜜蜂是如何帮助花朵授粉的。该老师采用的教学方法是( )

A. 实验法 B. 演示法 C. 练习法 D. 参观法

10. 我国唐朝“六学二馆”等级森严的入学条件说明政治经济制度决定( )

A. 教育发展的规律 B. 受教育权的分配

C. 教育目的 D. 教育性质

11. 教师的劳动成果是学生的品德、知识和能力,而非显性的物质财富。这说明教师的劳动具有( )

A. 创造性 B. 长期性 C. 间接性 D. 示范性

12. 班级所有成员在保证集体正常运转和承担责任的基础上,都民主平等地参与对各项班级事务的管理。这种模式称为( )

A. 目标管理 B. 民主管理

C. 平行管理 D. 常规管理

13. 我国教育史上第一个具有资本主义性质的学制是( )

A. 壬寅学制 B. 癸卯学制

C. 壬子癸丑学制 D. 壬戌学制

14.“生而知之”的天才论是(　　)的观点。

A. 环境决定论　　B. 实践决定论

C. 经验决定论　　D. 遗传决定论

15.“因为哭,所以愁;因为发抖,所以怕”这种观点体现了哪种情绪理论(　　)

A. 詹姆斯—兰格情绪学说　　B. 坎农—巴德学说

C. 评定—兴奋说　　D. 认知—评价理论

16. 儿童将“猫”这个符号在头脑中与猫的形象建立起相应的等值关系的过程,属于(　　)

A. 概念学习　　B. 命题学习　　C. 表征学习　　D. 事实学习

17. 知识不是固定不变的,而是从原有的知识经验中“生长”出来的。这是(　　)的观点。

A. 人本主义　　B. 建构主义　　C. 行为主义　　D. 认知主义

18. 小学生学写生字时,教师指导全班学生一起进行“书空”练习,然后再让学生用笔写字。这种“书空”练习属于(　　)

A.操作定向　　B.操作模仿

C.操作整合　　D.操作熟练

19.(　　)指的是在集体舆论和集体压力的作用下形成的群体行为规范。

A. 教师促成的纪律　　B. 集体促成的纪律

C. 自我促成的纪律　　D. 任务促成的纪律

20. 面对问题情境时,我们在短时间内产生的观念越多,说明我们发散思维的哪项指标发展得越好(　　)

A. 流畅性　　B. 变通性　　C. 独特性　　D. 精密性

二、多项选择题(在下列每题四个选项中有两个或两个以上是符合题意的,将其选出并把它的标号写在题后的括号内,错选、多选、漏选均不得分。本大题共10小题,每小题2分,共20分)

1. 我国《教育法》规定,设立学校及其他教育机构,必须具备的基本条件包括(　　)

A. 有组织机构和章程

B. 有合格的教师

C. 有符合规定标准的教学场所及设施、设备等

D. 与各级政府机关建立沟通,获得支持

2. 2021年7月,中共中央办公厅、国务院办公厅印发了《关于进一步减轻义务教

育阶段学生作业负担和校外培训负担的意见》,其中就减轻学生过重作业负担提出了明确的要求。下列选项符合该意见要求的是(　　)

A. 学校要确保小学一、二年级不布置家庭书面作业

B. 严禁给家长布置或变相布置作业,严禁要求家长检查、批改作业

C. 鼓励布置分层、弹性和个性化作业,杜绝重复性、惩罚性作业

D. 教师要指导中小学生在校内基本完成书面作业

3. 确定学校教育制度的依据包括(　　)

A. 社会生产力和科学技术发展水平　　B. 社会政治经济制度

C. 教育对象的身心发展规律　　D. 国家的文化传统

4. 理想师生关系的特征有(　　)

A. 民主平等　　B. 尊师爱生　　C. 真诚相待　　D. 教学相长

5. 某学者认为教育就是要使受教育者成为社会需要的维护社会稳定的人,与该学者持相同教育目的观的是(　　)

A. 涂尔干　　B. 凯兴斯泰纳

C. 福禄贝尔　　D. 马斯洛

6. 下列关于环境对个体发展的影响,表述正确的是(　　)

A. 环境对个体的发展有可能是消极的　　B. 环境不决定个体的发展

C. 环境为个体的发展提供了多种可能　　D. 个体是被动地接受环境影响的

7. 下列选项中属于心理过程的是(　　)

A. 认知过程　　B. 情绪情感过程　　C. 意志过程　　D. 动机过程

8. 根据韦纳的归因理论,学生的努力程度属于(　　)的内在因素。

A. 稳定　　B. 不稳定　　C. 可控制　　D. 不可控制

9. 教师在运用惩罚的方法管理学生时,应该注意(　　)

A. 尽可能地少用惩罚

B. 任何时候都可以应用惩罚

C. 惩罚应该在错误行为后立即做出

D. 惩罚应当在错误行为发生一段时间之后再做出

10. 关于智力的性别差异的表述,正确的是(　　)

A. 男性智力在某种程度上是优于女性的

B. 男女的智力结构存在差异

C. 男性智力分布的离散程度比女性大

D. 男女智力的总体水平大致相等

三、判断选择题(本大题共15小题,每小题1分,共15分)

1. 学校及其他教育机构具备法人条件的,自批准设立或者登记注册之日起取得法人资格。 ( )

A. 正确 B. 错误

2. 学校在事先告知家长的情况下,可以给予违规违纪情节严重的小学高年级学生停课一周的教育惩戒。 ( )

A. 正确 B. 错误

3. 原始社会的教育内容与生产生活相分离。 ( )

A. 正确 B. 错误

4. 教育决定社会政治经济制度发展。 ( )

A. 正确 B. 错误

5. 教育目的既包含为谁培养人、培养什么样的人,也包含怎样培养人的问题,以及教育事业发展的基本原则。 ( )

A. 正确 B. 错误

6. 新课程改革倡导设置九年一贯制课程,主张小学阶段以综合课程为主。 ( )

A. 正确 B. 错误

7. 巴班斯基提出的教学过程最优化理论标志着教学过程理论的形成。 ( )

A. 正确 B. 错误

8. 德育的导向性原则是指进行德育时要有一定的理想性和方向性,以指导学生向正确的方向发展。 ( )

A. 正确 B. 错误

9. 条件反射是生来就有的。 ( )

A. 正确 B. 错误

10. 根据过度学习理论,学生如学习六遍后恰能背诵古诗,则再学习两遍效果最好。 ( )

A. 正确 B. 错误

11. 自制性是个体善于适时而合理地采取决定并执行决定的意志品质。 ( )

A. 正确 B. 错误

12. 效度是衡量一个测验正确性的重要指标,即一个测验能够测量出其所要测量的东西的程度。 ( )

A. 正确 B. 错误

13. 最近发展区是指儿童在有指导的情况下,借助成人帮助所能达到的解决问题的水平与独自解决问题所达到的水平之间的差异,实际上是两个邻近发展阶段间的过渡状态。（ ）

A. 正确　　B. 错误

14. 所有的接受学习都是机械的。（ ）

A. 正确　　B. 错误

15. 避免失败者倾向于选择难度适中的任务。（ ）

A. 正确　　B. 错误

四、填空题(本大题共15小题,每小题1分,共15分)

1.《深化新时代教育评价改革总体方案》中要求,坚持把________成效作为根本标准。

2. 国家实行________相分离。任何组织和个人不得利用宗教进行妨碍国家教育制度的活动。

3. 根据《中华人民共和国义务教育法》第十一条规定,凡年满________周岁的儿童,其父母或者其他法定监护人应当送其入学接受并完成义务教育;条件不具备的地区的儿童,可以推迟到________周岁。

4. 课程计划的中心问题是________。

5. 1939年,苏联教育理论家凯洛夫明确提出以________理论为指导编写《教育学》。

6. 人的身心发展速度呈现出加速与平缓交替发展的状态,这体现的是身心发展的________特点。

7. ________是全部教育活动的主题和灵魂。

8. 学校体育的根本任务是________。

9. 以情感陶冶为主的教学方法主要有________和________。

10. 俗语"人心不同,各如其面"体现了人格的________。

11. ________是指当我们认为某人具有某种特征时,就会对他的其他特征做相似判断。

12. ________的本质就是以符号为代表的新观念与学习者认知结构中原有的适当观念建立起非人为的和实质性的联系的过程。

13. ________是教师对自己影响学生行为和学习结果的能力的主观判断。

14. 记忆过程包括识记、保持和________三个环节。

15. 埃里克森认为,6~11岁儿童心理发展困难,容易导致其产生________。

五、辨析题(本大题共3小题,每小题5分,共15分)

1. 有教师认为,课堂教学以传授学科知识、达成“双基”教学为目的,不应再承担其他任务和功能。

2. 定势对学习活动的开展只有积极作用,没有消极作用。

3. 只有在问题解决者的思维活动处于积极并且紧张的状态时,才最容易产生原型启发。

六、案例分析题(本大题共5小题,其中第1小题9分,第2小题9分,第3小题10分,第4小题7分,第5小题10分,共45分)

1. 某普通中学为提高毕业生的升学率和考入“重点学校”的名额而“因材施教”。在年初就要求毕业班同学参加本校组织的“中考预考”,按“预考”成绩重新分定班级。让“高分班”学生得到特别的“重点保护”:配备最优的师资和设施、资源,并准备通过某些“有关系”的家长或其他人员,通过非正规渠道甚至非法手段(如修改学生原始档案材料等)帮助部分学生伪造少数民族的户籍、特长及奖励等假材料、假证明,使之享受中考的政策性加分;而对“低分班”的学生则“动员”他们放弃报考“重点学校”,让其选报“专科或高职学校(职高)”;同时,还要求那些“升学无望”的学生放弃报考、提前离校。后经一些学生家长反映到媒体,上级教育行政部门则着手调查。

请运用相关的法律法规知识分析该学校的教育管理行为。(9分)

2. 王老师是初中二年级一班的班主任，他发现学生张轩因迷恋网络，无心学习，上课经常打瞌睡。通过与他谈话，王老师了解到张轩之所以天天上网，是为了成为像比尔·盖茨、马云、马化腾那样的人。于是，王老师和张轩讲了这几人的成长经历，让他认识到有理想是好的，但让理想成为现实，需要掌握科学文化知识，要有真才实学。此后，张轩在信息技术课上认真多了。王老师和信息技术老师沟通，让张轩当了课代表，使他体验到了学习的乐趣。一年后，张轩在市青少年互联网设计大赛中获得了一等奖。从此，他对学习其他课程的积极性也越来越高。最终，张轩如愿考入某重点高校的计算机专业。

请结合上述材料，分析王老师主要遵循了哪些德育原则，并阐明理由。(9分)

3. 赵老师是学校公认的好教师。在师范院校就读期间，为了成为一名称职的语文教师，除了认真学习本专业各门课程，他还广泛涉猎了其他专业知识。在从事语文教学之后，他经常阅读中外名家名著。从教近10年来，为了提高自己的教育教学与科研水平，他还不断地学习教育学、心理学和现代教育技术的知识，通过反思自己的教学实践，创新教育教学方式，形成了独特的教学风格和实践智慧。

请从教育学角度分析赵老师的知识素养。(10分)

4. 中考临近了,学生刘冰下定决心认真学习,争取在中考中取得满意的成绩。在开始的学习中,刘冰明显感觉到自己的学习成绩进步迅速,然而经过一段时间废寝忘食的学习后,刘冰发现自己的进步速度减缓了,甚至成绩出现一段时间的停滞不前。而刘冰因为持续不断地学习,也感觉到非常倦怠。现在他很着急,不知道该怎样解决当前的困难,于是打算寻求班主任的帮助。

(1)结合案例,从教育心理学的角度出发,分析刘冰目前学习所处的阶段。(3分)

(2)如果你是班主任,你会如何帮助刘冰顺利度过这个阶段?(4分)

5. A:一个有弄不懂的数学问题而不敢向老师请教的学生,在辅导老师的鼓励下,大胆地向数学老师请教,得到了数学老师的耐心帮助和肯定,之后,他向老师求助的行为不断增加。

B:一个学生看到同学关心集体的行为受到表扬和奖励,会增强自己以同样的方式行事(如主动打扫教室、向班级提合理化建议、在公益活动中发挥作用)的倾向。相反,学生看到某同学考试作弊的行为受到学校严厉批评和惩罚,就会减少自己的作弊行为。

C:小雯今天给自己定了一个目标,一天做完50道数学题,做完了就奖励自己一袋零食,做不完就惩罚自己不能吃饭。

(1)根据班杜拉的观察学习理论判定三个案例分别属于什么强化类型?(3分)

(2)结合材料谈谈该理论对于教育教学工作具有怎样的积极影响?(7分)

福建省教师招聘考试教育综合预测试卷(十二)

(满分150分　时间120分钟)

本套试卷共68小题,分为两部分:第一部分选择题,包括单项选择题(20小题)、多项选择题(10小题)、判断选择题(15小题);第二部分非选择题,包括填空题(15小题)、辨析题(3小题)、案例分析题(5小题)。

一、单项选择题(在下列每题四个选项中只有一个是符合题意的,将其选出并把它的标号写在题后的括号内。本大题共20小题,每小题2分,共40分)

1. 2022年4月21日,国务院新闻办公室发布《新时代的中国青年》白皮书。白皮书指出,新时代中国青年(　　),把树立正确的理想、坚定的信念作为立身之本,理想信念更为坚定,身心素质向好向强,知识素养不断提升,社会参与积极主动,努力成长为堪当民族复兴重任的时代新人。

A. 作风优良、全面发展　　B. 素质过硬、作风优良

C. 素质过硬、全面发展　　D. 素质过硬、全面发展、作风优良

2. 2023年3月23日,教育部召开新闻发布会,介绍2022年全国教育事业发展基本情况。教育部有关负责人介绍,2022年,中央财政支持引导各地增加普惠性学前教育资源和完善普惠保障机制,改善中小学办学条件,加大(　　)学校建设,并向中西部地区倾斜。

A. 幼儿教育　　B. 特殊教育

C. 义务教育　　D. 高等教育

3. 中共中央、国务院印发的《关于深化教育教学改革全面提高义务教育质量的意见》中提出,要明确教师的(　　)

A. 教育处罚权　　B. 教育惩罚权

C. 教育惩戒权　　D. 教育处理权

4. 下列符合我国《义务教育法》规定的是(　　)

A. 学校可分为重点学校和非重点学校

B. 未经审定的教科书,不得出版、选用

C. 学校应当把智育放在首位,提高教育教学质量

D. 教师的平均工资水平应当不低于当地公务员的最低工资水平

5. 福建省在《关于全面深化新时代教师队伍建设改革的实施意见》中确立了公

办中小学教师作为(　　)的特殊法律地位。

A. 教学管理人员　　B. 社会职能人员

C. 行政管理人员　　D. 国家公职人员

6. 我国最早使用“教育”一词的是(　　)

A. 孔子　　B. 孟子　　C. 许慎　　D. 朱熹

7. 许多学校都组织学生从事义工活动,鼓励学生参加“大手牵小手”活动,让学生在这些活动中锻炼思想,增长才干。这种做法属于(　　)

A. 陶冶教育法　　B. 实际锻炼法

C. 说服教育法　　D. 榜样示范法

8. 班级管理中制定的班干部轮换制度属于(　　)

A. 常规管理　　B. 平行管理　　C. 民主管理　　D. 目标管理

9. 我国现行的学校教育制度,从层次结构上来看不包括(　　)

A. 初等教育　　B. 中等教育　　C. 高等教育　　D. 职业教育

10. 我国明朝末期的东林书院强调“家事、国事、天下事,事事关心”。这在一定程度上反映了教育所具有的(　　)

A. 政治功能　　B. 人口功能

C. 经济功能　　D. 文化功能

11. 教育家维果斯基提出“教学应该走在发展的前面”的具体含义是(　　)

A. 教学要考虑儿童学习的最佳年龄

B. 提前讲授下一阶段的学习内容

C. 教学的重要任务是创造适切的最近发展区

D. 根据学生现有的水平组织教学

12. “牛顿看到苹果掉到地上发现了万有引力定律”“鲁班被带齿的茅草划破了皮肤而发明了锯子”,这些故事都体现了(　　)对问题解决的影响。

A. 知识经验　　B. 原型启发

C. 酝酿效应　　D. 功能固着

13. “师傅领进门,修行在个人”这句话主要强调的是(　　)

A. 个体主观能动性在人的发展中的作用

B. 教学相长是推动人的发展的必然途径

C. 教师在教育过程中不具有主导作用

D. 教师和学生在教学过程中的互补作用

14. 陈老师在物理课上讲到“黑洞辐射将引力、量子力学与统计力学统一在一起”

时,讲述了该项研究由21岁就不幸患上使肌肉萎缩的卢伽雷氏症的霍金完成。学生们对霍金的研究与个人精神充满敬佩,深受鼓舞。陈老师遵循的主要教学原则是(　　)

A. 因材施教原则　　B. 巩固性原则

C. 科学性和思想性相统一的原则　　D. 理论联系实际原则

15. 李老师在教学活动中,会从学生的实际出发,根据学生的个别差异有的放矢地教学。这体现了教师劳动的(　　)

A. 长期性　　B. 复杂性　　C. 示范性　　D. 广延性

16. 小新在记忆金属铁、铬、锰时,将其比作"铁哥们"来进行记忆。小新采用的记忆法为(　　)

A. 形象联想法　　B. 谐音联想法

C. 首字连词法　　D. 内在联系策略

17. 小董回家和妈妈描述新老师的外貌特征,这种对见过的人的记忆属于(　　)

A. 语义记忆　　B. 情景记忆

C. 短时记忆　　D. 形象记忆

18. 情绪和情感对内驱力起着放大和增强的作用,适度的情绪兴奋,可以使人的身心处于活动的最佳状态,进而推动人们有效地完成工作和学习任务。这说明情绪和情感具有(　　)

A. 组织功能　　B. 动机功能　　C. 感染功能　　D. 健康功能

19. 小罗在实验课上学习如何操作显微镜。根据加涅的学习结果分类,这属于(　　)

A. 言语信息的学习　　B. 态度的学习

C. 认知策略的学习　　D. 动作技能的学习

20. 小红看到有人摔倒会绕道走开,看到教室杂乱会暂时离开。这种行为属于(　　)

A. 消退　　B. 回避条件作用

C. 逃避条件作用　　D. 强化

二、多项选择题(在下列每题四个选项中有两个或两个以上是符合题意的,将其选出并把它的标号写在题后的括号内,错选、多选、漏选均不得分。本大题共10小题,每小题2分,共20分)

1. 近年来,校园安全引发高度关注,某县人民政府和学校认为及时消除安全隐患,预防事故发生是工作的重中之重,所采取的以下措施中正确的有(　　)

A. 学校建立健全安全制度和应急机制

B. 学校对学生进行安全教育并加强管理

C. 县政府定期对学校校舍安全进行检查

D. 县政府及时维修、改造需维修、改造的校舍

2. 下列做法符合我国《义务教育法》规定的有(　　)

A. 七岁的小张选择在户籍所在地学校就近入学,接受义务教育

B. 九岁的小王至今未入学,因为父母认为家里有一个孩子读书即可,只让其哥哥读书

C. 十岁的小赵因身体残疾,父母至今未将他送入学校

D. 十二岁的小曾因患脑瘫,父母向有关部门提出申请,准许小曾在家学习

3. 心理健康教育的内容主要包括(　　)

A. 学习辅导　　B. 生活辅导　　C. 择业指导　　D. 心理治疗

4. 良好的班集体具有积极的作用,具体表现在(　　)

A. 有利于形成学生的群体意识

B. 有利于培养学生的社会交往能力与适应能力

C. 有利于训练学生的自我教育能力

D. 有利于老师控制全体学生

5. 下列选项出自《学记》的有(　　)

A. "化民成俗,其必由学乎"　　B. "君子之教,喻也"

C. "教学相长"　　D. "时教必有正业,退息必有居学"

6. 下列关于教育的人口功能,说法正确的有(　　)

A. 教育是减少人口数量、控制人口增长的手段之一

B. 教育是提高人口素质、改变人口质量的手段之一

C. 教育使人口结构趋向合理化

D. 教育不利于人口迁移

7. 下列关于气质的说法正确的是(　　)

A. 气质无好坏之分

B. 气质是一种稳定的心理特征

C. 气质对一个人未来成就的大小起决定作用

D. 人的气质是天生的

8. 下列古语中体现了首因效应的有(　　)

A. "情人眼里出西施"　　B. "新官上任三把火"

C. "下马威"　　D. "以小人之心,度君子之腹"

9. 科学家诺贝尔为了研究炸药，不顾生命危险进行试验。在一次试验中，爆炸空前猛烈，烟雾浓烈冲天，诺贝尔从浓烟中冲出，满脸鲜血，但他却发疯似地高喊："我成功了！"这属于（　　）

A. 心境　　　　B. 激情　　　　C. 理智感　　　　D. 恐惧

10. 对学生心智技能的培养必须注意的问题有（　　）

A. 激发学习的积极性与主动性

B. 注意原型的完备性、独立性和概括性

C. 适应培养阶段的特征，正确使用言语

D. 建立稳定清晰的动觉

三、判断选择题（本大题共15小题，每小题1分，共15分）

1. 我国《教师法》规定，教师体罚学生，经教育不改的，由所在学校、其他教育机构或者教育行政部门给予行政处分或者解聘。（　　）

A. 正确　　　　B. 错误

2. 在职教师为校外培训机构和他人介绍生源是国家规定的应予处理的教师违反职业道德行为。（　　）

A. 正确　　　　B. 错误

3. 中国古代理学家朱熹认为，教育起源于日常生活中儿童对成人的无意识模仿。（　　）

A. 正确　　　　B. 错误

4. 教师若持有"性恶论"人性假设，其教育方法会更加注重"外铄"。（　　）

A. 正确　　　　B. 错误

5. 教育家夸美纽斯在《什么知识最有价值》中最早提出"课程"一词。（　　）

A. 正确　　　　B. 错误

6. "一个坏的教师奉送真理，一个好的教师则教人发现真理"，这体现了教学的巩固性原则。（　　）

A. 正确　　　　B. 错误

7. 品德情感是学生产生品德行为的外部动力，是实现转化的催化剂。（　　）

A. 正确　　　　B. 错误

8. 教师利用入学测验掌握新生的学习情况属于形成性评价。（　　）

A. 正确　　　　B. 错误

9. 在艾利斯的情绪ABC理论中，A表示自己产生的情绪和行为的结果。（　　）

A. 正确　　　　B. 错误

10. 非正式群体只有消极影响。 (　　)

A. 正确　　　　　　　　　　B. 错误

11. 定势和功能固着对问题解决都起消极作用。 (　　)

A. 正确　　　　　　　　　　B. 错误

12. 附属内驱力是指个体因自己的学业成绩而获得相应的地位和威望的需要。 (　　)

A. 正确　　　　　　　　　　B. 错误

13. 凡是行为的变化都意味着学习的存在。 (　　)

A. 正确　　　　　　　　　　B. 错误

14. 一般来说,场依存型者对数学与自然科学更感兴趣。 (　　)

A. 正确　　　　　　　　　　B. 错误

15. 梦是在睡眠状态下的一种正常的心理现象,是无意想象的极端表现。(　　)

A. 正确　　　　　　　　　　B. 错误

四、填空题(本大题共15小题,每小题1分,共15分)

1. 国家保障未成年人的生存权、发展权、________、参与权等权利。

2.《新时代中小学教师职业行为十项准则》中要求,教师要严于律己,清廉从教;不得索要、收受学生及家长财物或参加由学生及家长付费的宴请、旅游、娱乐休闲等活动。这体现了________的准则。

3.《中华人民共和国教师法》规定,教师的平均工资水平应当________国家公务员的平均工资水平。

4. 期末考试属于________评价。

5. 调查研究法中最基本、使用最广泛的方法是________。

6. ________是教师职业道德的基础,也是教师劳动积极性和创造性的源泉。

7. 美国当代生物社会学家威尔逊把________看作是决定人的一切行为的本质力量。

8. "语言的巨人,行动的矮子"违背了________的德育原则。

9. 教育史上首次提出"教育遵循自然"观点的是________。

10. 班杜拉认为,________是人的学习最重要的形式。

11. 根据知识本身的存在形式和复杂程度来划分,对汉语的词汇和英语的单词的学习,都属于________学习。

12. 智力的核心是________。

13. 苛勒所做的"小鸡觅食"实验是支持________的经典实验。

14. 儿童多动综合征高峰发病年龄是________。

15. 学生不良行为的矫正要经历醒悟阶段、转变阶段和________三个过程。

五、辨析题(本大题共3小题,每小题5分,共15分)

1. 新课程特别强调三维目标中的“过程与方法”“情感态度与价值观”,这说明“知识与技能”不是很重要了。

2. 学生因在学习过程中遇到自己无法克服的困难而向他人或物体(字典、参考书等)请求帮助的行为,是一种依赖性的表现。

3. 小红知道花儿很好看但不能摘的道理,这标志着她相应的道德品质已经形成。

六、案例分析题(本大题共5小题,其中第1小题10分,第2小题8分,第3小题6分,第4小题11分,第5小题10分,共45分)

1. 新学期开学后,我任初二(3)班的化学老师。一次在课堂上板书时,由于粗心,写错了一个化学方程式,当时我并没有发觉,只听到下面有同学议论纷纷,但是没有人直接指出我的错误,一堂课就这样过去了。下课后我把课代表叫到了办公室,问他怎么回事,他才告诉我今天课堂上发生的事情,还解释说是同学们顾及我的面子。第二天一上课,我就在黑板上把上次写错的化学方程式写在了黑板中间,主动向学生承认了自己的错误,同时还告诫大家:“化学是一门很严谨的科学,一点点的失误都有可能导致不可挽回的结果,老师也是有可能出错的,要勇于质疑。”课堂结束后,为加深学生对本单元所学方程式的记忆，培养学生化学学科学习的严谨性，我给大家布置了作业，所有学生把第二单元所学的每个化学方程式抄三遍。这时，我听到有学生小声说："都会写了，还让写。"这个学生的话引起了我的反思，随即我向自己提出了老师应该怎样布置作业的问题。经过与同学们的沟通，并向其他老师请教，最后我决定，常规性的作业必须写，但可以根据知识掌握的程度选择多写或者少写。经过一段时间的尝试，效果并不是很理想。有的学生可以很好地完成作业，但是很多学生并不能够正确地评价自己对知识的掌握程度，甚至有学生少写或不写作业。如何给学生合理布置作业让我犯了难。

如果你是案例中的教师，面对上述情况，你会如何给学生布置作业？(10分)

2. 王老师在教《再别康桥》的过程中，向学生提问："这首诗歌抒发了诗人告别母校时的感想，题目却用了'再别'而不是'告别'。这是否文不对题？题目是否该改一改？"王老师的问题"一石激起千层浪"，学生们纷纷从不同的角度阐述自己的观点。在活跃的讨论中，大家一致肯定"再别康桥"这个题目不能改，整首诗虽没明显体现出"再别"，但这首诗是诗人故地重游因物是人非有感而发的诗篇。"再别"一词奠定了整首诗歌的感情基调，表达了诗人对母校无尽的留恋之情。至此，疑惑释然，情理并露，该课在学生们的争辩声中顺利结束。

(1)分析王老师在教学中主要贯彻了什么教学原则。(4分)

(2)分析王老师运用了哪种教学方法。(4分)

3. 案例1 学校组织期中考试,语文试卷上有一道默写《岳阳楼记》的题,不少学生都出了错。姚老师罚出错的同学把这篇文章抄10遍。

案例2 爸爸告诉小亮,只要他进入班级前三名,就给他买变形金刚玩具。

案例3 妈妈对小松说,若是没能进入班级前三名,暑假期间就不能看电视。

案例4 当学生违反校规校纪时,我们会给他一个处分。经过一段时间的教育,该学生表现越来越好,为了巩固其良好行为,我们撤销了处分。

案例5 小安哭着闹着要买手机,姐姐不予理睬。

(1)案例1、2、3、4、5分别属于学习理论中的什么行为?(2分)

(2)针对案例1中老师"错一罚十"的做法,请运用有关理论加以评析。(4分)

4. 许老师在讲授新课《按比例分配》时,先提出了一个问题:"把12本书分给2组学生,每组可以分几本?"学生们都异口同声地说:"6本。"许老师又询问道:"有没有不同的答案? 大家再认真思考一下。"于是学生们开始重新思考,过了一会,孙亮和其他学生举手发言,许老师示意孙亮发言,他站起来说:"每组分6个不一定对。""为什么呢?"许老师追问到,这一问题也吸引了其他学生的注意。孙亮说:"题干并没有说怎么分,如果是平均分,每组就是6个。如果不是平均分,答案有很多种。"许老师带着表扬的口吻说:"很好,回答得很正确。以前我们学习平均分,今天我们学习不平均分。"之后,许老师立即在黑板上写出:按比例分配。学生们好像也从朦胧中被叫醒,兴奋起来。这样,许老师巧妙地让学生们从习惯认知中的单一思维变成多维思维。

(1)分析基于学习认知规律的思维能力培养的重点。(6分)

(2)如果你顺利走上教师岗位,许老师的做法给你带来了什么启示?(5分)

5. 以下是五位学生在数学考试成绩出来后的一段对话：

学生A和学生B都得了B。学生A很开心地说："我太幸运了，昨天刚做了一套模拟题，有三道大题跟考试的类型一样。"学生B则不高兴地说："我已经很认真地复习了，但还是有很多题不会，看来我不是学数学的料，怎么学都学不好。"

学生C和学生D都得了C。学生C抱怨说："简直难以置信，我居然只得了C，老师到底有没有认真阅卷，肯定是他看错了！""我也才得C。"学生D补充说，"不过我倒不觉得糟糕，因为我考试的时候感冒了，看试卷的时候头晕，能及格就不错了。"

学生E则说道："我这次也没有考好，不过我早料到这次不会考好了，因为我这段时间学习太不用功了，我就知道这次会有麻烦，不过我可不想这样的事情再次发生。"

(1)根据韦纳的归因理论，分析案例中五名学生对考试成败进行归因的特点，以及谁的归因属于积极的归因。(4分)

(2)结合案例，谈谈教师应如何指导学生进行积极地归因。(6分)

福建省教师招聘考试教育综合预测试卷(十三)

(满分150分　时间120分钟)

本套试卷共68小题,分为两部分:第一部分选择题,包括单项选择题(20小题)、多项选择题(10小题)、判断选择题(15小题);第二部分非选择题,包括填空题(15小题)、辨析题(3小题)、案例分析题(5小题)。

一、单项选择题(在下列每题四个选项中只有一个是符合题意的,将其选出并把它的标号写在题后的括号内。本大题共20小题,每小题2分,共40分)

1. 2023年3月21日是第11个国际森林日,主题是"森林与健康"。目前全球森林资源增长最快、最多的国家是(　　)

A. 中国　　B. 日本　　C. 加拿大　　D. 巴西

2. 2022年5月15日,我国自主研发的(　　)浮空艇升空至海拔9032米,首次获得珠峰地区高空温室气体分布数据。

A."极目一号"Ⅰ型　　B."极目一号"Ⅱ型

C."极目一号"Ⅲ型　　D."极目三号"Ⅲ型

3. 根据《中华人民共和国未成年人保护法》的规定,对于违法犯罪的未成年人应当坚持的原则是(　　)

A. 教育为主,惩罚为辅　　B. 正面引导,表扬为主

C. 客观公正,实事求是　　D. 榜样示范,环境陶冶

4. 根据《中华人民共和国教育法》的规定,下列不属于学校及其他教育机构应当履行的义务的是(　　)

A. 遵照国家有关规定收取费用并公开收费项目

B. 聘任教师及其他职工,实施奖励或者处分

C. 依法接受监督

D. 维护受教育者、教师及其他职工的合法权益

5. 根据我国教育法规的有关规定,对"品行不良、侮辱学生,影响恶劣的"教师,其教师资格将(　　)

A. 永远丧失　　B. 宣告中止

C. 给予撤销　　D. 公告无效

6. "流动红旗"是常规班级表现优异的标志,用"流动红旗"激励班级行为规范,

主要体现的德育方法是(　　)

A. 自我修养法　　B. 品德评价法

C. 实际锻炼法　　D. 陶冶教育法

7. (　　)是中国历史上最早专门论述教育问题的文献。

A.《论语》　B.《大学》　C.《学记》　D.《孟子》

8. 叶圣陶指出:“教师以身作则,教师本身的行为就是标准和规范,也是一种及时有效的‘不言之教’。”这句话体现了教师劳动的(　　)

A. 复杂性　B. 创造性　C. 长期性　D. 示范性

9. 班主任的工作是从(　　)开始的。

A. 评定学生操行　　B. 教育个别学生

C. 了解和研究学生　　D. 组建班集体

10. 学生问:“老师,我考试总是很紧张,怎么办?”老师说:“你学习不够努力,没有复习好,所以就紧张了。”由此可以看出这位老师缺乏(　　)

A. 本体性知识　　B. 条件性知识

C. 实践性知识　　D. 通识性知识

11. 下列选项中,不属于我国教育目的的基本特征的是(　　)

A. 教育目的有鲜明的政治方向

B. 坚持全面发展与个性发展的统一

C. 优越的社会制度保证教育的极高社会效益

D. 以马克思主义关于人的全面发展学说为指导思想

12. 在教学过程中实施,使教师能够了解学生学习进展情况的评价是(　　)

A. 诊断性评价　　B. 形成性评价

C. 终结性评价　　D. 相对性评价

13. 布罗菲和伊伏特逊认为,小学低年级课堂管理的关键是(　　)

A. 直接教课堂规则和程序　　B. 监控和维持课堂管理系统

C. 管理课程　　D. 建设性地处理课堂混乱

14. 问题按照组织程度分类,“求边长为2cm的正方形的面积”属于(　　)

A. 预测性问题　　B. 描述性问题

C. 结构不良问题　　D. 结构良好问题

15. 人格是指决定个体的外显行为和内隐行为,并使其与他人的行为有稳定区别的(　　)

A. 行为系统　B. 意识特点　C. 综合心理特征　D. 品德与修养

16. 袁老师在上课的过程中会有意无意地夸奖成绩中等的晓伟，晓伟认为袁老师对自己寄予厚望，所以在学习上更加努力，成绩也有了突破性进步。袁老师运用的是(　　)

A. 罗森塔尔效应　　B. 晕轮效应　　C. 酝酿效应　　D. 投射效应

17. 学生在学习过正方体、球体等立体图形后，形成的空间概念和立体思维有利于以后空间几何的学习，这种现象属于(　　)

A. 顺向、正迁移　　B. 顺向、负迁移

C. 逆向、正迁移　　D. 逆向、负迁移

18. 根据奥尔波特的理论，中国人所具有的勤劳、善良、朴实等特征属于(　　)

A. 中心特质　　B. 首要特质

C. 共同特质　　D. 次要特质

19. 下列选项中，能体现垂直迁移的具体事例是(　　)

A. 汉语拼音的学习影响英语字母的发音

B. "角"的概念的掌握影响"直角""平角"概念的学习

C. "石"字的学习影响"磊"字的学习

D. 在学校形成的爱护公物的习惯影响在校外的行为表现

20. 学习若干概念之间的关系，掌握句子表达的意义的学习属于(　　)

A. 命题学习　　B. 符号学习

C. 概念学习　　D. 派生类属学习

二、多项选择题(在下列每题四个选项中有两个或两个以上是符合题意的，将其选出并把它的标号写在题后的括号内，错选、多选、漏选均不得分。本大题共10小题，每小题2分，共20分)

1. 中共福建省委、福建省人民政府印发的《关于全面深化新时代教师队伍建设改革的实施意见》中提到的教师队伍建设改革的基本原则是(　　)

A. 坚持正确方向，突出师德养成　　B. 坚持优先发展，强化措施保障

C. 坚持改革创新，优化体制机制　　D. 坚持分类施策，强化素质提升

2. 下列属于教师的权利的有(　　)

A. 进行教育教学活动

B. 享受国家规定的福利待遇及寒暑假期的带薪休假

C. 指导学生的学习和发展

D. 参与学校的民主管理

3. 关于课程编制，"现代课程理论之父"泰勒提出著名的"泰勒原理"，其基本内容

包括(　　)

A. 学校应追求的目标　　B. 如何选择和形成学习经验

C. 如何有效组织学习经验　　D. 如何评价目标的实现程度

4. 作为一个合格的教师,首先需要掌握的教育科学知识主要包括(　　)

A. 教育学　　B. 心理学　　C. 各科教材教法　　D. 教育法

5. 个案研究法是当今教育研究中运用广泛的定性研究方法,下列关于该研究方法的说法,正确的有(　　)

A. 能生动地描述过程、形象地展示个案

B. 不会遇到任何伦理道德问题

C. 对研究人员的语言技能、观察力要求较低

D. 研究结论的主观性较强

6. 以语言传递为主的教学方法有(　　)

A. 讲授法　　B. 谈话法　　C. 讨论法　　D. 读书指导法

7. 引起无意注意的刺激物具有的特征包括(　　)

A. 对比关系　　B. 活动与变化　　C. 强度　　D. 新异性

8. (　　)属于元认知策略的范畴。

A. 调整阅读速度　　B. 列提纲

C. 对材料进行自我提问　　D. 考试时关注自己的答题速度和时间

9. 影响课堂管理的因素有(　　)

A. 班级规模　　B. 学生对教师的期望

C. 教师的领导风格　　D. 班级的性质

10. 下列人物和理论对应不正确的有(　　)

A. 罗特——控制点理论　　B. 韦纳——完形顿悟理论

C. 阿特金森——成败归因理论　　D. 班杜拉——自我效能理论

三、判断选择题(本大题共15小题,每小题1分,共15分)

1. 国务院和县级以上地方人民政府应当合理配置教育资源。(　　)

A. 正确　　B. 错误

2. 网络服务提供者发现用户发布、传播可能影响未成年人身心健康的信息且未作显著提示的,应当作出提示或者通知用户予以提示;未作出提示的,不得传输相关信息。(　　)

A. 正确　　B. 错误

3. 西方教育史上第一本专门的教育论著是柏拉图的《理想国》。 （ ）

A. 正确　　B. 错误

4. 与单轨学制相比，双轨学制更利于教育的逐级普及。 （ ）

A. 正确　　B. 错误

5. 在对待与其他教育者的关系上，新课程改革强调独立自主精神。 （ ）

A. 正确　　B. 错误

6. 坚持以教学为主的办学规律，要求学校领导集中全校所有的人力、物力和财力用于教学活动。 （ ）

A. 正确　　B. 错误

7. 刘老师是某班级的班主任，他认为班主任的班级管理内容仅仅是班级组织的建设以及体育卫生管理，而班级的教学管理不属于他的管理范畴。 （ ）

A. 正确　　B. 错误

8. 教学方法是教师上课的方法，是教师为完成教学任务而采用的方法。 （ ）

A. 正确　　B. 错误

9. 心理学真正地成为一门独立的学科，是从1879年冯特在莱比锡大学建立心理学实验室开始的。 （ ）

A. 正确　　B. 错误

10. 典型化是根据一类事物的共同特征创造新形象的过程，如鲁迅笔下的孔乙己。

（ ）

A. 正确　　B. 错误

11. 学生在探索未知事物时表现出的好奇心和求知欲属于理智感。 （ ）

A. 正确　　B. 错误

12. 根据埃里克森的社会性发展阶段理论，处于12～18岁的个体形成的良好人格特征是诚实品质。 （ ）

A. 正确　　B. 错误

13. 李某小时候曾被狗咬过，此后见到像小狗的毛绒玩具就害怕，这种现象在心理学上属于刺激泛化。 （ ）

A. 正确　　B. 错误

14. 学习完英语单词“book”（书）和“shop”（商店）后，再学习“bookshop”（书店）能更好地记忆下来。这属于学习的正迁移。 （ ）

A. 正确　　B. 错误

15. 在考试时，小李遇到难题就跳过先做简单的题目。这运用了元认知策略中的

计划策略。 ( )

A. 正确 B. 错误

四、填空题(本大题共15小题,每小题1分,共15分)

1. 国家实行________制度和继续教育制度。

2. 根据我国《教育法》的规定,中华人民共和国公民有受教育的________。

3.《中共中央 国务院关于深化教育教学改革全面提高义务教育质量的意见》中提出,要着力培养认知能力,促进思维发展,激发________。

4. 教师在教育教学活动中对新的、意外的情况做出正确而迅速的判断并巧妙地加以解决的能力是________。

5. 荀子提出了“性恶论”,认为教育的作用是________。

6. ________是农村及偏远地区小学课堂教学的一种特殊组织形式。

7. ________是根据一定的教育目的和培养目标,由教育行政部门制定的有关学校教育和教学工作的指导性文件。

8. 教师中心论的典型代表人物是________。

9. 个体主观能动性由三个层次构成,其中最高层次是________活动。

10. 区分冲动型与沉思型的标准是反应时间和________。

11. 按学习时的意识水平,学习可分为内隐学习和________。

12. 吉尔福特的智力三维结构模型把人的智力分为内容、操作和________三个维度。

13. 一种感觉兼有另一种感觉的心理现象叫________。

14. ________是人的道德需要是否得到实现而引起的一种内心体验。

15. 学校心理辅导强调面向________。

五、辨析题(本大题共3小题,每小题5分,共15分)

1. 有人认为,“教师只要学科知识过硬、实践经验丰富就行了,是否掌握教育理论并不重要”。

2. 技能没有好坏之别,习惯有好坏之分。

3. 试误学习的过程中,学习者对刺激情境做出反应之后,能够获得满意的结果时,联结力量就会增强,这符合桑代克联结学习的练习律。

六、案例分析题(本大题共5小题,其中第1小题8分,第2小题8分,第3小题12分,第4小题7分,第5小题10分,共45分)

1. 某中学一名物理教师在怀孕期间,所在学校为了照顾她,将其调到政教处工作。这名女教师休满三个月产假后来校上班,校长找其谈话说:“你现在的工作已安排了人,你看你想做什么工作?”这位教师说:“我想教课。”校长说:“好吧,我们研究研究。”学校研究的结果是:由于该教师在政教处的工作岗位已安排了人,又因学校不缺物理教师,故无法为其安排工作,学校决定将其解聘,让该教师自己找单位。该教师不得已向教育局提出申诉。经区教育局有关部门与学校多次协调后,学校留下了这名教师。

请运用相关教育法律知识对该案例进行分析。(8分)

2. 谢老师是一名数学老师，他在教学小数的性质时，先设计了有趣的数学题。他在黑板上写出“1,10,100”并提问：“谁能根据我们之前学过的单位换算知识给它们加上适当的单位，并用等号把这三个数连起来?”学生对于这个问题感到很新奇，这三个数分别是一位数、两位数、三位数，怎么能用等号连起来呢？学生陷入了沉思。认真思考后得出了多种答案：1元=10角=100分，1米=10分米=100厘米。此时谢老师又提出问题：“谁能用同一单位把上面的各式表示出来?”学生一听思维更活跃了，纷纷发表了不同意见：1元=1.0元=1.00元，1米=1.0米=1.00米。谢老师接着说：“像‘1,1.0,1.00’这样的数的大小是否相等呢?”接着谢老师展示了一张校门口的图片问道：“夏天的时候同学们都爱吃冰棍，老师了解到校门口左边的商店里某种冰棍的标价是2.5元，右边那一家则是2.50元，那你们去买的时候会选择哪一家呢？为什么?”在这一节课上，全班学生都十分专注，取得了很好的教学效果。

分析案例中谢老师的教学行为体现了哪些教学原则。(8分)

3. 有两个孩子：一个喜欢弹琴，想当音乐家；另外一个喜欢绘画，想当美术家。但不幸的是，喜欢弹琴的那个孩子聋了，喜欢绘画的那个孩子眼睛瞎了。然后喜欢弹琴的孩子改学绘画，喜欢绘画的孩子改学弹琴，开始了新的追求。后来，失聪的孩子成为了技术超凡、名扬四海的美术家，而失明的孩子，则成了技艺卓绝、享誉天下的音乐家。事实证明，只要努力，当命运堵塞了一条道路的时候，它还给我们留下了另外一条路。

(1)案例反映了个体身心发展的什么规律?(6分)

(2)请联系案例谈谈老师如何促进个体的身心发展。(6分)

4. 一位专家到一所中学考查学生的地理知识。她浏览了一下课本,向学生问道:“假如挖一个几百千米深的坑,坑底比上面热还是冷呢?”没有学生能够回答。这时,教师对专家说:“我确信他们是知道的。”于是教师向学生问道:“地球的内核是什么样的状态?”“地球内核是火热的熔岩!”同学们齐声回答。

为什么原本有意义的知识,学生只能如此死记硬背?请根据奥苏伯尔的有意义接受学习理论对此现象进行分析。(7分)

5. 在某班,王同学受父母离异的影响,由一个自觉学习的好孩子变成了上课容易走神、不按时完成作业的“问题学生”;李同学因受到班主任的公开辱骂而厌恶上课,经常逃课玩游戏。王、李两位同学的学习成绩都下降了。

(1)根据马斯洛的需要层次理论,王、李两位同学的学习成绩下降分别是由哪些需要没有得到满足造成的?(5分)

(2)运用马斯洛的需要层次理论,就如何满足王、李两位同学的需要提出两条合理的建议。(5分)

福建省教师招聘考试教育综合预测试卷(十四)

(满分150分　时间120分钟)

本套试卷共58小题,分为两部分:第一部分客观题,包括单项选择题(25小题)、多项选择题(10小题)、填空题(15小题);第二部分主观题,包括判断说理题(3小题)、案例分析题(5小题)。

一、单项选择题(在下列每题四个选项中只有一个是符合题意的,将其选出并把它的标号写在题后的括号内。本大题共25小题,每小题2分,共50分)

1. 2022年4月,共青团中央联合中央宣传部、国家发展改革委等17部门印发相关意见,开展青年(　　)城市建设试点。

A. 综合型　　B. 发展型　　C. 友好型　　D. 创新型

2. 2023年1月17日,福建省首座预制装配化跨海大桥(　　)主桥正式通车。

A. 泉州湾大桥　　B. 厦门翔安大桥

C. 福州湾边特大桥提升改造工程　　D. 厦漳大桥

3. 某教师在学生毕业后,接受学生家长的邀请,参加由几名家长共同付费的毕业旅游。该教师的行为违背了《新时代中小学教师职业行为十项准则》中的(　　)

A. 坚定政治方向　　B. 传播优秀文化

C. 坚持言行雅正　　D. 坚守廉洁自律

4. 负责认定教师资格的部门或学校,对符合认定条件的教师颁发相应的教师资格证书,颁发教师资格证书的时限是自受理期限终止之日起(　　)内。

A. 10日　　B. 15日　　C. 30日　　D. 60日

5. 某小学违反国家有关规定向学生收取费用,根据我国《教育法》的规定,下列有权责令学校退还所收费用的是(　　)

A. 教育行政部门　　B. 财政部门　　C. 公安部门　　D. 物价部门

6. 某市教育局下达了在全市小学开展国学经典诵读系列活动的实施意见,该举措旨在培养学生核心素养中的(　　)

A. 健康生活　　B. 实践创新　　C. 人文底蕴　　D. 学会学习

7.《论语·先进》有言:“求也退,故进之;由也兼人,故退之。”这蕴含的教学原则是(　　)

A. 巩固性原则　　B. 系统性原则

C. 因材施教原则　　D. 量力性原则

8. 明显体现“中学为体，西学为用”思想的学制是(　　)

A. 癸卯学制　　B. 壬子癸丑学制

C. 壬戌学制　　D. 壬寅学制

9. 班主任李老师发现，最近班里部分学生迷上电子游戏无心学习。于是李老师分别找了几个学生谈话，又召开了相关的主题班会。这一做法贯彻了(　　)

A. 导向性原则　　B. 个别教育和集体教育相结合原则

C. 直观性原则　　D. 正面教育和纪律约束相结合原则

10. 美国斯坦福大学一项研究表明，儿童期的智力测验并不能准确地预测成年以后的工作成就，一个人的成就同智力的高低并无极大的相关。这说明(　　)

A. 遗传素质仅仅为人的身心发展提供了可能性

B. 遗传素质的成熟机制制约着人的身心发展

C. 遗传素质具有可塑性

D. 遗传素质的差异性对人的身心发展有决定性影响

11. 近年来，越来越多的“一带一路”沿线国家留学生来我国学习，并把中国文化带回自己的祖国。这反映了教育具有(　　)

A. 文化传承功能　　B. 文化创造功能

C. 文化更新功能　　D. 文化传播功能

12. “染于苍则苍，染于黄则黄”，这说明学生作为教育的对象，具有(　　)的特点。

A. 独立性　　B. 可塑性　　C. 向师性　　D. 依附性

13. 下列选项是某老师在讲授“物体沉浮的条件”一课时拟定的三维学习目标，其中属于过程与方法目标的是(　　)

A. 能与同学互相协作友好相处

B. 注重实验探究方案设计的思考与改善

C. 能解释生活中常见的沉浮现象

D. 能说出物体沉浮的三种情况及其条件

14. 为提高学生爱护公共卫生环境的意识，某小学开展了“当一次环卫工”主题教育活动，学生们带着工具走上街头，与环卫工人一起进行路面清扫保洁、擦抹公共设施等劳动。这属于德育方法中的(　　)

A. 陶冶教育法　　B. 实际锻炼法

C. 榜样示范法　　D. 说服教育法

15. 某班班主任和班委干部商量后，成立了班级事务委员会，班级事务工作由委员长齐同学做好分配，其他班级成员积极参与配合。在班主任的指点下，所有学生都参与了班级事务工作，教师省心，学生也得到了锻炼。这种班级管理模式属于(　　)

A. 常规管理　　B. 平行管理

C. 民主管理　　D. 目标管理

16. 下列哪项属于教育目的的个人本位论的观点(　　)

A. 强调教育对人的精神世界的作用

B. 主张教育目的是培养合格公民

C. 强调教育要服从人的成长规律和满足人的需要

D. 认为教育没有外在的目的，只有它自身的目的

17. 小明平时特别爱数学校的台阶有多少，自己上楼梯时一定要数清楚有多少台阶，否则心里感到不舒服。这种情况最有可能是(　　)

A. 焦虑症　　B. 习得性无助　　C. 多动症　　D. 强迫症

18. 学生在掌握整数、分数的知识后，可以将其概括归纳为有理数。这是思维过程中的(　　)

A. 具体化　　B. 分析　　C. 系统化　　D. 抽象

19. 世界上第一个智力量表是(　　)

A. 比纳—西蒙智力量表　　B. 斯坦福—比纳智力量表

C. 韦克斯勒智力量表　　D. 瑞文智力测验量表

20. 小唐看到有人乱扔垃圾，会感到厌恶。小唐的这种道德情感属于(　　)

A. 伦理的道德情感　　B. 想象的道德情感

C. 直觉的道德情感　　D. 理性的道德情感

21. 小芳平时反应比较慢，对于新环境的适应能力也相对比较差，但是她做事沉稳、遇事冷静，非常善于克制自己，考虑问题也非常全面，小芳的气质类型是(　　)

A. 多血质　　B. 黏液质　　C. 抑郁质　　D. 胆汁质

22. 用类比的方法，将陌生的概念转化为自己熟悉的知识，这种学习策略是(　　)

A. 精加工策略　　B. 资源管理策略

C. 组织策略　　D. 调节策略

23. 维果斯基认为，当学生够不到“葡萄”的时候，教师可以进行(　　)教学。

A. 先行组织者　　B. 支架式

C. 范例式　　D. 自主探究

24. 从20世纪60年代开始，教育心理学作为一门具有独立理论体系的学科逐渐成熟。这一时期人本主义心理学家(　　)提出了"以学生为中心"的主张。

A. 罗杰斯　　B. 孟禄　　C. 桑代克　　D. 杜威

25. 下列有关心理健康的说法，正确的是(　　)

A. 焦虑症是一种精神疾病，焦虑对人的心理健康没有好处

B. 各国对心理健康的标准具有明确的界定

C. 心理健康与不健康并没有明确的界限

D. 心理健康的状态是客观的、不变的

二、多项选择题(在下列每题四个选项中有两个或两个以上是符合题意的，将其选出并把它的标号写在题后的括号内，错选、多选、漏选均不得分。本大题共10小题，每小题2分，共20分)

1. 根据《中小学教育惩戒规则(试行)》的相关规定，学校及其教师应当予以制止并进行批评教育，确有必要的，可以实施教育惩戒的情形有(　　)

A. 故意不完成教学任务要求或者不服从教育、管理的

B. 扰乱课堂秩序、学校教育教学秩序的

C. 打骂同学、老师，欺凌同学或者侵害他人合法权益的

D. 吸烟、饮酒，或者言行失范违反学生守则的

2. 中小学对学生进行德育的途径包括(　　)

A. 班主任工作　　B. 社会实践活动

C. 课外活动　　D. 共青团、少先队组织的活动

3. 在课堂上，张老师将事先插在红墨水瓶中的枝条剪下来，分到学生手里，让学生一边剥枝条一边观察枝条有没有变红，什么地方变红了，为什么。学生边观察边回答，枝条的皮和中间的髓没有变红，木质部和部分叶子变红了。在这个例子中，张老师采取的教学方法有(　　)

A. 参观法　　B. 演示法　　C. 谈话法　　D. 练习法

4. 教学的基本环节包括(　　)

A. 备课　　B. 上课

C. 作业的布置与反馈　　D. 课外辅导

5. 王老师刚接任某班班主任，他想迅速培养起一个坚强的班集体，以下做法正确的有(　　)

A. 处理班级事务时有意引导班级的正确舆论，树立良好班风

B. 围绕班级目标有计划地开展一些集体活动

C. 通过一段时间的观察和民主选举成立班干部团体

D. 和全班同学一起讨论确立本班发展目标

6. 教师成长的主要途径包括(　　)

A. 教学经验的反思　　B. 观摩和分析优秀教师的教学活动

C. 开展微格教学　　D. 进行专门训练

7. 影响遗忘进程的主要因素有(　　)

A. 识记的方法　　B. 学习材料的性质

C. 学习者的情绪和动机　　D. 系列位置效应

8. 运动知觉分为真动知觉和似动知觉,下列属于似动知觉的有(　　)

A. 动景运动　　B. 诱发运动

C. 自主运动　　D. 运动后效

9. 影响态度与品德学习的内部条件有(　　)

A. 家庭教养方式　　B. 道德认知

C. 认知失调　　D. 态度定势

10. 根据马斯洛的需要层次理论,下列属于成长需要的有(　　)

A. 自我实现的需要　　B. 归属与爱的需要

C. 求知的需要　　D. 审美的需要

三、填空题(本大题共15小题,每小题1分,共15分)

1.《中华人民共和国未成年人保护法》规定,未成年人的父母或者其他监护人不得使未满________周岁的未成年人脱离监护单独生活。

2. 学校应当关心、爱护未成年学生,不得因家庭、身体、心理、学习能力等情况________学生。

3. 根据《中华人民共和国教师法》第十七条规定,教师的聘任应当遵循双方地位________的原则,由学校和教师签订聘任合同,明确规定双方的权利、义务和责任。

4. “同流而不合污”体现了________在人的身心发展中的作用。

5. ________是德育过程的组织者、领导者,在德育过程中起主导作用。

6. 指导学生读书,包括指导学生阅读教科书和阅读________两个方面。

7. ________是国民教育制度的核心与主体,是国民教育制度中最重要的组成部分。

8. 提倡________,反对________,是当代运用教学方法的指导思想。

9. 教育过程中最基本、最重要的人际关系是________。

10. “隐性课程”一词最早由________提出。

11. 技能是通过________而形成的合乎法则的活动方式。

12. 斯皮尔曼认为,一个人智力水平的高低取决于________因素的数量。

13. 提出操作性条件反射原理与程序性教学的是________。

14. ________是习得的经验对完成其他活动的影响。

15. 教师的认知特征包括观察力特征、思维特征和________特征三个方面。

四、判断说理题(本大题共3小题,每小题5分,共15分)

1. 教育者严格要求学生,就很难尊重信任学生。这种说法是否正确?请结合教育学的知识说明理由。

2. 创造性思维完全等同于发散式思维。这种说法是否正确?请结合心理学的知识说明理由。

3. 维果斯基认为教学的可能性由学生的最近发展区决定,教学的最佳效果产生于"最近发展区"。这种说法是否正确?请结合心理学的知识说明理由。

五、案例分析题(本大题共5小题,其中第1小题10分,第2小题12分,第3小题10分,第4小题7分,第5小题11分,共50分)

1. 冬冬是某小学三年级的学生,平时住校就读。为解决学生就餐时的喝水问题,其学校规定,各班级学生轮流值日,以两人为单位用铁桶为所在班级抬开水。某天,冬冬与另外一名同学在抬水回来的途中,不慎被绊倒,冬冬前胸及右上臂皮肤被开水烫伤。

(1)请运用教育法律的相关知识分析学校的做法是否正确,为什么?(5分)

(2)请你谈谈学校应该怎样加强校园安全防范工作?(5分)

2. 国学大师季羡林回忆说:"我有意识地真正用功,是从这里开始的。我是一个很容易受环境支配的人。在小学和初中时,成绩不能算坏,总在班上前几名,但从来没有考过甲等第一。我毫不在意,照样钓鱼、摸虾。到了高中,国文作文无意中受到了王崑玉先生的表扬,英文是全班第一。其他课程考个高分并不难,只需稍稍一背,就能应付自如。结果我生平第一次考了一个甲等第一,平均分数超过九十五分,是全校唯一的一个学生。当时山大校长兼山东教育厅厅长前清状元王寿彭,亲笔写了一副对联和一个扇面奖给我。这样被别人一夸,我的上进心就被激起来了,从此认真注意考试名次,不再掉以轻心。结果两年之内,四次期考,我考了四个甲等第一,威名大振。"王寿彭给季羡林题写的对联中的上联是:才华舒展临风锦;下联是:意气昂藏出岫云;题头是:羡林老弟雅(察)。

结合案例分析学校和个人在个体发展中的作用。(12分)

3. 学生考试作弊是每一位老师都不能容忍的问题。然而，有位化学老师发现学生作弊后竟然告诉学生说，下次单元测验他允许学生们带一张A4纸，上面写上自己想写的任何东西。于是考前学生纷纷认真地准备自己的那张A4纸。考试结束后，老师让大家把自己所写的A4纸都贴到教室后面展览。同学们很好奇地相互观摩，结果发现有的学生在上面就单纯抄题目，有的抄上公式，有的不但列出知识提纲，还列出它们之间的联系……特别是考试分数公布后，学生们都很有感触：为什么张某某能考好？为什么李某某考不了高分？从他们在那张A4纸上总结的内容就能看出高低来，于是同学们就开始交流哪种学习方法好。老师组织学生对总结出的方法进行讨论，并且告诉学生下一次单元测验只能带半张A4纸进考场。考完试后照例展览。第三次考试，老师只让带四分之一张A4纸……这样纸张越来越小。

(1)你对这位老师的做法有什么看法？(4分)

(2)结合案例谈谈促进学习策略的训练原则。(6分)

4. 中学生明明想当飞行员，可他身体很弱，时常生病。张老师对他说："要想身体健壮，必须坚持锻炼。"明明回家后就制订了锻炼身体的计划：每天早晨锻炼半个小时，先做广播体操，再跑步。第一周，明明按计划做了。第二周，明明有两天起晚了，没有跑步。第三周，天气变冷了，明明不愿早起，他想："天气真冷啊，要是明天暖和了，我一定早起。"可是天气越来越冷了，明明整个冬天也没能早起锻炼。

明明的意志品质如何？你认为该怎样培养明明的意志品质？(7分)

5. 陈明和罗亮今年高三，是一对好朋友，两个人在处理问题的认知风格方面有较大的差异。比如，陈明在学习上遇到问题时，常利用个人经验独立对其进行判断，喜欢用概括的与逻辑的方式分析问题，很少受到同学与老师建议的影响。而罗亮遇到问题时的表现则与陈明相反，他更愿意听老师和同学的建议，并以他们的建议作为分析问题的依据。另外，罗亮还喜欢察言观色，关注社会问题。

请结合案例，从场依存型和场独立型的角度，谈谈二人的认知风格有何差异。(11分)

福建省教师招聘考试教育综合预测试卷(十五)

(满分150分　时间120分钟)

本套试卷共58小题,分为两部分:第一部分客观题,包括单项选择题(25小题)、多项选择题(10小题)、填空题(15小题);第二部分主观题,包括判断说理题(3小题)、案例分析题(5小题)。

一、单项选择题(在下列每题四个选项中只有一个是符合题意的,将其选出并把它的标号写在题后的括号内。本大题共25小题,每小题2分,共50分)

1. 教育部印发文件,2022年9月起(　　)正式成为中小学的独立课程,平均每周不少于1课时。

A. 美术课　　B. 品德课　　C. 劳动课　　D. 科学课

2. 2023年3月5日,时任国务院总理李克强作《政府工作报告》。《政府工作报告》中对今年政府提出了"加快建设高质量教育体系,推进(　　)优质均衡发展和城乡一体化"的建议。

A. 义务教育　　B. 学前教育　　C. 特殊教育　　D. 高等教育

3. (　　)为我国学校及其他教育机构的基本教学语言文字。

A. 地方方言　　B. 网络语言

C. 汉语言文字　　D. 国家通用语言文字

4. 根据我国《教育法》,下列哪种场所应当对教师、学生实行优待,为受教育者接受教育提供便利(　　)

A. 音乐餐厅　　B. 电影院　　C. 文化馆　　D. 高铁站

5. "掌握小学生品行养成的特点和规律"属于《小学教师专业标准(试行)》中"专业知识"维度的(　　)

A. 小学生发展知识　　B. 学科知识

C. 教育教学知识　　D. 通识性知识

6. 学校的下列做法符合法律规定的是(　　)

A. 循环使用教科书　　B. 分设重点班和非重点班

C. 选用未经审定的教科书　　D. 组织教师进行有偿补课

7. "化民成俗,其必由学""建国君民,教学为先"揭示了教育的(　　)

A. 宗教功能　　B. 经济功能　　C. 文化功能　　D. 政治功能

8. 班上小王的成绩不突出，平常也沉默寡言，既不跟同学亲近，也不善于表达自己。班主任希望以小王为切入点，研究该阶段学生的行为习惯，以采取更好的教学方法。因此班主任对小王进行了一年多的跟踪研究。班主任对小王的研究属于（　　）

A. 个案研究法　　B. 历史研究法

C. 行动研究法　　D. 质性研究法

9. 师生关系在教学层面上的特点是（　　）

A. 授受关系　　B. 民主平等　　C. 相互促进　　D. 教学相长

10. 教育与生产劳动由紧密结合走向分离始于（　　）

A. 原始社会　　B. 奴隶社会

C. 封建社会　　D. 资本主义社会

11. 有的家长为了孩子上学，不顾家庭经济条件也要在优质学校附近买学区房，从儿童的发展角度看，这倾向于（　　）

A. 遗传决定论　　B. 学生主体论　　C. 环境决定论　　D. 辐合论

12. 明确规定"初等小学，可以男女同校"的学制是（　　）

A. 壬寅学制　　B. 癸卯学制

C. 壬子癸丑学制　　D. 壬戌学制

13. 教育中常会出现"5+2=0"的现象，"5"是指学生在一周的五个学习日内在学校接受的正面教育，"2"是指学生双休日回到家庭和社会后接触的负面影响，"0"是指学生在学校接受的正面教育与回到家庭和社会后接触的负面影响相互抵消，致使教育效果为零。为了避免这种现象，学校德育应遵循（　　）

A. 因材施教原则

B. 理论联系实际原则

C. 教育影响的一致性与连贯性原则

D. 严格要求学生与尊重信任学生相结合原则

14. 在全面发展教育中起导向和动力作用的是（　　）

A. 德育　　B. 智育　　C. 体育　　D. 美育

15. 某校组织学生到红军长征中的战争遗址接受爱国主义教育，该活动体现的教学方法是（　　）

A. 参观法　　B. 读书指导法　　C. 练习法　　D. 实习作业法

16. 根据课程内容的组织方式，可以把课程分为（　　）

A. 学科课程与经验课程　　B. 显性课程与隐性课程

C. 分科课程与综合课程　　D. 选修课程与必修课程

17. 关于心智技能学习过程中的“原型内化”，以下描述不正确的一项是(　　)

A. 是智力活动的实践模式向头脑内部转化的过程

B. 由物质的、外显的形式变成观念的、内潜的形式的过程

C. 由展开的形式变成简缩的形式的过程

D. 是心智技能学习的初始阶段

18. 某学生在做应用题时，首先就是读题干，通过题干他知道了这道题需要解决什么方向的问题。这说明该学生处于解决问题过程中的(　　)阶段。

A. 理解问题　　B. 发现问题　　C. 提出假设　　D. 检验假设

19. 小明和小伙伴一起写作业比自己单独写作业完成得效果好、质量高。这体现的群体影响方式是(　　)

A. 社会惰化　　B. 服从　　C. 社会标准化　　D. 社会助长

20. “视而不见，听而不闻”的现象，典型地体现了(　　)

A. 注意的指向性　　B. 注意的集中性

C. 注意的转移　　D. 注意的分配

21. 宋老师在教授“磁铁”的相关知识时，为了让学生清楚地了解磁铁在日常生活中的作用，运用了视频演示的方式。这运用了教学直观性原则中的(　　)

A. 模像直观　　B. 言语直观

C. 实物直观　　D. 文字直观

22. 儿童在某一时期会觉得世界上所有的事物都是有生命的。不小心撞到了椅子，会小心翼翼地把椅子扶起来，并且摸着椅子自言自语：“不痛不痛，伤口快好。”打碎杯子，会可怜兮兮地问妈妈：“妈妈，杯子死掉了吗?”根据皮亚杰的认知发展理论，儿童此时可能处于(　　)

A. 感知运动阶段　　B. 前运算阶段

C. 具体运算阶段　　D. 形式运算阶段

23. 有的人听见切割玻璃的声音会产生寒冷的感觉。这种现象称为(　　)

A. 联觉　　B. 感觉适应　　C. 感觉后效　　D. 感觉对比

24. 一个人学过某个舞蹈，过了一段时间，她又在另一个地方应邀为观众表演了这段舞蹈。她的表演凭借的是(　　)

A. 情绪记忆　　B. 情景记忆　　C. 动作记忆　　D. 语义记忆

25. 下列属于认知主义学习理论的是(　　)

A. 桑代克的联结—试误学习理论　　B. 斯金纳的操作性条件作用理论

C. 巴甫洛夫的经典性条件作用理论　　D. 苛勒等人的完形—顿悟学习理论

二、多项选择题(在下列每题四个选项中有两个或两个以上是符合题意的，将其选出并把它的标号写在题后的括号内，错选、多选、漏选均不得分。本大题共10小题，每小题2分，共20分)

1. 中共福建省委、福建省人民政府印发的《关于全面深化新时代教师队伍建设改革的实施意见》中指出，教师承担的历史使命有(　　)

A. 传播知识　　B. 传播思想

C. 传播真理　　D. 传播文化

2. 近代教育的特点有(　　)

A. 教育的世俗化　　B. 教育的法制化

C. 严格的等级性　　D. 初等义务教育的普遍实施

3. 班级管理的功能有(　　)

A. 有助于实现教学目标，提高学习效率

B. 有助于维持班级秩序，形成良好班风

C. 有助于教师教学，形成良好的学习氛围

D. 有助于锻炼学生能力，学会自治自理

4. 教育对生产力的促进作用主要是通过(　　)来实现的。

A. 再生产劳动力　　B. 再生产科学知识

C. 传播一定社会的思想意识　　D. 构成文化本体

5. 学校的产生需要一些基本条件，这些条件包括(　　)

A. 社会生产力水平的提高，为学校的产生提供了必要的物质基础

B. 脑力劳动与体力劳动的分离，为学校的产生提供了专门从事教育活动的知识分子

C. 文字的产生和知识的记载整理达到了一定程度，使人类的间接经验传递成为可能

D. 国家机器的产生，需要专门的教育机构来培养官吏和知识分子

6. 影响学生自我效能感形成的主要因素包括(　　)

A. 言语劝说　　B. 替代经验

C. 情绪唤醒　　D. 情境条件

7. 神话中的孙悟空形象、千手观音形象、雷公和电母等形象分别利用的想象加工方式是(　　)

A. 典型化　　B. 黏合

C. 夸张　　D. 拟人化

8. 下列属于机械学习的是( )

A. 宇航员探索太空

B. 应用公式解决问题

C. 小学生背诵乘法口诀表

D. 中学生听过讲座后理解概念之间的关系

9. 个人的自我意识主要包括三种心理成分,分别是( )

A. 自我认识 B. 自我体验

C. 自我行动 D. 自我监控

10. 班杜拉描述了观察学习的具体过程,其包括( )等子过程。

A. 注意 B. 保持

C. 识别 D. 动机

三、填空题(本大题共15小题,每小题1分,共15分)

1. 根据《中国学生发展核心素养》,乐学善学、勤于反思、信息意识等基本要点属于自主发展中的________。

2. 根据《中华人民共和国义务教育法》的规定,地方各级人民政府应当保障适龄儿童、少年在户籍所在地学校________。

3. 班主任了解、研究学生的最基本方法是________。

4. 衡量学生品德水平的重要标志是________。

5. 教师是学校教育工作的主要实施者,其根本任务是________。

6. "学高为师,身正为范"体现了教师劳动的________特点。

7. 教师运用口头语言系统连贯地向学生传授知识、技能,发展学生智力的教学方法是________。

8. 《基础教育课程改革纲要(试行)》规定,从小学至高中设置________课程并作为必修课程。

9. 智育的根本任务是培育或发展学生的智慧,尤其是________。

10. ________是指过去经历过的事情在脑海中重新呈现出来的过程。

11. 兴趣对认知的推动作用体现了兴趣的________品质。

12. ________是指为了从问题的初始状态到达目标状态,而采取一系列具有目标指向性的认知操作的过程。

13. 布鲁纳认为学习包括获得、转化和________三个过程。

14. 皮亚杰采用________对儿童的道德判断发展进行了研究。

15. ________是以持久的心境低落为特征的神经症。

四、判断说理题(本大题共3小题,每小题5分,共15分)

1. 素质教育就是要学生什么都学,什么都学好。这种说法是否正确?请结合教育学的知识说明理由。

2. 学生是发展中的人,具有不成熟性,所以教师要容忍学生犯错误,不要惩罚学生。这种说法是否正确?请结合教育学的知识说明理由。

3. 刺激泛化和刺激分化是互补的过程,泛化是对事物差异性的反应,分化则是对事物相似性的反应。这种说法是否正确?请结合心理学的知识说明理由。

五、案例分析题(本大题共5小题,其中第1小题10分,第2小题12分,第3小题10分,第4小题7分,第5小题11分,共50分)

1. 某校初一学生张华平时学习懈怠,课堂自律能力差,经常干扰正常教学秩序,并有多次偷窃行为。班主任屡次教育不见成效,报请学校同意后,通知张华的家长,责令张华自动退学,否则将开除其学籍。在学校和班主任的不断施压下,其家长最终选择让张华自动退学。

依据相关教育法律法规,对学校及班主任的做法进行判断与分析,并据此给学校及班主任提出建议。(10分)

2. 符老师在某刊物上看到赵老师发表的一篇教育叙事。内容是赵老师班上的一名同学挪用班费"私吞公款"购买车模，赵老师将其带到办公室进行教育，最终学生承认了错误。赵老师并没有免除他的职务而是让他继续担任，这名同学对赵老师更加信服，赵老师说唯有信任，学生才能改变自我。符老师被赵老师的人文关怀感动，但是品学兼优的同学为什么会擅自动用班费？赵老师的"信任"教育是否成功？班级中如何避免此类事件再次发生？

(1)赵老师没有从根本上解决问题，你是否认同，为什么？(4分)

(2)结合班级管理的相关知识，你认为应如何解决符老师的疑问？(8分)

3. 班会上，有同学说："《西游记》里孙悟空的'顺风耳'就是现在的无线通信技术；'千里眼'就是现在的天文望远镜；'筋斗云'就是现在各式各样的飞行器。"有同学说："《海底两万里》中在海底行走的船就是现在的潜艇，古人的想象力真丰富！"有同学说："我们现在想到的某种物体或者某种可能性，现在看还只是幻想，几百年后说不定就变成现实了。爱因斯坦说过'想象力比知识本身更重要'，所以我们现在要大胆地想象，哪怕是幻想。"有同学说："想象固然与大胆敢想有关，但不能没有知识的积累。"

(1)什么是幻想？幻想与创造性活动有什么关系？(3分)

(2)什么是创造性想象，创造性想象产生的条件有哪些？(3分)

(3)结合上述案例，谈谈教学中应如何培养学生的创造性想象。(4分)

4. 在一个经典实验中，研究者将3～6岁的儿童分成三组，先让他们观看一组成年男子对充气玩偶进行攻击，如大声吼叫或拳打脚踢。然后，让第一组儿童看到成年男子攻击玩偶后受到另一成人的表扬和奖励；让第二组儿童看到成年男子攻击玩偶后受到另一成人的惩罚；第三组儿童则只看到成年男子攻击玩偶。之后，研究者把这些儿童一个个单独领到一个房间里去。房间里放着各种玩具，其中包括玩偶。通过对儿童的行为观察表明，第一组儿童产生较多的攻击性行为，第二组则比第三组表现出更少的攻击性行为。

请运用班杜拉的社会学习理论对该实验进行分析。(7分)

5. 期中考试后，数学老师让同学们对考试成绩进行自我分析，总结经验教训。小雅说："一分耕耘，一分收获，学习之路没有捷径可走。"小斌说："我缺少数学细胞，能力不够。"小辉说："试题太难了，平时的练习都没有考到。"中学生对学习成败采用不同的归因方式，会影响他们的情绪和学习行为。

如果你是这位数学老师，你应该如何合理地引导学生反思总结成绩的原因？(11分)

福建省教师招聘考试教育综合预测试卷(十六)

(满分150分　时间120分钟)

本套试卷共58小题,分为两部分:第一部分客观题,包括单项选择题(25小题)、多项选择题(10小题)、填空题(15小题);第二部分主观题,包括判断说理题(3小题)、案例分析题(5小题)。

一、单项选择题(在下列每题四个选项中只有一个是符合题意的,将其选出并把它的标号写在题后的括号内。本大题共25小题,每小题2分,共50分)

1. 2023年3月13日,第十四届全国人民代表大会通过了关于修改(　　)的决定。

A.《中华人民共和国立法法》　　B.《中华人民共和国教育法》

C.《中华人民共和国家庭教育法》　　D.《中华人民共和国反外国制裁法》

2. 2022年5月7日,全国学科教育联盟在(　　)成立。联盟覆盖语文、数学、英语、物理、历史、生物学、化学、思想政治、地理、音乐、美术、体育与健康、信息技术、心理健康、生涯规划15个学科。

A. 重庆　　B. 上海　　C. 北京　　D. 广州

3. 某小学建校50周年时制作了一批纪念品,并要求学生购买。依据我国《义务教育法》的规定,应该由县教育局对学校做出的处罚是(　　)

A. 责令退还所收费用　　B. 责令限期改正

C. 给予通报批评,没收违法所得　　D. 给予通报批评,责令限期改正

4. 下列开拆、查阅未成年人的信件、日记、电子邮件或者其他网络通讯内容的情形中,违反我国《未成年人保护法》相关规定的是(　　)

A. 因国家安全或者追查刑事犯罪依法进行检查

B. 无民事行为能力未成年人的父母或者其他监护人代未成年人开拆、查阅

C. 紧急情况下为了保护未成年人本人的人身安全

D. 完全民事行为能力未成年人父母因顾虑未成年人的异性交往问题

5.《深化新时代教育评价改革总体方案》要求,在教育评价改革中,要坚持把师德师风作为第一标准,健全________制度,建立________制度,对出现严重师德师风问题的教师,探索实施________制度。(　　)

A. 教师荣誉　师德失范行为通报警示　教育全行业禁入

B. 师德评价　教师资格准入　通报警示

C. 教师荣誉　师德评价　　　　　　　教育全行业禁入

D. 教师资格准入　教师荣誉　　　　　通报警示

6. 小刚七岁了，到了该入学的年龄，但因对学校教育不满意，小刚父母联络了几位家长，请了家庭教师在家进行授课。对于小刚父母的做法，下列说法正确的是(　　)

A. 小刚父母应当向当地教育部门审批备案

B. 小刚父母的做法是自觉自愿的，谁也无权干涉

C. 当地教育行政部门应该责令小刚父母进行改正

D. 小刚父母应该受到法律制裁

7. 苏联教育家马卡连柯说："要尽量多地要求一个人，也要尽可能地尊重一个人。"这句话体现的德育原则是(　　)

A. 理论与实际相结合的原则　　　　B. 正面教育与纪律约束相结合的原则

C. 集体教育与个别教育相结合的原则　　D. 严格要求与尊重信任相结合的原则

8. 对一切教育活动均有指导意义的是(　　)

A. 教育制度　　　　B. 教育内容

C. 教育方法　　　　D. 教育目的

9. 我国颁布的第一个现代学制是(　　)

A. 壬寅学制　　　　B. 癸卯学制

C. 壬戌学制　　　　D. 壬子癸丑学制

10. 小学科学课上，教师给学生演示如何通过显微镜观察植物的内部结构，获得有关植物的知识。这种教学方法属于(　　)

A. 演示法　　　　B. 实验法

C. 参观法　　　　D. 实习作业法

11. 班主任周老师为学生建立"成长档案"，记录学生成长的足迹，并给予学生成长正反馈。这表明周老师具备新课程倡导的哪一学生观(　　)

A. 学生是独特的人　　　　B. 学生是发展中的人

C. 学生是学习的主体　　　　D. 学生是责权主体

12. "当其可之谓时，时过然后学，则勤苦而难成"，这表明教育工作要抓住人的身心发展的(　　)

A. 关键期　　B. 加速期　　C. 稳定期　　D. 高原期

13. 关于班级，下列说法不正确的是(　　)

A. 学生从事集体活动、结交好友的场所

B. 学校进行教育教学工作的基本单位

C. 按照一定年龄、学业程度、师生比例分编而成的相对稳定的学生群体

D. 最早提出“班级”一词的是捷克教育家夸美纽斯

14. 教师知识结构的核心是(　　)

A. 精深的学科专业知识　　B. 必备的教育科学知识

C. 政治理论修养　　D. 丰富的实践知识

15. 编写教科书和教师进行教学的直接依据是(　　)

A. 教材　　B. 课程标准

C. 课程结构　　D. 课程计划

16. 我国教育目的的根本性质是(　　)

A. 培养劳动者　　B. 为人民服务

C. 坚持社会主义方向　　D. 培养全面发展的人

17. 在填报高考志愿时,学生想报自己喜欢的专业,但离家较远,想在自己家乡读书却没有自己喜欢的专业,体现的心理冲突是(　　)

A. 双趋冲突　　B. 双避冲突

C. 趋避冲突　　D. 多重趋避冲突

18. 二年级学生测试,老师用一年级的测试题,该测验对于二年级的学生来说(　　)低。

A. 信度　　B. 效度　　C. 难度系数　　D. 平均得分

19. 构造主义心理学派的代表人物是(　　)

A. 冯特　　B. 杜威

C. 华生　　D. 奈塞尔

20. 下列哪项属于有意义的接受学习(　　)

A. 学生兴趣盎然地听科普讲座　　B. 学生用谐音法记忆单词

C. 科学家探索新材料　　D. 玩走迷宫游戏

21. 辨别汉字的偏旁部首和结构,其知觉类型是(　　)

A. 空间知觉　　B. 时间知觉

C. 运动知觉　　D. 错觉

22. 如果两种学习活动中含有共同成分,就会有迁移现象的发生,这种观点属于(　　)

A. 形式训练说　　B. 相同要素说

C. 经验类化说　　D. 关系转换说

23. 能够解释“舌尖现象”的理论是(　　)

A. 提取失败说　　B. 经验干扰说

C. 动机压抑说　　D. 痕迹衰退说

24. 在感觉记忆中,信息的编码方式是(　　)

A. 语义编码　　B. 听觉编码

C. 图像记忆和声像记忆　　D. 图式

25. 学生先知道“梧桐”“白杨”等概念,然后学习“树”的概念,明白“树”是各种树木的总括概念。这属于(　　)

A. 下位学习　　B. 上位学习　　C. 并列学习　　D. 组合学习

二、多项选择题(在下列每题四个选项中有两个或两个以上是符合题意的,将其选出并把它的标号写在题后的括号内,错选、多选、漏选均不得分。本大题共10小题,每小题2分,共20分)

1.《中共中央 国务院关于深化教育教学改革全面提高义务教育质量的意见》对“促进信息技术与教育教学融合应用”做了规定,提出要(　　)

A. 提升教师教学水平　　B. 推进“教育+互联网”发展

C. 加快数字校园建设　　D. 加强信息化终端设备及软件管理

2. 下列能体现个体身心发展具有互补性的是(　　)

A. 盲人一般听觉灵敏

B. 聪明的儿童常常学习不努力

C. 意志坚强的人能战胜身体残缺带来的困难

D. 失去双手的人能用嘴写字

3. 操行评定的一般步骤包括(　　)

A. 学生自评　　B. 小组评议　　C. 班主任评价　　D. 信息反馈

4. 从课程设计、开发、管理主体或管理层次来分,可将课程划分为(　　)

A. 国家课程　　B. 地方课程

C. 学科课程　　D. 校本课程

5. 红星小学的李老师在五(3)班讲授《找出数列的排列规律》时,他先选出六位同学,其中一名同学带上红帽子,六位同学同时在讲台上做“萝卜蹲”的游戏。李老师让台下同学记下戴帽子同学在10轮游戏中下蹲的次数,然后引入数列规律的学习内容。这一教学活动体现的教学原则主要有(　　)

A. 直观性原则　　B. 巩固性原则

C. 量力性原则　　D. 理论联系实际原则

6. 关于注意规律，说法正确的是（　　）

A. 老师突然中断讲课，为引起分心学生的无意注意

B. 老师板书时用彩色粉笔，为了清晰醒目、突出重点，引起学生无意注意

C. 学生的间接兴趣越稳定，就越能对活动的对象产生有意注意

D. 让学生凭借无意注意来学习，利于克服学习中的困难

7. 中枢神经系统包括（　　）

A. 脑　　B. 脑神经

C. 植物性神经　　D. 脊髓

8. 影响品德形成和发展的外部条件有（　　）

A. 认知失调　　B. 社会风气

C. 同伴群体　　D. 家庭教养方式

9. 按照加涅的学习水平分类，下列选项中复杂程度比辨别学习高的包括（　　）

A. 连锁学习　　B. 言语联结学习

C. 概念学习　　D. 规则或原理学习

10. 下列属于行为改变的基本方法的有（　　）

A. 系统脱敏法　　B. 强化法

C. 认知调节法　　D. 惩罚法

三、填空题（本大题共15小题，每小题1分，共15分）

1.《中华人民共和国教育法》规定，国家保障教育事业________发展。

2. 在《小学教师专业标准（试行）》中，反思与发展属于________维度的内容。

3. 根据《中小学教师违反职业道德行为处理办法》，教师在被处以降低岗位等级或撤职处分的期限为________个月。

4. “五经”是《诗经》《尚书》________《周易》和《春秋》五本儒家经典的合称。

5. 我国现行的学制是________。

6. 美育最高层次的任务是形成________的能力。

7. “教育不应再限于学校的围墙之内”是________教育的理想。

8. 通过制定和执行规章制度来管理班级的管理模式是________。

9. 把大班教学、小班研究和个别教学三种教学形式结合起来的教学组织形式是________。

10. 正式群体的发展要经历松散群体、联合群体和________三个阶段。

11. 幻想分为________、理想、空想三种形式。

12. 学习的信息加工模式说明，学习是________之间相互作用的结果。

13. 皮亚杰的理论核心是________。

14. 心理学家________提出把学习过程分为八个阶段，即动机阶段、领会阶段、获得阶段、保持阶段、回忆阶段、概括阶段、操作阶段、反馈阶段。

15. ________原理是指用高频活动作为低频活动的有效强化物。

四、判断说理题（本大题共3小题，每小题5分，共15分）

1. 评定学生学业成绩只能通过考试来进行。这种说法是否正确？请结合教育学的知识说明理由。

2. 负迁移就是逆向迁移。这种说法是否正确？请结合心理学的知识说明理由。

3. 问题解决不受情绪影响。这种说法是否正确？请结合心理学的知识说明理由。

五、案例分析题（本大题共5小题，其中第1小题10分，第2小题12分，第3小题10分，第4小题7分，第5小题11分，共50分）

1. 某校化学教师赵某参加了县教育学会组织的为期一天的学术研讨会，事先未向学校请假，也没有和教同班课程的其他教师调课，致使他所任教的两个班各有一节化学课没有上。学校将赵某的缺课按旷工处理，并按照学校的有关规定，扣发其当日的工资和当月的全勤奖，并在全校职工大会上对其提出批评。教师赵某对学校作出的处理决定不服，于是向学校的主管部门提出了申诉。其申诉理由是依据《中华人民共和国教师法》第七条规定，教师享有“从事科学研究、学术交流，参加专业的学术团体，在学术活动中充分发表意见”的权利。要求学校返还扣发的工资和奖金，在全校职工大会上取消对其所做的批评。

试用《中华人民共和国教师法》的相关规定分析学校和教师赵某谁做得对。（10分）

2. 某教师在教文言文《强项令》时，提了一个问题：“课文题目中的‘强项’是什么意思？”学生根据课文的注释，马上回答是“硬脖子”的意思。为了让学生对比古今词义的区别，教师又追问：“‘强项’在现代汉语中是什么意思？”这个问题一下子把学生问懵了，课堂上出现了“冷场”的局面，教师接连问了几个学生都没有答出来。课后，教师进行了认真的教学反思。第二天给另一个班上课时，该教师及时改变了提问策略。在学生找出“强项”在课文中的意思之后，教师请学生们思考：“请问你们都有什么强项？”一个学生答道：“我的强项是打乒乓球。”教师接着问：“那么，你所用的‘强项’是什么意思呢？”学生想了想说：“是‘长处’的意思。”于是，教师再次请大家思考：“‘强项’在古代汉语和现代汉语中的词义有什么差别？”学生们纷纷举手并给出正确的答案。

请运用相关教学理论对此案例进行分析评价。（12分）

3. 今天是林老师第一次上公开课，她穿着漂亮、艳丽的新衣服来到教室，用早已准备好的彩色粉笔把黑板边缘装饰得格外醒目。开始上课了，林老师显得镇定自若，她先宣布了期中考试的成绩，并鼓励大家再接再厉。在正式讲课中，林老师言语平静、流畅，由于准备的内容十分丰富，她便加快了讲课的速度。正当林老师专心致志地讲课时，偶然发现有个别同学在开小差，她立即点名批评，制止了这种不良行为，然后继续上课。一节课很快过去了，林老师从容地走出了教室。

(1)试述教学中应如何运用无意注意规律，提高教学效果。(5分)

(2)请运用所学的无意注意规律阐述林老师的哪些做法欠妥。(5分)

4. 刚上一年级的小刚，在超市拿起话梅就吃，被同学告诉老师。

老师找到小刚，问他为什么吃话梅。

小刚说："在家就是拿起来就吃。"

老师说："你家的话梅是从哪儿来的？"

小刚说："妈妈买的。"

老师说："妈妈怎么买的？"

小刚说："用钱买的。"

老师说："钱是怎么来的？"

小刚说："妈妈用劳动换来的。"

老师说："所以是妈妈用劳动换来钱，然后才能买话梅来给你吃。你没有给人家钱，是不能吃别人的话梅的！"

小刚说："我知道了，老师。那人家说我是小偷，老师，我是吗？"

老师说："小刚不是，小刚是还没分清在家和在外面有什么区别。"

师生的对话直接改变了什么？对小刚的品德形成有什么意义？(7分)

5. 从接管这个班开始，我就发现小苏不是很听话。第一次上英语课时，为了能引起学生的兴趣，我做了精心的准备，本想这样的课上起来，学生肯定会很喜欢。可正当我和其他学生兴趣十足地讨论问题时，小苏居然无视我的存在，随意站起来，离开座位走动，还乱动同学的东西，找别人讲话，别人不与他搭话时还大打出手。此时我十分生气，毕竟这是我在这个班上的第一堂课，要是不制止他的行为，那以后的课堂还不知道会怎样。于是我把他“请”出了教室，但突然他好像意识到了什么一样，扑通一声坐回到了位置上，还用无辜的眼神看着我。此时，为了不耽误其他学生上课，我也只好假装什么也没发生，压住心头的怒火继续上课。课后我及时从学生、各科任老师以及其爷爷奶奶那里了解到一些情况，知道了其实他是因为缺少关爱，想通过破坏课堂纪律的方式来引起教师和同学们的注意。他长期受人歧视，遭人嫌弃，这就更需要教师用真情去感化他。后来我让他担任英语小组长，还经常表扬鼓励他，督促他学习，经常抽出课余时间给他补课。由于小苏就住在学校附近，我经常利用空闲时间到他家进行家访，了解相关情况。功夫不负有心人，现在小苏学习态度端正多了，虽然上课偶尔会开小差，但大部分时间能认真听讲，发言也较以往积极，而且也能及时完成作业，学习成绩也在稳步提高。看到他的进步，老师、同学都很欣慰，对他的看法也在不断改观。

请从学生观的角度评析案例中教师的行为。(11分)

福建省教师招聘考试教育综合预测试卷(十七)

(满分150分　时间120分钟)

本套试卷共57小题,分为两部分:第一部分客观题,包括单项选择题(25小题)、多项选择题(10小题)、填空题(15小题);第二部分主观题,包括判断说理题(3小题)、案例分析题(4小题)。

一、单项选择题(在下列每题四个选项中只有一个是符合题意的,将其选出并把它的标号写在题后的括号内。本大题共25小题,每小题2分,共50分)

1. 2022年2月4日晚,举世瞩目的北京(　　)冬季奥林匹克运动会开幕式在国家体育场隆重举行。

A. 第二十届　　B. 第二十二届

C. 第二十四届　　D. 第二十五届

2. 2023年2月3日,我国首条跨海高铁(　　)进入静态验收阶段。

A. 京台高铁　　B. 福厦高铁

C. 漳汕高铁　　D. 莱荣高铁

3. 根据《中华人民共和国教师法》的规定,中小学教师和职业学校教师享受(　　)

A. 公务员同等待遇　　B. 教龄津贴和其他津贴

C. 职务津贴和教龄津贴　　D. 职级津贴和绩效津贴

4. 我国《义务教育法》规定,对未完成义务教育的未成年犯和被采取强制性教育措施的未成年人应当进行义务教育,所需经费由(　　)予以保障。

A. 人民政府　　B. 所在学校

C. 当地行政部门　　D. 未成年人的法定监护人

5. 我国中小学开设的语、数、英等课程属于(　　)

A. 活动课程　　B. 潜在课程

C. 综合课程　　D. 学科课程

6. 把两个或两个以上不同年级的儿童编在一个教室里,由一位教师在同一堂课内分别对不同年级的学生进行教学的组织形式称为(　　)

A. 道尔顿制　　B. 设计教学法

C. 分组教学　　D. 复式教学

7. 孟子说:“人性本善,万物皆备于我。”这句话反映的个体身心发展的动因理论是(　　)

A. 外铄论　　B. 内发论

C. 多因素论　　D. 内外因交互作用论

8. 墨子认为:“国有贤良之士众,则国家之治厚;贤良之士寡,则国家之治薄。”这一思想体现的是教育的(　　)功能。

A. 政治　　B. 经济　　C. 文化　　D. 人口

9. 下列哪项观点体现了素质教育的理念(　　)

A. 不要“尖子生”

B. 为减轻负担,不给学生留作业

C. 不要考试,尤其是百分制考试

D. 教育应该使学生主动、生动、愉快地发展

10. 教师通过捕捉教育情境的细微变化,积极主动采取应变措施,化不利因素为有利条件,保证教育活动顺利开展。这句话体现了教师劳动的(　　)

A. 复杂性　　B. 创造性　　C. 示范性　　D. 长期性

11. 著名生态学家、生物学家劳伦兹发现,刚出生的小鸭子会发生“印刻”现象,即模仿第一眼看到的动物并向其学习。这一观点支持了教育的(　　)

A. 神话起源说　　B. 生物起源说

C. 劳动起源说　　D. 心理起源说

12. “国家的教育制度只有一个目标,那就是造就公民。”这种教育目的观属于(　　)

A. 个人本位论　　B. 社会本位论

C. 生活本位论　　D. 知识本位论

13. 英国政府1870年颁布的《初等教育法》中,一方面保持原有的专为资产阶级子女服务的学校系统,另一方面为劳动人民的子女设立国民小学、职业学校。这种学制属于(　　)

A. 双轨学制　　B. 单轨学制

C. 中间型学制　　D. 分支型学制

14. “眉头一皱,计上心来”说明个体在思维的(　　)上表现较好。

A. 广阔性　　B. 深刻性

C. 敏捷性　　D. 灵活性

15. 人们对苹果的色、香、味等多种个别属性的信息进行综合,加上经验的参与就

形成了“苹果”的整体映像。这种信息整合的过程是(　　)

A. 注意　　B. 知觉　　C. 记忆　　D. 概括

16. 学习迁移产生的客观必要条件是(　　)

A. 学生的智力水平　　B. 学习的理解和巩固程度

C. 学习对象之间的共同因素　　D. 学习的方法

17. 教学反思是教师成长与发展的途径之一。下列选项中不属于布鲁巴奇等人提出的反思方法的是(　　)

A. 理性思考　　B. 详细描述

C. 交流讨论　　D. 行动研究

18. 美国教育心理学家布鲁纳主张教学的最终目标是(　　)

A. 促进学生理解学科的基本结构　　B. 促进学生提高学业成绩和技能

C. 促进学生理解和掌握新知识　　D. 促进教师进行更优的教学设计

19. (　　)是教学内容的载体,是教学内容的表现形式,是师生之间传递信息的工具。

A. 教学内容　　B. 教学媒体　　C. 教学环境　　D. 教学过程

20. 教师在处理课堂中的问题行为时,常使用目光接触、手势、身体靠近和触摸等策略来消除学生的不良行为,该老师使用的策略属于(　　)

A. 应用后果　　B. 言语提示

C. 反复提示　　D. 非言语线索

21. 某学生在制定学习目标后,容易发生动摇,随意更改目标和行动方向,这山望着那山高,庸庸碌碌。该学生主要缺乏的意志品质是(　　)

A. 自觉性　　B. 自制性　　C. 坚持性　　D. 创造性

22. 小飞只要一想起岳飞、文天祥等英雄人物时,就会产生一种对高风亮节、坚贞不屈等行为的敬仰之情。这属于品德心理结构中的(　　)

A. 道德认知　　B. 道德情感

C. 道德意志　　D. 道德行为

23. 按照埃里克森的人格发展阶段理论,(　　)阶段是个体培养勤奋感的时期。

A. 高中　　B. 初中　　C. 幼儿园　　D. 小学

24. 个体在调节自己的心理活动时所表现出的心理特征,如自觉性、果断性等属于性格的(　　)

A. 意志特征　　B. 理智特征

C. 情绪特征　　D. 态度特征

25. 学习质量与能量、遗传与变异、需求与价格等概念之间的关系属于(　　)

A. 接受学习　　B. 符号学习　　C. 并列结合学习　　D. 命题学习

二、多项选择题(在下列每题四个选项中有两个或两个以上是符合题意的,将其选出并把它的标号写在题后的括号内,错选、多选、漏选均不得分。本大题共10小题,每小题2分,共20分)

1. 准则是教师职业行为的基本规范。制定教师职业行为准则,明确新时代教师职业规范,是对广大教师的警示提醒和严管厚爱,是深化师德师风建设,造就政治素质过硬,业务能力精湛、育人水平高超的高素质教师队伍的关键之举。下列选项中,属于《新时代中小学教师职业行为十项准则》要求的有(　　)

A. 坚定政治方向、自觉爱国守法　　B. 传播优秀文化、潜心教书育人

C. 践行低碳生活、绿色文明上网　　D. 坚守廉洁自律、规范从教行为

2. 教师是履行教育教学职责的专业人员,承担教书育人,培养社会主义事业建设者和接班人,提高民族素质的使命。根据我国《教师法》的规定,下列情形属于行使教师权利的有(　　)

A. 胡老师认真评定学生的期末考试成绩

B. 朱老师关心爱护班级所有的学生

C. 吴老师主动提高自己的教学业务水平

D. 秦老师收到学校发的工资汇款

3. 关于德育过程,以下表述不准确的是(　　)

A. 德育过程开始于道德认知　　B. 德育过程开始于道德情感

C. 德育过程开始于道德意志　　D. 德育过程具有多种开端

4. 教育科学研究的过程包括(　　)

A. 选择研究课题　　B. 查阅文献资料

C. 形成研究报告　　D. 收集、整理、分析资料

5. 德育的基本任务包括(　　)

A. 培养学生良好的道德品质　　B. 培养学生正确的政治方向

C. 培养学生正确的价值观　　D. 培养学生良好的思想品德能力

6. 下列关于古代教育的说法,错误的是(　　)

A. 出现了学校教育

B. 打破了阶级性和等级性

C. 教育与生产劳动相融合

D. 教育具有道统性、专制性、刻板性、象征性等特征

7. 三国时期，诸葛亮在《诫子书》中提到“才须学也，非学无以广才，非志无以成学”，这里所提到的影响人的发展的因素有(　　)

A. 遗传　　B. 教育

C. 环境　　D. 个体主观能动性

8. 下列活动属于第一信号系统的是(　　)

A. 望梅生津　　B. 谈虎色变

C. 飞蛾扑火　　D. 鹦鹉学舌

9. 以下属于加德纳的多元智力理论的内容的是(　　)

A. 言语智力　　B. 人际智力　　C. 自知智力　　D. 流体智力

10. 操作技能是指通过学习而形成的合乎法则的操作活动方式。下列属于操作技能的有(　　)

A. 吹拉弹唱　　B. 篮球技术　　C. 阅读技能　　D. 运算技能

三、填空题(本大题共15小题，每小题1分，共15分)

1.《中华人民共和国教育法》颁布于________年。

2.《关于进一步减轻义务教育阶段学生作业负担和校外培训负担的意见》中规定，线上培训要注重保护学生视力，每课时不超过________分钟，课程间隔不少于10分钟。

3.“教学有法，教无定法”是对教师劳动________的最好注脚。

4.“水涨船高”属于________评价。

5. 教师备课要做好三方面的工作，分别是________、________和设计教法。

6. 对于学生而言，新课程强调要建立促进学生________的评价体系。

7.“一把钥匙开一把锁”反映了德育的________原则。

8. 英国教育家洛克的代表作是________。

9. 有目的、有计划地通过感官和辅助仪器，对处于自然状态下的客观事物进行系统考察的方法是________。

10. ________是指个体以自己的意愿为出发点，以极端的要求衡量一切事物。

11. 注意的功能表现为________、保持功能、调节和监督功能。

12. ________是个体道德认知的外在表现，是实现道德动机的手段。

13. 在有意义学习中，________是最重要而且稳定的动机。

14. 课堂里某种占优势地位的态度和情感的综合状态被称为________。

15. 思维的________和________是思维品质的中心环节，是所有思维品质的集中体现。

四、判断说理题（本大题共3小题，其中第1小题7分，第2小题7分，第3小题6分，共20分）

1. 学校教育对学生的身心发展具有主导作用，家庭教育和社会教育对学生的影响不大，因此，可以忽略家庭教育和社会教育。这种说法是否正确？请结合教育学的知识说明理由。

2. 学习动机越强，个体的学习效果一定越好。这种说法是否正确？请结合心理学的知识说明理由。

3. 一般而言，分散复习的效果优于集中复习。这种说法是否正确？请结合心理学的知识说明理由。

五、案例分析题（本大题共4小题，其中第1小题12分，第2小题16分，第3小题5分，第4小题12分，共45分）

1. 某校因为师资紧张，就聘用了某名牌大学应届毕业生小李，小李到岗后担任四年级某班班主任，班上的小明因为个头矮、口吃，被同学排挤、歧视。同学经常不让小明吃早餐，把他的书藏在别处，给他取侮辱性的绰号，小李得知之后却漠不关心，并未进行干预。一次，小明的雨伞被同学抢走，他冒雨回家导致感冒发烧引发严重肺炎，其父愤怒地冲到学校，和小李产生了激烈的肢体冲突，辱骂并威胁小李。在校长调解的过程中，小明父亲质疑小李老师的业务水平，此时大家才发现小李并未取得教师资格证。

根据《中华人民共和国教师法》分析上述案例中的违法行为。(12分)

2. 高三(5)班的班主任杨老师有一次发现不少男生头发很长。身为高三毕业班的班主任,杨老师没有简单、粗暴地见错就批。过去遇到这种情况时,他常常是当面指出,但效果往往不佳。现在,杨老师琢磨用什么办法劝告他们,帮助他们真正从思想上提高认识。终于,杨老师想出了一种合适而又有效的方法。

一天中午,杨老师特意去了理发店,把自己不长的头发又精心地理了一次。下午上课前,杨老师不露声色地来到班里,召集全班同学开了个五分钟的交流会。杨老师首先说:"看谁最先发现班中有哪些新变化?包括我和你们。"当小明发现并说出老师理发了,杨老师话锋一转:"现在,我很想知道老师理发之后你们的感觉怎样?这样好吗?"于是杨老师听到了一片赞扬声。最后杨老师说:"有位名家说得好:'真心诚意地赞美别人一句,就能让人多活20分钟!'因此,我感谢同学们今天对我真心诚意地夸奖!"5分钟交流会在愉快的氛围中结束了。杨老师没点任何一个留长发的男生的姓名。第二天,杨老师再去上课时,欣喜地发现那几个男生的长发变短了,有的还剪成了小平头。

杨老师既不点名批评又能纠错的这样一个高招包含了哪些德育方法?(16分)

3. 有关研究表明:在学习英语的过程中,词汇量的多少会明显影响到阅读能力的高低。但是当掌握的词汇量达到3500~4500的时候,就会出现约8个月左右的滞留时间;达到6500~7500的时候,就会出现约12个月左右的滞留时间;当词汇量达到了9500~10500的时候,平均滞留时间约18个月。也有人曾经研究收发电报中动作技能的进步,结果发现,在收发电报练习的15~28天之间,成绩一度停顿下来,虽有练习,但成绩却不见提高甚至还有所下滑。

请运用心理学的知识对该案例进行分析。(5分)

4. 张子琪的英语似乎都没考及格过。为了让她能考个好高中，张父费功夫给她找了一位经验丰富的辅导老师。

张子琪见到辅导老师时说，她一点也不喜欢英语课，老师教得不好，她很讨厌英语老师的教学方法，所以基本放弃了英语课，理所当然考不及格。

在以后几周的辅导中，辅导老师总是鼓励张子琪自己多思考、多开口，而不是等着老师帮助，逐渐培养她对学好英语的信心；同时，辅导老师还教她理解运用各种词汇、句子、语法，甚至经常引用英文电影中的经典对白来强化记忆和应用。张子琪慢慢感受到英语语言的魅力，学习也在进步，并意识到通过自己的努力，学好英语不是难事。张子琪享受到了英语成绩进步带来的喜悦，并懂得了使用学习策略的重要性。张子琪明白了，无论是否喜欢英语老师，上课学习都是自己的事。并且现在上课她都能听懂，而且主动发言、提问，英语老师也经常用惊喜的眼神关注她了。

随着英语成绩的好转和大幅的提高，张子琪的信心越来越高，考及格已经不再是目标了，她感觉英语完全能成为她的强项。她不但课堂上用心听讲、做笔记，课下更积极主动地练习，还经常去公园里的"英语角"主动和外国人交流，看英文版的电影更是成了她的爱好。

(1)张子琪原来的想法对她的课堂行为及考试成绩有什么影响?(4分)

(2)张子琪后来对英语取得好成绩的归因有哪些?(4分)

(3)张子琪的观念改变是如何影响她的学习策略的?(4分)

福建省教师招聘考试教育综合预测试卷(十八)

(满分150分　时间120分钟)

本套试卷共51小题,分为两部分:第一部分客观题,包括单项选择题(25小题)、判断选择题(15小题);第二部分主观题,包括名词解释(2小题)、简答题(3小题)、论述题(2小题)、案例分析题(4小题)。

一、单项选择题(在下列每题四个选项中只有一个是符合题意的,将其选出并把它的标号写在题后的括号内。本大题共25小题,每小题2分,共50分)

1. 2023年3月10日,中华人民共和国、沙特阿拉伯王国、伊朗伊斯兰共和国三方在(　　)发表联合声明,表示愿尽一切努力,加强国际地区和平与安全。

A. 迪拜　　B. 北京　　C. 德黑兰　　D. 莫斯科

2. 2023年4月26日是第(　　)个世界知识产权日。4月20日至26日是全国知识产权宣传周。今年宣传周活动的主题是“女性和知识产权:加速创新创造”。

A. 20　　B. 21　　C. 22　　D. 23

3. 根据我国《未成年人保护法》,下列说法错误的是(　　)

A. 未成年人是未满十八周岁的公民

B. 学校应当建立未成年学生保护工作制度

C. 未满十六周岁的未成年人可以脱离监护人单独生活

D. 保护未成年人,应当坚持最有利于未成年人的原则

4. 根据《中华人民共和国教育法》的规定,学校及其他教育机构中的教学辅助人员和其他专业技术人员,实行(　　)

A. 教育职员制度　　B. 专业技术职员制度

C. 教育技术职务聘任制度　　D. 专业技术职务聘任制度

5. 教师在教育教学中应当(　　)对待学生,关注学生的个体差异,因材施教,促进学生的充分发展。

A. 耐心　　B. 个性　　C. 分层次　　D. 平等

6. 小学生林某某因病需休学一年,学生家长应向(　　)提出申请。

A. 班主任

B. 地级市教育局

C. 当地乡镇人民政府或县级人民政府教育行政部门

D. 县级或地级市人民政府

7. 我国普通高中的毕业会考属于(　　)

A. 相对性评价　　B. 绝对性评价

C. 社会评价　　D. 个体内差异评价

8. 这次小明数学没有考好,课上情绪特别低落,下课后,数学老师向家长说明了这个情况。这反映了教师劳动的(　　)

A. 长期性　　B. 复杂性　　C. 广延性　　D. 间接性

9. 小周的家乡为某小县城,他在北京的某一流大学完成了本科、硕士、博士阶段的学业后,选择留在北京工作。这体现了教育在(　　)方面的作用。

A. 减少人口数量,控制人口增长　　B. 提高人口素质,改变人口质量

C. 促进人口结构趋向合理化　　D. 促进人口迁移

10. 素质教育的时代特征是(　　)

A. 促进学生的全面发展　　B. 培养学生的创新精神和实践能力

C. 促进学生的个性发展　　D. 面向全体学生

11. 下面对教育的理解,正确的是(　　)

A. 教育就是指学校教育

B. 教育是指个体学习和发展的过程

C. 教育对社会和个体发展的影响总是好的

D. 教育是在一定社会背景下发生的促进个体社会化和社会个性化的实践活动

12. 课堂上,李老师向同学们强调:"同学们,我们都知道中国是礼仪之邦,崇德尚礼是中华民族的优良传统。我们不仅仅要知道这些礼仪,更重要的是在生活当中积极践行这些传统礼仪。"这主要体现了德育原则中的(　　)原则。

A. 因材施教　　B. 知行统一

C. 导向性　　D. 正面教育

13. 班级管理模式中的"目标管理"是由(　　)提出的。

A. 马卡连柯　　B. 德鲁克　　C. 皮亚杰　　D. 夸美纽斯

14. "种瓜得瓜,种豆得豆"强调的是(　　)因素对人的发展的影响。

A. 遗传　　B. 环境

C. 教育　　D. 个体主观能动性

15.《学记》中指出,"独学而无友,则孤陋而寡闻""相观而善,相互切磋"。这就启示我们在教学中要注意运用(　　)

A. 谈话法　　B. 讨论法　　C. 参观法　　D. 练习法

16. 蒸汽机时代要求工人具有初等教育的文化水平，电气生产时代要求工人具有中等教育的文化水平，自动化时代要求工人具有高中和高等专科以上的文化水平。这说明影响人才培养规格的因素是(　　)

A. 生产力　　B. 生产关系

C. 上层建筑　　D. 政治经济制度

17. 小学三(1)班班主任李老师用了一支比较别致的笔，不久全班多数同学也用上了和李老师一样的笔。这说明小学生具有(　　)

A. 依赖性　　B. 向师性　　C. 接受性　　D. 可塑性

18. 中学生小王认为节约资源、保护环境是每个人应尽的责任与义务，小王的道德判断处于(　　)取向阶段。

A. 惩罚与服从　　B. 相对功利　　C. 寻求认可　　D. 社会契约

19. 同样一个灰色矩形，放在白色背景上看上去暗淡些，放在黑色背景上看上去明亮些。同一张灰色小方纸，放在蓝色背景上显得发黄，放在红色背景上显得发青。这种现象是(　　)

A. 感觉适应　　B. 视觉适应

C. 同时对比　　D. 继时对比

20. 在思维训练课中，老师让学生列举长尾夹的用途，小芳只想到了长尾夹可以用来夹文件，却怎么也想不到长尾夹还可以做临时手机支架、夹牙膏、收纳数据线等。这种现象属于(　　)

A. 经验积累　　B. 酝酿效应　　C. 思维定势　　D. 功能固着

21. 人们常说："三岁看大，七岁看老。"这句话反映出人格的(　　)

A. 社会性　　B. 稳定性　　C. 整体性　　D. 独特性

22. 分配学生座位时，最值得教师关心的是(　　)

A. 对课堂纪律的影响　　B. 学生的听课效果

C. 后进生的感受　　D. 对人际关系的影响

23. 高一学生张华每周都对自己的学习情况做出小结，分析自己在学习上取得的进步，找出自己的薄弱环节。他的这种行为属于(　　)

A. 自我认识　　B. 自我信任

C. 自我体验　　D. 自我监控

24. (　　)学生自然科学成绩差，社会科学成绩好，注重学习环境的社会性，学习欠主动，由外在动机支配。

A. 辐合型　　B. 外倾型　　C. 场独立型　　D. 场依存型

25. 一位教师在教学过程中尊重学生的兴趣、需要和价值，从学生实际出发，以学生为中心，他这种观点属于( )

A. 精神分析学派　　B. 行为主义

C. 认知主义　　D. 人本主义

二、判断选择题(本大题共15小题，每小题1分，共15分)

1. 各级师范学校毕业生，应当按照国家有关规定从事教育教学工作。非师范高等学校毕业生不得到中小学或者职业学校任教。 ( )

A. 正确　　B. 错误

2. 学生发展核心素养主要指学生应具备的，能够适应终身发展和社会发展需要的基本品格和能力。 ( )

A. 正确　　B. 错误

3. 教育对外交流与合作应坚持独立自主、平等互利、相互尊重的原则。 ( )

A. 正确　　B. 错误

4. 赫尔巴特等人将儿童的发展看作是一种自然过程，主张教师不要过多干预儿童的发展。 ( )

A. 正确　　B. 错误

5. 墨子提出的"染于苍则苍，染于黄则黄"体现了环境对人的发展的重要作用。 ( )

A. 正确　　B. 错误

6. 素质教育是对特定阶段、特定学校提出的要求。 ( )

A. 正确　　B. 错误

7. "活动课程论"重视儿童对系统知识的学习。 ( )

A. 正确　　B. 错误

8. 学生具有依赖性，因此并不能成为自我教育的主体。 ( )

A. 正确　　B. 错误

9. 学习迁移是学习过程中的常见现象，它对新知识、新技能的学习起促进作用。 ( )

A. 正确　　B. 错误

10. 学习期待是个体对学习活动所要达到的目标的客观估计。 ( )

A. 正确　　B. 错误

11. 不与克服困难相联系的行动不是意志行动。 ( )

A. 正确　　B. 错误

12. 过度学习是指在学习达到刚好能背诵以后的附加学习，这意味着复习的次数越多越好。（　　）

A. 正确　　B. 错误

13. 皮亚杰用“三山实验”来研究儿童思维发展的自我中心性。（　　）

A. 正确　　B. 错误

14. 操作性条件反射理论强调行为前的强化。（　　）

A. 正确　　B. 错误

15. 建筑工人根据建筑蓝图想象建筑物的形象，这属于创造想象。（　　）

A. 正确　　B. 错误

三、名词解释（本大题共2小题，每小题5分，共10分）

1. 素质教育

2. 共同特质

四、简答题（本大题共3小题，每小题5分，共15分）

1. 简述班级授课制的优缺点。

2. 简述“教学应该走在发展的前面”的含义及其意义。

3. 简述影响创造性的因素。

五、论述题(本大题共2小题,每小题10分,共20分)

1. 全面发展教育是对含有各方面的素质培养功能的整体教育的一种概括,是为使受教育者多方面得到发展而实施的多种素质培养的教育活动总称。试论述我国全面发展教育的内容。

2. 试述影响注意转移的条件。

六、案例分析题(本大题共4小题,其中第1小题12分,第2小题10分,第3小题12分,第4小题6分,共40分)

1. 小张从某名牌师范大学毕业后一直在某重点中学任教。由于她天资聪颖,而且工作认真负责,在她当班主任期间,她所负责的班级几乎把所有的荣誉都拿了个遍,所以深得家长与同学的喜爱。但她为人高傲,不太合群,甚至可以说是目中无人。由于她不喜欢某个老师,而这个老师今年又到她任班主任的班级上课,她担心会导致班里的平均分下降,因此多次与校长交涉要求调离这个老师,但校长说这是学校的决定,对她的要求不予采纳。于是小张老师很不高兴,谎称生病不去上班。经校长等人多次劝说后仍然不肯上班。结果她班里的教学受到了严重影响，班风也每况愈下，家长和学生的意见都很大。

(1)小张老师的行为合法吗?(6分)

(2)学校应该如何妥善处理?(6分)

2. 一天，语文老师正在讲课，突然天色大变，狂风呼啸，乌云滚滚，电闪雷鸣，哗哗哗……大雨倾盆而下，学生坐不住了，纷纷窃窃私语。见到这种情景，这位老师干脆放弃原有的教学计划，顺应学生的好奇心，让学生趴在窗前尽情地观察起雨景来，十分钟后才回到座位上。

师：谁能用我们背过的古诗来形容一下刚才的天气?

生：山雨欲来风满楼。

生：碧山还被暮云遮。

生：黑云翻墨未遮山，白雨跳珠乱入船。

师：好，这一句极为贴切。

生：老师，我认为应该是“白雨跳珠乱入窗”才对。

生：改为“乱敲窗”更好，“乱敲窗”说明了雨点大，而且像个调皮的小娃娃，好像也要挤进来和我们一起读书。

改完诗，教师又要求同学们把刚才的雨景和争论都写下来，不长时间，一篇篇情真意切的习作便应运而生了。

请结合教学过程的基本特点分析此案例。(10分)

3. 某重点中学初二学生周某认为自己天赋较高，教师每天授课内容知识点少，很容易就学会，因而不用着急学习，初三集中一段时间学习就能考入重点高中。周某的同桌李丽学习很刻苦，其父母不断地对她说："你要好好学习，才能出人头地。"期末考试前周某仍沉迷于游戏、聊天等活动，而李丽每天都想着要考出好成绩，每晚都熬夜学习，睡眠一直不好。结果，周某和李丽的期末考试成绩都不理想。

运用"耶克斯—多德森定律"分析周某和李丽考试成绩不理想的原因，并提出相应的建议。(12分)

4. 李老师是一位教育经验非常丰富的语文老师，在教学中总结了很多教学生识字的技巧：在教学生如何区别"买卖"两个字时，李老师告诉学生"多了就卖，少了就买"，学生很快记住了这两个字。针对有的学生把"干燥"写成"干躁"，把"急躁"写成"急燥"的问题，李老师就教学生记住："干燥防失火，急躁必跺足。"从此以后，学生对这两个字再也不混淆了。

请运用心理学的知识对该案例进行分析。(6分)

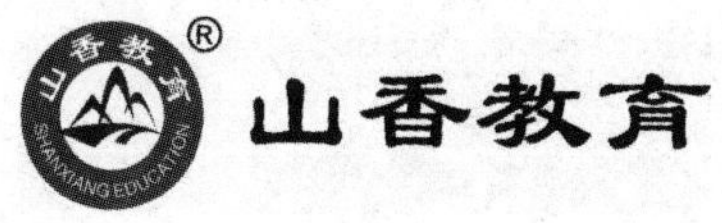

福建省教师招聘考试
历年真题详解及预测试卷

教育综合

参考答案及解析 – 真题试卷

（参考答案及解析由山香教师招聘考试命题研究中心编写）

目 录

2023年福建省教师招聘考试教育综合真题试卷(一)

答案速查:

1～5	CBACD	6～10	DBCDD	11～15	CCAAB	16～20	BAABD
21～25	AC ACD BCD ABCD ABCD			26～30	AC CD ACD BD ABCD		
31～35	ABABB	36～40	BAABA	41～45	BBABA		

一、单项选择题

1. C 【解析】本题考查时政热点。习近平总书记在中国共产党第二十次全国代表大会上的报告——《高举中国特色社会主义伟大旗帜 为全面建设社会主义现代化国家而团结奋斗》中强调,大会的主题是:高举中国特色社会主义伟大旗帜,全面贯彻新时代中国特色社会主义思想,弘扬伟大建党精神,自信自强、守正创新,踔厉奋发、勇毅前行,为全面建设社会主义现代化国家、全面推进中华民族伟大复兴而团结奋斗。故本题选C项。

2. B 【解析】本题考查时政热点。2022年6月5日,我国在酒泉卫星发射中心使用长征二号F遥十四运载火箭,将神舟十四号载人飞船和3名中国航天员(陈冬、刘洋、蔡旭哲)送入太空。

3. A 【解析】本题考查时政热点。2022年6月17日上午,我国第三艘航空母舰下水命名仪式在中国船舶集团有限公司江南造船厂举行。经中央军委批准,我国第三艘航空母舰命名为“中国人民解放军海军福建舰”,舷号为“18”。

4. C 【解析】本题考查时政热点。2022年10月30日,中华人民共和国第十三届全国人民代表大会常务委员会第三十七次会议通过《中华人民共和国黄河保护法》。《中华人民共和国黄河保护法》是为了加强黄河流域生态环境保护,保障黄河安澜,推进水资源节约集约利用,推动高质量发展,保护传承弘扬黄河文化,实现人与自然和谐共生、中华民族永续发展,制定的法律。

5. D 【解析】本题考查时政热点。第二十二届世界杯足球赛于2022年11月20日至12月18日在卡塔尔境内举行,是历史上首次在中东国家境内举行、也是第二次在亚洲举行的世界杯足球赛,卡塔尔世界杯还是首次在北半球冬季举行、首次由从未进过世界杯决赛圈的国家举办的世界杯足球赛。

6. D 【解析】本题考查时政热点。2022年11月29日晚,中国申报的“中国传统制茶技艺及其相关习俗”在摩洛哥拉巴特召开的联合国教科文组织保护非物质文化遗产政府间委员会第17届常会上通过评审,列入联合国教科文组织人类非物质文化遗产代表作名录。

7. B 【解析】本题考查时政热点。2022年12月20日，世界在建规模最大、综合技术难度最高的水电工程——白鹤滩水电站最后一台百万千瓦机组投产发电，这标志着世界最大清洁能源走廊全面建成。

8. C 【解析】本题考查《中国学生发展核心素养》。中国学生发展核心素养，以科学性、时代性和民族性为基本原则，以培养"全面发展的人"为核心，分为文化基础、自主发展、社会参与三个方面。其中，自主发展包括学会学习和健康生活两大素养。故本题选C项。

9. D 【解析】本题考查《中小学教育惩戒规则(试行)》。根据《中小学教育惩戒规则(试行)》第十二条规定，教师在教育教学管理、实施教育惩戒过程中，不得有下列行为：(一)以击打、刺扎等方式直接造成身体痛苦的体罚；(二)超过正常限度的罚站、反复抄写，强制做不适的动作或者姿势，以及刻意孤立等间接伤害身体、心理的变相体罚；(三)辱骂或者以歧视性、侮辱性的言行侵犯学生人格尊严；(四)因个人或者少数人违规违纪行为而惩罚全体学生；(五)因学业成绩而教育惩戒学生；(六)因个人情绪、好恶实施或者选择性实施教育惩戒；(七)指派学生对其他学生实施教育惩戒；(八)其他侵害学生权利的。故本题选D项。

10. D 【解析】本题考查"教育"的词源。"教育"一词最早见于《孟子·尽心上》中的"得天下英才而教育之，三乐也"。许慎在《说文解字》中这样解释："教，上所施，下所效也""育，养子使作善也"。故答案选择D项。

11. C 【解析】本题考查教育的起源学说。A项，神话起源学说认为，教育由人格化的神(上帝或天)所创造，教育目的是体现神或天的意志。B项，生物起源学说认为，教育是一种生物现象，而不是人类所特有的社会现象。C项，心理起源学说认为，教育起源于日常生活中儿童对成人的无意识模仿，其代表人物是美国教育家孟禄。题干所述即体现了心理起源学说。D项，劳动起源学说认为，教育起源于人类特有的生产劳动。

12. C 【解析】本题考查新中国成立以来的教育目的。1999年通过的《中共中央国务院关于深化教育改革，全面推进素质教育的决定》指出，实施素质教育，就是全面贯彻党的教育方针，以提高国民素质为根本宗旨，以培养学生的创新精神和实践能力为重点，造就"有理想、有道德、有文化、有纪律"的、德智体美等全面发展的社会主义事业建设者和接班人。故选C项。

13. A 【解析】本题考查问卷设计的原则。在进行问卷的答案设计时，须遵循以下原则:(1)穷尽性和互斥性。所谓答案的穷尽性,即设计的答案应该包括所有可能的情况,起码是一切主要的情况。所谓答案的互斥性,指的是答案互相之间不能交叉重叠或相互包含,即对于每个回答者来说,最多只能有一个答案适合他的情况。(2)相关性与同层性。所谓相关性,就是设计的答案必须与询问的问题具有相关关系,而且是被调查者能够回答、也愿意回答的。所谓同层性,即设计的答案必须具有相同层次的关系。(3)设计的答案应符合实际情况。(4)问题的答案只能按一个标准分类。(5)程度式答案应按照一定顺序排列,前后次序必须对称。题干的调查问卷所给出的答案选项不够全面,被调查者可能无法进行选择,这违背了问卷设计的穷尽性原则。故选A项。

14. A 【解析】本题考查课程类型。学科课程是指以文化知识(科学、道德、艺术)为基础,按照一定的价值标准,从不同的知识领域或学术领域选择一定的内容,根据知识的逻辑体系,将所选出的知识组织为学科的课程类型。我国古代的“六艺”和古希腊的“七艺”都是学科课程。

15. B 【解析】本题考查知觉的恒常性。知觉的恒常性是指客观事物本身不变,但知觉条件在一定范围内发生变化时,人的知觉映像仍相对不变。知觉恒常性包括颜色恒常性、明度恒常性、形状恒常性、大小恒常性等。其中,颜色恒常性是指一个物体在色光照明下,它的表面颜色保持相对不变。故题干中无论白天还是晚上,都会把我国国旗知觉为鲜红色,体现的是颜色恒常性。

16. B 【解析】本题考查加德纳的多元智力理论。多元智力理论是由美国心理学家加德纳提出的。他认为,人的智力结构中存在着七种相对独立的智力:言语智力、逻辑—数学智力、视觉—空间智力、音乐智力、运动智力、人际智力、自知智力(内省智力)。经过研究,加德纳又提出了第八种智力,即认识自然智力(自然智力),它是认识自然,并对我们周围环境中的各种事物进行分类的能力。后来,他又提出了第九种智力,即存在智力,指陈述、思考有关生与死、身体与心理等问题的倾向性。故题干中的同学擅长识别水仙花等花卉(对花卉进行分类的能力),属于多元智力中的自然智力。

17. A 【解析】本题考查奥苏伯尔的有意义学习理论。奥苏伯尔(奥苏贝尔)的有意义学习理论主要说明学生在课堂中的学习。奥苏伯尔认为学生在学校学习语言符号所代表的系统知识,主要是有意义学习而不是机械学习。B项内隐学习属于美国心理学家阿瑟·雷伯对学习的分类。C项观察学习属于班杜拉的社会学习理论中的内容。D项信息加工学习属于加涅的信息加工学习理论的内容。故本题选A项。

18. A 【解析】本题考查马斯洛的需要层次理论。马斯洛把需要分成了七个层次,即生理需要、安全需要、归属与爱的需要、尊重需要、求知需要、审美需要和自我实现的需要。其中,生理需要是人对食物、水分、空气、睡眠、性等的需要。它是人的所有需要中最基本、最原始,也是最强有力的需要,是其他一切需要产生的基础。“仓廪实而知礼节,衣食足而知荣辱”的意思是百姓的粮仓充足,丰衣足食,才能顾及到礼仪,重视荣誉和耻辱。故“衣食”属于生理需要。

19. B 【解析】本题考查激情。激情是一种爆发式的、猛烈而时间短暂的情绪状态。例如,狂喜、暴怒、恐惧、绝望、剧烈的悲痛等,都是激情的表现。它往往带有特定的指向性和较明显的外部行为表现,如暴跳如雷、浑身战栗、手舞足蹈等。故欣喜若狂属于激情的表现。

20. D 【解析】本题考查群体凝聚力。群体凝聚力是指群体对成员的吸引力和成员之间的相互吸引力。它可以通过群体成员对群体的忠诚、责任感、荣誉感、成员间的友谊和志趣等来表明。关系融洽、凝聚力强的班级,会使学生产生强烈的自豪感和认同感,顺利完成课堂教学任务。所以,凝聚力常常成为衡量一个班集体成功与否的重要标志。

二、多项选择题

21. AC 【解析】本题考查《中华人民共和国教师法》。《中华人民共和国教师法》第七条规定,教师享有下列权利:(一)进行教育教学活动,开展教育教学改革和实验;(二)从事科学研究、学术交流,参加专业的学术团体,在学术活动中充分发表意见;(三)指导学生的学习和发展,评定学生的品行和学业成绩;(四)按时获取工资报酬,享受国家规定的福利待遇以及寒暑假期的带薪休假;(五)对学校教育教学、管理工作和教育行政部门的工作提出意见和建议,通过教职工代表大会或者其他形式,参与学校的民主管理;(六)参加进修或者其他方式的培训。故A、C两项属于教师的权利。B、D两项属于教师的义务。

22. ACD 【解析】本题考查《中华人民共和国未成年人保护法》。《中华人民共和国未成年人保护法》第三十八条规定,学校、幼儿园不得安排未成年人参加商业性活动,不得向未成年人及其父母或者其他监护人推销或者要求其购买指定的商品和服务。学校、幼儿园不得与校外培训机构合作为未成年人提供有偿课程辅导。故本题选A、C、D三项。

23. BCD 【解析】本题考查政治对教育的制约。政治对教育的制约作用主要表现在:(1)政治制度制约教育的社会性质;(2)政治制度制约教育的宗旨和目的;(3)政治制度制约教育领导权;(4)政治制度制约受教育权;(5)政治制度制约教育管理体制。B、C、D可选。生产力发展水平制约教学方法、手段及组织形式，A项不选。(具体内容参看柳海民主编的《教育学(第二版)》)

24. ABCD 【解析】本题考查素质教育。素质教育的内涵包括：(1)素质教育是面向全体学生的教育；(2)素质教育是促进学生全面发展的教育；(3)素质教育是促进学生个性发展的教育；(4)素质教育是以培养创新精神和实践能力为重点的教育。A、B两项说法正确。此外，素质教育以提高国民素质为根本宗旨。C项正确。素质教育具有全面性、全体性、主体性、发展性、基础性、开放性、可持续性、主动性等特点。D项正确。

25. ABCD 【解析】本题考查教师的知识结构。专业教师合理的知识结构主要包括通识性知识、本体性知识、条件性知识和实践性知识。

26. AC 【解析】本题考查思维的基本形式。思维的基本形式有：概念、判断、推理。故本题选A、C两项。

27. CD 【解析】本题考查行为主义学习理论。行为主义学习理论的核心观点认为，学习过程是有机体在一定条件下形成刺激与反应的联系，从而获得新经验的过程。由于行为主义强调刺激—反应的联结，因此，也属于联结派学习理论。C项桑代克的联结—试误说、D项斯金纳的操作条件反射论都属于行为主义学习理论。A项布鲁纳的发现学习论(认知—发现学习理论)、B项苛勒的完形—顿悟说都属于认知学习理论。

28. ACD 【解析】本题考查记忆。短时记忆是指人脑中的信息在1分钟之内加工与编码的记忆，是信息从感觉记忆到长时记忆的过渡阶段。处在工作状态中的短时记忆，或者在完成当前任务时起作用的短时记忆，就是工作记忆。故A项说法正确。瞬时记忆的容量较大。短时记忆的容量有限，一般是7±2个组块。长时记忆的容量无限。故B项说法错误。长时记忆的信息保持时间长久，在1分钟以上，直至保持终生。故C项说法正确。视觉后像是瞬时记忆最典型的例子。故D项说法正确。

29. BD 【解析】本题考查学习迁移的种类。根据迁移的性质和结果，可分为正迁移、负迁移和零迁移。其中，正迁移也叫“助长性迁移”，是指一种学习对另一种学习的促进作用。负迁移也叫“抑制性迁移”，是指一种学习对另一种学习产生阻碍作用。A项方言对学习普通话的影响(阻碍作用)属于负迁移。B项数学学习对理化生学习的影响(促进作用)属于正迁移。C项汉语拼音对英语字母发音的影响(阻碍作用)属于负迁移。D项外语学习中词汇的掌握对阅读的影响(促进作用)属于正迁移。故本题选B、D两项。

30. ABCD 【解析】本题考查复述策略。复述策略是指在工作记忆中为了保持信息,运用内部语言在大脑中重现学习材料或刺激,以便将注意力维持在学习材料上的方法。常用的复述策略有:(1)无意识记和有意识记。(2)排除相互干扰。(3)整体识记和分段识记。(4)多种感官参与。(5)复习形式多样化。(6)画线。故本题选A、B、C、D四项。

三、判断选择题

31. A 【解析】本题考查《中华人民共和国教育法》。《中华人民共和国教育法》第四十三条规定,受教育者享有下列权利:(一)参加教育教学计划安排的各种活动,使用教育教学设施、设备、图书资料;(二)按照国家有关规定获得奖学金、贷学金、助学金;(三)在学业成绩和品行上获得公正评价,完成规定的学业后获得相应的学业证书、学位证书;(四)对学校给予的处分不服向有关部门提出申诉,对学校、教师侵犯其人身权、财产权等合法权益,提出申诉或者依法提起诉讼;(五)法律、法规规定的其他权利。故题干说法正确。

32. B 【解析】本题考查《中小学教师违反职业道德行为处理办法》。《中小学教师违反职业道德行为处理办法》第七条规定,给予教师处理按照以下权限决定:(一)警告和记过处分,公办学校教师由所在学校提出建议,学校主管教育部门决定。民办学校教师由所在学校决定,报主管教育部门备案。(二)降低岗位等级或撤职处分,由教师所在学校提出建议,学校主管教育部门决定并报同级人事部门备案。(三)开除处分,公办学校教师由所在学校提出建议,学校主管教育部门决定并报同级人事部门备案。民办学校教师或者未纳入人事编制管理的教师由所在学校决定并解除其聘任合同,报主管教育部门备案。(四)给予批评教育、诫勉谈话、责令检查、通报批评,以及取消在评奖评优、职务晋升、职称评定、岗位聘用、工资晋级、申报人才计划等方面资格的其他处理,按照管理权限,由教师所在学校或主管部门视其情节轻重作出决定。故题干说法错误。

33. A 【解析】本题考查启发性教学原则。题干引文出自《礼记·学记》,意为:所以说,教师对人施教,就是启发诱导。(对学生)诱导而不牵拉;劝勉而不强制;指导学习的门径,而不把答案直接告诉学生。这是《学记》中关于启发性教学原则的叙述。故题干说法正确。

34. B 【解析】本题考查德育的基本途径。思想品德课(思想政治课)与其他学科教学是学校有目的、有计划、系统地对学生进行德育的基本途径。班主任工作是学校对学生进行德育的一个重要而又特殊的途径。故题干说法错误。

35. B 【解析】本题考查课程标准的概念。课程标准是课程计划中每门学科以纲要的形式编写的、有关学科教学内容的指导性文件，是课程计划的分学科展开。教科书是依据教学大纲（课程标准）编制的、系统地反映学科内容的教学用书，是课程标准的进一步展开和具体化，是教师进行教学的主要依据。故题干说法错误。

36. B 【解析】本题考查教学工作的基本环节。教师教学工作包括五个基本环节：备课、上课、作业的布置与反馈、课外辅导和学业成绩的检查与评定。其中，备课是教师教学的起始环节，上课是教学工作的中心环节。故题干说法错误。

37. A 【解析】本题考查学校教育在人身心发展中的主导作用。学校教育主导作用的实现是相对的、有条件的。(1)从外部环境方面来说，它要求社会的发展为个体的发展提供相应的前提。它依赖于家庭环境的影响和社会发展的状况。(2)从教育系统内部来说，它依赖于教育自身的状况和学习者的主观能动性。它要求教育要遵循儿童的身心发展规律，还要积极协调社会、家庭等各个方面的教育影响，使其成为一股适合儿童需要的合力。故题干说法正确。

38. A 【解析】本题考查主要课程理论流派。学生中心课程理论也称儿童中心课程理论、经验主义课程论，其主要倡导者是美国实用主义教育家杜威。故题干说法正确。

39. B 【解析】本题考查幻想。根据想象的目的和计划性，可将想象分为无意想象（不随意想象）和有意想象（随意想象）。根据创造程度的不同，有意想象又可以分为再造想象和创造想象。而幻想是一种与生活愿望相结合并指向于未来的想象。幻想是创造想象的一种特殊形式。故题干说法错误。

40. A 【解析】本题考查心理活动的产生。现代科学的研究表明，人的一切心理活动就其产生方式来说都是脑的反射活动。故题干说法正确。(具体内容参看黄希庭编著的《普通心理学》)

41. B 【解析】本题考查气质类型的特征。具有黏液质（安静型）这种气质的人性格内向、安静、稳重、坚定顽强、沉着踏实、耐心谨慎、自信心足、自制力强、交际适度、善于克制忍让、生活有规律、心境平和、很少发脾气、沉默寡言、情绪不易外露、注意力稳定、善于忍耐等。学习认真严谨、始终如一，兴趣爱好稳定专一，有毅力，但反应缓慢，往往不够灵活，因循守旧。故“温和稳重、内向安静”属于黏液质的心理特征。

42. B 【解析】本题考查自我意识的发展。个体自我意识的发展经历了从生理自我到社会自我，再到心理自我的过程。生理自我在3岁左右基本成熟。社会自我到少年期基本成熟。心理自我是在青年初期开始发展和形成的。故题干说法错误。

43. A 【解析】本题考查知识学习的类型。奥苏伯尔根据新知识与原有认知结构的关系,将知识学习分为下位学习、上位学习和并列结合学习。其中,下位学习又称类属学习,是一种把新的观念归属于认知结构中原有观念的某一部分,并使之相互联系的过程。原有观念在包容和概括水平上高于新学习的知识。题干中的"天气"概念(原有观念)在概括水平上高于新学习的"台风"概念(新学习的知识)。故属于类属学习。

44. B 【解析】本题考查技能的种类。技能按其本身的性质和特点,可分为操作技能和心智技能。操作技能又叫运动技能、动作技能,是通过学习而形成的合乎法则的操作活动方式。日常生活中的写字、打字、绘画,音乐方面的吹、拉、弹、唱,体育方面的田径、球类、体操,生产劳动方面的车、刨、磨等活动方式,都属于操作技能的范畴。心智技能也称为智力技能、认知技能,是通过学习而形成的合乎法则的心智活动方式。阅读技能、写作技能、运算技能、解题技能等都是常见的心智技能。故"打球、游泳"属于操作技能;"阅读"属于心智技能。

45. A 【解析】本题考查教育心理学的研究内容。学与教的相互作用过程是一个系统过程,该系统包含学生、教师、教学内容、教学媒体和教学环境五种要素,由学习过程、教学过程和评价/反思过程这三种活动过程交织在一起组成。其中,学习过程指学生在教学情境中通过与教师、同学以及教学信息的相互作用获得知识、技能和态度的过程。学习过程是教育心理学研究的核心内容。

四、填空题

46. 25

47. 杂费

48. 功利化

49. 赫尔巴特

50. 全面发展

51. 班级授课制

52.《大教学论》

53. 德育原则

54. 双避

55. 发散思维(求异思维、分散思维、辐射思维)

56. 学与教

57. 先快后慢(先多后少)

58. 习俗

59. 维果斯基

60. 儿童多动综合征(多动症)

五、辨析题(参考答案)

61. 荀子说:“蓬生麻中,不扶而直;白沙在涅,与之俱黑。”《爱莲说》则写道:“出淤泥而不染,濯清涟而不妖。”结合影响人的发展的基本因素,对上述说法加以辨析。

(1)题干的两种观点均不正确。(2)总体看来,影响个体身心发展的因素主要有遗传、环境、教育(学校教育)和个体主观能动性等。其中,遗传素质是人的身心发展的物质前提,环境为个体的发展提供了多种可能,而教育作为特殊的环境对人的身心发展起主导作用,个体主观能动性是人的身心发展的内因和动力。这些因素彼此关联、相互配合,共同发挥作用,促进人的身心发展。荀子的话说明了环境对人的发展的影响作用,《爱莲说》中的句子体现出个体主观能动性的强大力量,两者都是片面地强调影响人发展的某一方面因素,因此是错误的。

(共5分。判断2分,判断说法“正确”本题不得分;答出影响个体身心发展的因素及各因素之间的关系2分,指出荀子的话与《爱莲说》中的句子分别体现的因素1分)

62. 思想品德教育不是一朝一夕的事,也不能一劳永逸,更需要有前瞻性和预见性。运用德育过程的基本规律,对此观点加以辨析。

(1)题干的观点是正确的。(2)德育过程的基本规律之一是德育过程是一个长期的、反复的过程。学生思想品德的形成不是一朝一夕能完成的,而是要经过长期的教育、反复的培养才能奏效,这是一个不以人的意志为转移的客观规律;任何人想“一蹴而就”或“一劳永逸”,都是违背客观规律,不可能取得成效的。这一规律要求教育者要正确认识和对待学生的思想品德教育,持之以恒、耐心细致地教育学生,引导学生在反复中逐步前进。同时,要提高德育工作的预见性,善于发现苗头,未雨绸缪,减少反复,防患于未然。故题干所述观点正确。

(共5分。判断2分,判断观点“不正确”本题不得分;答出德育过程是长期的、反复的过程这一规律并阐述合理2分,答出德育工作要持之以恒、未雨绸缪1分)

63. 当一名教师越来越关注学生的成绩,并把精力放在如何教好每一堂课的时候,说明他已经是一名成熟的教师。结合福勒和布朗的教师专业成长阶段理论,对这一论断进行辨析。

(1)这种说法是不正确的。(2)福勒和布朗根据教师的需要和不同时期所关注的焦点问题,把教师的成长划分为关注生存、关注情境和关注学生三个阶段。①关注生存阶段。处于关注生存阶段的一般是新教师,他们非常关注自己的生存适应性,最担心的问题是“学生喜欢我吗”“同事们如何看我”“领导是否觉得我干得不错”等。②关注情境阶段。当教师感到自己完全能够生存时,会越来越关注学生的成绩,从而把精力放在如何教好每一堂课上,考虑一些与教学情境本身有关的问题,如“材料是否充分得当?”“如何呈现教学信息?”“如何掌握教学时间?”等等。③关注学生阶段。当教师顺利地适应了前两个阶段后,成长的下一个目标便是关注学生。教师将考虑学生的个别差异,认识到不同发展水平的学生有不同的需要,根据学生的差异采取适当的教学,促进学生发展。能否自觉关注学生是衡量一个教师是否成熟的重要标志之一。

(共5分。判断2分,判断“说法正确”本题不得分;理由3分,答出每个阶段的特点1分,答出“关注学生是教师成熟的标志”2分)

六、材料分析题(参考答案)

64. 郑老师的行为遵循了《新时代中小学教师职业行为十项准则》中“自觉爱国守法”“潜心教书育人”“坚持言行雅正”的准则,是值得提倡的。

(1)郑老师遵循了“自觉爱国守法”的准则。“自觉爱国守法”要求教师忠于祖国,忠于人民,恪守宪法原则,遵守法律法规,依法履行教师职责;不得损害国家利益、社会公共利益,或违背社会公序良俗。郑老师作为教师,依法执教;作为市人大代表,认真履行职责;“学习强国”中的积分也持续领先。这些表明郑老师做到了自觉爱国守法。

(2)郑老师遵循了“潜心教书育人”的准则。“潜心教书育人”要求教师落实立德树人根本任务,遵循教育规律和学生成长规律,因材施教,教学相长;不得违反教学纪律,敷衍教学,或擅自从事影响教育教学本职工作的兼职兼薪行为。郑老师每学年都更新教案,布置给学生的习题都会提前演练,还积极举办特色活动,激发学生的学习兴趣。这些表明郑老师做到了潜心教书育人。

(3)郑老师遵循了“坚持言行雅正”的准则。“坚持言行雅正”要求教师为人师表,以身作则,举止文明,作风正派,自重自爱;不得与学生发生任何不正当关系,严禁任何形式的猥亵、性骚扰行为。郑老师毕业后回到家乡的农村中学任教三十多年,教学工作认真突出,手工制作的船模、花灯都很出色,郑老师的这些行为足以使他成为学生的榜样,真正做到了言行雅正。

(共6分。每答出一条行为准则1分,每一条准则结合材料说明1分)

65. (1)该手册的内容违反了《中华人民共和国义务教育法》。《中华人民共和国义务教育法》第三十四条规定,教育教学工作应当符合教育规律和学生身心发展特点,面向全体学生，教书育人，将德育、智育、体育、美育等有机统一在教育教学活动中，注重培养学生独立思考能力、创新能力和实践能力，促进学生全面发展。材料中的老师只关心学生的考试成绩，违反了《中华人民共和国义务教育法》中“全面发展”的要求。

该手册的内容违反了《关于进一步减轻义务教育阶段学生作业负担和校外培训负担的意见》。《关于进一步减轻义务教育阶段学生作业负担和校外培训负担的意见》指出：①健全作业管理机制。学校要完善作业管理办法，加强学科组、年级组作业统筹，合理调控作业结构，确保难度不超国家课标。建立作业校内公示制度，加强质量监督。严禁给家长布置或变相布置作业，严禁要求家长检查、批改作业。材料中的老师“要求家长检查批改学生作业”违反了该项规定。②分类明确作业总量。学校要确保小学一、二年级不布置家庭书面作业，可在校内适当安排巩固练习；小学三至六年级书面作业平均完成时间不超过60分钟，初中书面作业平均完成时间不超过90分钟。材料中的老师给小学生布置“增加的作业、额外作业”违反了该项规定。③提升课堂教学质量。学校不得随意增减课时、提高难度、加快进度；降低考试压力，改进考试方法，不得有提前结课备考、违规统考、考题超标、考试排名等行为；考试成绩呈现实行等级制，坚决克服唯分数的倾向。材料中的老师给学生考试排名违反了该项规定。

(2)教师进行操行评定时应注意：

①要实事求是，抓主要问题，评定要准确反映学生思想品德的全面表现和发展趋向；②要充分肯定学生的进步，并适当指出他们的不足；③评语要简明、具体、贴切，严防用词不当伤害学生的情感。

根据上述要求可知，该综合评语的不足之处有：

①仅仅反映学生的成绩和课堂表现，没有反映出学生思想品德的全面表现；②没有肯定学生的进步，只是关注到学生的不足；③前半部分的评价内容过于直接，可能会伤害学生的情感，挫伤学生学习的积极性。

(共9分。第一问，答出违反的教育法律法规1分，答出违反的具体法律内容2分，结合手册分析3分；第二问，根据操行评定的要求列出评语的不足，每条1分)

66. (1)该老师在教学中贯彻了启发性原则、理论联系实际原则、直观性原则和循序渐进原则。

①启发性原则是指在教学活动中，教师要调动学生的主动性和积极性，引导他们通过独立思考、积极探索，生动活泼地学习，自觉地掌握科学知识，提高分析问题和解决问题的能力。材料中的老师不断地提出问题，引导学生独立思考、主动学习，同时

适时地给予学生肯定和鼓励,学生分析问题和解决问题的能力得到发展,遵循了启发性教学原则。

②理论联系实际原则是指教师在教学中,应使学生从理论与实际的结合中来理解和掌握知识,并引导他们运用新获得的知识去解决各种实际问题,培养他们分析问题和解决问题的能力。材料中的老师在教授抽象的“平方分米”的概念时,引导学生估算数学书封面的面积,并让学生联系实际生活中的物体面积去理解,这体现了理论联系实际的教学原则。

③直观性原则是指在教学活动中,教师应尽量利用学生的多种感官和已有的经验,通过各种形式的感知,使学生获得生动的表象,从而比较全面、深刻地掌握知识。材料中的老师在教学中,鼓励学生动手测量、拼摆,适时地向学生示范,将直观的教具演示和语言讲解有机结合起来,使学生对“平方厘米”与“平方分米”之间的关系更加明了,这是贯彻直观性教学原则的生动体现。

④循序渐进原则是指教师要严格按照科学知识的内在逻辑和学生的认知发展规律进行教学,使学生掌握系统的科学文化知识,能力得到充分的发展。材料中的老师在本课教学中,起初并没有直接讲授“平方厘米”与“平方分米”的进率,而是按照学生的认识顺序,由易到难地引导学生主动探究,使学生在讨论和操作中,循序渐进地学习新知识,这贯彻了循序渐进原则。

(2)谈话法的基本要求如下:

①要做好计划,教师要对谈话的中心、提问的内容做充分准备,并拟定谈话提纲。

②要善问,提出的问题要明确、具体、难易适宜,符合学生已有的知识程度、经验,还要有启发性,形式要多样化。材料中的老师向学生抛出的问题,能够很好地引导学生掌握知识、发展能力,形式多样且具有启发性。

③要善于启发诱导,谈话时,教师要面向全体学生,给学生留有思考的余地,因势利导,让学生一步一步地去获得新知。材料中的老师在教学中能兼顾到不同学生的学习情况,引导学生主动思考,逐渐向教学主题靠近,循序渐进地获得新知识。

④谈话结束后,应结合学生回答的情况进行归纳和小结,给出问题的正确答案,指出谈话过程中的优缺点。在材料的最后,该老师借助学生的回答得出本节课的结论,起到了一个课堂总结的作用。如果能针对谈话过程中的优缺点进行归纳,效果会更好。

(共11分。第一问,每答出一条教学原则1分,结合材料合理阐述0.5分;第二问,每答出一条基本要求0.5分,根据后三条要求结合材料合理阐述,每条1分)

67.（1）材料中该班级的学生存在注意不稳定的问题。注意的稳定性，是指注意保持在某一对象或某一活动上的时间长短特性。持续时间愈长，注意就愈稳定。注意不稳定表现为注意的分散，也叫分心。注意的分散是指注意离开了当前应当完成的任务而被无关的事物所吸引。材料中的学生“上课几分钟就开始东张西望、边听课边玩铅笔、被窗外的鸟语声吸引”都说明了该班级学生存在注意不稳定（分散）的问题。

（2）①彭老师根据学生“东张西望、边听课边玩铅笔”等表现了解到了学生没有在认真听讲，体现了彭老师能根据学生注意的外部表现了解学生的听课状态。在课堂教学中，学生如果是认真听讲，注意教师的教学活动，就会有相应的外部表现。教师通过观察学生的外部表现，既能够判断学生是否在专心听讲，又能够了解自己的教学效果，从而保证课堂教学的最优化。

②彭老师运用“清晰的语言、响亮的声音”讲课，采用“竞赛、小组合作学习等方式”是运用无意注意的规律组织教学的表现。运用无意注意的规律组织教学的方法包括：第一，创造良好的教学环境；第二，注重讲演、板书技巧和教具的使用；第三，注重教学内容的组织和教学形式的多样化。

③彭老师“适当重复让学生明确教学要点”为学生明确了学习的目的，是运用有意注意的规律组织教学的表现。彭老师“及时表扬专心听讲、正确回答问题的学生”“用眼神、手势等非言语线索提醒学生”属于合理组织课堂教学，防止学生分心，也是运用有意注意的规律组织教学的表现。运用有意注意的规律组织教学的方法包括：第一，明确学习的目的和任务；第二，培养间接兴趣；第三，合理组织课堂教学，防止学生分心；第四，运用多种教学手段。

④彭老师在课堂上运用了无意注意和有意注意两种注意相互转换的规律组织教学。这样既不会引起学生疲劳，又有利于学生克服学习过程中的困难。在教学过程中如果过分地要求学生使用有意注意，则容易引起疲劳；而如果只让学生凭借无意注意来学习，则不利于他们克服学习过程中的困难。所以，无论是在整个教学活动过程中，还是在一堂课上，教师都应充分利用两种注意转换的规律来组织教学。

（共8分。第一问，答出注意不稳定1分，结合材料分析合理1分；第二问，答出彭老师提高学生注意力方法的理论依据3分，结合材料分析合理3分）

68.（1）根据韦纳的归因理论，小明属于运气归因，小红属于能力归因。美国心理学家韦纳把人经历过事情的成败归结为六种原因，即能力、努力程度、工作难度、运气、身心状况和外界环境。又把上述六项因素按各自的性质，分别归入三个维度：内部归因和外部归因、稳定性归因和不稳定性归因、可控制归因和不可控制归因。材料中的小明考试成绩不佳，就认为自己倒霉，没有押中题，是把成败归因为运气好坏，属于运气归因；小红废寝忘食地学习，但是成绩毫无进步，便认为是自己智商不够，是把成败归因为能力高低，属于能力归因。

(2)小红废寝忘食，但是成绩毫无进步，便认为是自己智商不够，属于能力归因。能力属于内部、稳定、不可控的因素。一个总是失败并把失败归因于内部的、稳定的和不可控的因素（即能力低）的学生会形成一种习得性无助的自我感觉。小红把失败归因为自己能力不足，会形成一种习得性无助的自我感觉。

①教师可以通过归因训练改变小红消极的自我认识。根据归因理论，学生将成败归因于努力比归因于能力会产生更强烈的情绪体验。努力而成功，体验到愉快；不努力而失败，体验到羞愧；努力而失败，也应受到鼓励。因此，教师在给予奖励时，不仅要考虑学生的学习结果，而且要联系学生学习进步与努力程度的状况来看，强调内部和可控制的因素。在学生付出同样努力时，对能力低的学生应给予更多的奖励；对能力低而努力的人给予最高评价；对能力高而不努力的人则给予最低评价，以此引导学生进行正确归因。对于材料中的小红，教师应该给予最高评价，以提高其自信心。

②教师在采用归因训练改变小红不正确的归因时，可以从以下两方面入手：

第一，“努力归因”，无论成功或失败都归因于努力与否的结果。因为学生将自己的成败归因于努力与否会提高学生学习的积极性，当学习困难或成绩不佳时，一般不会因一时的失败而降低将来会取得成功的期望。对于材料中的小红，教师应该引导她进行努力归因，避免其形成习得性无助的自我感觉。

第二，“现实归因”，针对一些具体问题引导学生进行现实归因，以帮助学生分析除努力这个因素外，影响学习成绩的因素还有哪些，是智力、学习方法，还是家庭环境、教师等因素。对于材料中的小红，教师应该引导她做现实归因。针对她的考试成绩，引导她分析除了努力这个因素外，影响学习成绩的因素还有哪些。

这样做归因训练的好处在于，在小红做“努力归因”时可以联系现实，在做“现实归因”时又强调努力。

（共11分。第一问，答出小明和小红归因的因素2分，结合材料分析合理2分；第二问，答出小红归因方式的纬度及影响3分，答出指导其进行合理归因的方法4分）

注：本书在2018~2023年真题中增设“主观题赋分”，考生可作为主观题估分参考。

2022年福建省教师招聘考试教育综合真题试卷(二)

答案速查:

1~5	ADCAD	6~10	CDBBA	11~15	CBDAB	16~20	ABCDC
21~25	CBBDA			26~30	ABCD ABCD BCD ABC AB		
31~35	BC CD ABCD ABC ACD						

一、单项选择题

1. A 【解析】本题考查时政知识。2021年7月1日,习近平总书记在庆祝中国共产党成立100周年大会上的讲话中,代表党和人民庄严宣告,经过全党全国各族人民持续奋斗,我们实现了第一个百年奋斗目标,在中华大地上全面建成了小康社会,历史性地解决了绝对贫困问题,正在意气风发向着全面建成社会主义现代化强国的第二个百年奋斗目标迈进。这是中华民族的伟大光荣!这是中国人民的伟大光荣!这是中国共产党的伟大光荣!

2. D 【解析】本题考查时政知识。第44届世界遗产大会于2021年7月16日~31日以线上为主的方式在福建省福州市举办。大会期间,“泉州:宋元中国的世界海洋商贸中心”成功列入《世界遗产名录》,成为中国第56项世界遗产。

3. C 【解析】本题考查时政知识。中央民族工作会议于2021年8月27日至28日在北京召开。中共中央总书记、国家主席、中央军委主席习近平出席会议并发表重要讲话,强调要准确把握和全面贯彻我们党关于加强和改进民族工作的重要思想,以铸牢中华民族共同体意识为主线,坚定不移走中国特色解决民族问题的正确道路,构筑中华民族共有精神家园,促进各民族交往交流交融,推动民族地区加快现代化建设步伐,提升民族事务治理法治化水平,防范化解民族领域风险隐患,推动新时代党的民族工作高质量发展,动员全党全国各族人民为实现全面建成社会主义现代化强国的第二个百年奋斗目标而团结奋斗。

4. A 【解析】本题考查时政知识。2021年9月17日下午,北京2022年冬奥会和冬残奥会主题口号发布活动在首都博物馆举行,北京冬奥会和冬残奥会主题口号“一起向未来”正式对外发布。“同一个世界,同一个梦想”是2008年北京奥运会的主题口号。“更快、更高、更强——更团结”是奥林匹克格言。

5. D 【解析】本题考查阅读理解能力。①②③中的描述“成功发射”“圆满完成”“创造记录”等,均属于对我国太空探索成就的客观描述,故答案选D项。

6. C 【解析】本题考查考生的新闻解读能力。2021年我国国内生产总值

1143670亿元，不能说明我国已经成为世界第一大经济体，①不符合题意，排除。我国现有行政村已全面实现"村村通宽带"，这不仅意味着我国信息化建设取得了巨大进展，也有力拓宽了农民的致富路。因此这体现了网络进村入户助力乡村振兴，②符合题意。我国公布第二轮"双一流"建设高校及建设学科名单不能证明我国高等教育已实现全民化和普惠化，③不符合题意，排除。2022年1月1日，《区域全面经济伙伴关系协定》(RCEP)生效实施，全球最大自由贸易区正式启航，④符合题意。

7. D 【解析】本题考查《中华人民共和国教师法》。根据《中华人民共和国教师法》第三十七条规定可知，教师有下列情形之一的，由所在学校、其他教育机构或者教育行政部门给予行政处分或者解聘：(1)故意不完成教育教学任务给教育教学工作造成损失的；(2)体罚学生，经教育不改的；(3)品行不良、侮辱学生，影响恶劣的。教师有前款第(2)项、第(3)项所列情形之一，情节严重，构成犯罪的，依法追究刑事责任。

8. B 【解析】本题考查《关于进一步减轻义务教育阶段学生作业负担和校外培训负担的意见》。《关于进一步减轻义务教育阶段学生作业负担和校外培训负担的意见》中强调分类明确作业总量。学校要确保小学一、二年级不布置家庭书面作业，可在校内适当安排巩固练习；小学三至六年级书面作业平均完成时间不超过60分钟，初中书面作业平均完成时间不超过90分钟。

9. B 【解析】本题考查教育活动的类型。家庭教育有广义和狭义之分。广义的家庭教育应当是家庭成员之间的一种影响。狭义的家庭教育是指在家庭生活中，由父母或其他年长者对其子女与年幼者实施的教育和影响。爷爷和小明共同观看电视节目发生在家庭中，产生的教育活动属于家庭教育。

10. A 【解析】本题考查斯宾塞的教育思想。斯宾塞是英国著名的实证主义者，他反对思辨，主张科学是对经验事实的描写和记录。他提出教育的任务是为完满生活做准备。至于如何为完满的生活做准备，斯宾塞主张，科学知识应该在教育中占主导地位。由此他提出了著名的论点："什么知识最有价值？一致的答案就是科学。"

11. C 【解析】本题考查人口对教育发展的影响和制约。人口的就业结构制约着教育发展。人口的就业状况取决于一定地区的生产力发展水平，特别是产业结构和技术结构，但它又必然会对教育发展产生影响。例如，如果生产力发展水平低，大多数劳动者集中在第一和第二产业就业，此时的教育发展水平就十分有限，教育的类型结构也比较单一。相反，如果生产力中的科技含量加大，劳动人口流向第三产业，教育发展就必然有良好的环境和条件，教育的类型和结构也必然呈现多样化特点。

12. B 【解析】本题考查主要课程理论流派。存在主义课程理论的主要代表人物之一美国学者奈勒认为,不能把教材看作为学生谋求职业做好准备的手段,也不能把它们看作对学生进行心智训练的材料,而应当把它们看作用来自我发展和自我实现的手段;不能使学生受教材的支配,而应该使学生成为教材的主宰。

13. D 【解析】本题考查现代教师职业角色。现代教师基本角色包括学习者和研究者,知识的传授者,学生心灵的培育者,教学活动的设计者、组织者和管理者,学生学习的榜样,学生的朋友等。其中,学生心灵的培育者是指,教育的目的是使学生变得更聪明、更高尚、更成熟。只传授知识的教师是“经师”,只有那些使学生能生动活泼地、主动地得到较好发展的教师,才是最好的教师。这样的教师不但教学生学习知识,而且教学生学会学习;善于激发学生的学习热情,培养学生自主学习的能力和习惯,调整学生的不良情绪和心态;经常提醒学生仔细、认真、勤奋、刻苦,培养学生良好的学习心理品质;善于发现学生的学习差距,特别关注学习成绩不佳的学生;并善于使学生相互帮助,形成良好的学习风气。由题干描述可知,该老师扮演的角色是学生心灵的培育者。

14. A 【解析】本题考查非正式组织。学生的非正式组织有四种类型:(1)积极型。这种群体的价值目标与班级正式群体的价值目标是一致的,是班级正式群体的补充。例如,学生自发组织的文艺活动小组、公益活动小组、体育活动小组等。(2)娱乐型。同学们由于情绪上的好感和消磨课余闲暇时间的需要而聚集在一起,他们的主要目的是好玩、有趣。(3)消极型。这种群体会自觉、不自觉地与班主任、班委会发生对立,如破坏纪律、发牢骚、不参加集体活动等。(4)破坏型。这类群体已经游离出正式组织,他们没有是非善恶标准,凭借一种所谓的江湖人的欲望、勇气和胆量而作为,常常对班级组织产生破坏甚至震慑作用。题干中的环保公益活动小组是学生自发组织的,与班级正式群体的价值目标一致,属于积极型非正式组织。

15. B 【解析】本题考查教学组织形式。现场教学是指教师把学生带到事物发生、发展的现场进行教学活动的形式。它可以以班级为单位,也可以以小组或个人为单位,通常需要有关现场人员的参加。该历史老师把学生带到校史馆进行教学,就是一种现场教学。个别教学是教师针对不同学生的情况进行个别辅导的教学组织形式。复式教学是把两个或两个以上不同年级的学生编在一个教室里,由一位教师分别用不同的教材,在一节课里对不同年级的学生进行教学的一种特殊组织形式。走班制是指学生根据教学活动中预先制订的学习计划和自己的兴趣愿望,以“走班”为形式,“流动”到自己需要的班级进行学习的一种组织形式。

16. A 【解析】本题考查教师劳动的特点。教师劳动的示范性是指教师的言行举止，如人品、才能、治学态度等都会成为学生学习的对象。为了培养学生良好的学习习惯，该教师以身作则，带头在师生微信群早晚读书打卡，体现了教师劳动的示范性。

17. B 【解析】本题考查心理学流派的主张。A项，认知心理学主张把心理活动看作信息加工系统，由感官收集信息，经过分析、存储、转换，然后加以利用。故与题干不符。

B项，格式塔心理学反对构造主义只强调分析的方法，而认为人的每一种经验都是一个整体，整体决定其内在的部分，整体先于部分，整体大于部分之和，不能简单地用其组成部分来说明。故与题干相符。

C项，人本主义心理学着重于人格方面的研究，认为人的本质是善良的，人有自由意志，有自我实现的需要。故与题干不符。

D项，机能主义心理学主张研究意识，但是该主张不把意识看成是个别心理元素的集合，而是看成一种持续不断、川流不息的过程。故与题干不符。

18. C 【解析】本题考查比率智商的计算方法。斯坦福—比纳（比奈）量表用智龄和实际年龄的比率代表的智商，称作比率智商。比率智商的计算公式为：智商(IQ)=智龄(MA)÷实龄(CA)×100。将题干中的智龄13岁（即13×12个月），实龄10周岁零10个月（即10×12+10个月）代入公式：智商IQ=[13×12/(10×12+10)]×100=120。

19. D 【解析】本题考查知觉的规律。知觉的恒常性是指客观事物本身不变，但知觉条件在一定范围内发生变化时，人的知觉映像仍相对不变。知觉恒常性包括颜色恒常性、明度恒常性、形状恒常性、大小恒常性等。其中，大小恒常性是指人对物体大小的知觉并不随着距离的变化而变化。题干中在100米和10米处看同一辆汽车时，视网膜上的映像不同，但我们仍将其感知为大小不变，这主要体现的是知觉的恒常性。知觉的选择性强调从背景中区分出对象；知觉的整体性强调部分与整体的关系；知觉的理解性强调知识经验的作用。故A、B、C三项不符合题意。

20. C 【解析】本题考查系列位置效应的内涵。系列位置效应就是指接近开头和末尾的记忆材料的记忆效果好于中间部分的记忆效果的趋势。根据题干描述可知，背诵首句和末句更容易的现象体现了系列位置效应。

背景效应也称上下文效应，是指周围物体、事件或信息对机体如何反应刺激尤其是在知觉和认知方面的影响作用，如言语的上下文所形成的环境对阅读或听说的影响。教师期望效应也叫罗森塔尔效应或皮格马利翁效应，即教师的期望或明或暗地传递给学生，会使学生按照教师所期望的方向来塑造自己的行为。蔡加尼克效应是指人们对于未完成任务的记忆比已经完成任务的记忆保持得更好的现象。A、B、D三项排除。

21. C 【解析】本题考查思维的发展。根据思维的内容凭借物、任务的性质、发展水平以及解决问题的方式,思维可以分为直观动作思维、具体形象思维和抽象逻辑思维。直观动作思维是以实际动作为支柱的思维过程。例如,幼儿骑着小椅子学开车。从个体思维发展过程来看,直观动作思维是最先产生的一种思维形式。

22. B 【解析】本题考查想象的种类。再造想象是依据词语或符号的描述、示意在头脑中形成与之相应的新形象的过程。题干中学生阅读时根据诗句的描述在头脑中形成相应的形象,这种现象属于再造想象。

幻想是一种与生活愿望相结合并指向于未来的想象。创造想象是按照一定目的、任务,使用自己以往积累的表象,在头脑中独立地创造出新形象的过程。无意想象又称不随意想象,是没有预定目的,不由自主产生的想象。故A、C、D三项排除。

23. B 【解析】本题考查高级神经活动类型与气质类型的对应关系。高级神经活动类型与气质类型的对应关系如下表所示:

高级神经活动类型	高级神经活动过程	气质类型
不可遏制型(兴奋型)	强、不平衡	胆汁质
活泼型(灵活型)	强、平衡、灵活	多血质
安静型(不灵活型)	强、平衡、不灵活	黏液质
弱型(抑制型)	弱	抑郁质

故答案选B项。

24. D 【解析】本题考查情绪的种类。激情是一种爆发式的、猛烈而时间短暂的情绪状态。例如,狂喜、暴怒、恐惧、绝望、剧烈的悲痛等,都是激情的表现。题干中的欣喜若狂、手舞足蹈属于激情的表现。心境是一种微弱的、持续时间较长的,带有弥漫性的情绪状态。应激是出乎意料的紧迫情况所引起的急速而高度紧张的情绪状态。故排除A、C两项。B项不属于情绪状态。

25. A 【解析】本题考查性格的结构。性格的态度特征指个体对自己、他人、集体、社会以及对工作、劳动、学习的态度特征,如谦虚或自负、利他或利己、粗心或细心、创造或墨守成规等。题干中的正直诚实、认真细致、自立自强、具备社会责任心属于对自己、他人、社会以及工作、劳动、学习的态度,故属于性格的态度特征。

性格的意志特征指个体自觉地确定目标,调节支配行为,从而达到目标的性格特征,如顽强拼搏、当机立断等。性格的情绪特征指个体稳定而独特的情绪活动方式,如情绪活动的强度、稳定性、持久性和主导心境等方面的特征。性格的理智特征指个体在感知、记忆、想象、思维等认知过程中表现出来的认知特点和风格,如主动感知或被动感知,习惯于看到细节还是轮廓等。B、C、D三项排除。

二、多项选择题

26. ABCD 【解析】本题考查时事政治。2021年7月1日,习近平总书记在庆祝中国共产党成立100周年大会上的讲话中指出:一百年前,中国共产党的先驱们创建了中国共产党,形成了坚持真理、坚守理想,践行初心、担当使命,不怕牺牲、英勇斗争,对党忠诚、不负人民的伟大建党精神,这是中国共产党的精神之源。

27. ABCD 【解析】本题考查《中小学教育惩戒规则(试行)》。根据《中小学教育惩戒规则(试行)》第九条规定,学生违反校规校纪,情节较重或者经当场教育惩戒拒不改正的,学校可以实施以下教育惩戒,并应当及时告知家长:(1)由学校德育工作负责人予以训导;(2)承担校内公益服务任务;(3)安排接受专门的校规校纪、行为规则教育;(4)暂停或者限制学生参加游览、校外集体活动以及其他外出集体活动;(5)学校校规校纪规定的其他适当措施。

28. BCD 【解析】本题考查我国现行的学校教育制度。根据《中华人民共和国高等教育法》第十六条规定,高等学历教育分为专科教育、本科教育和研究生教育。A项说法错误。根据《中华人民共和国义务教育法》第十二条规定,适龄儿童、少年免试入学。地方各级人民政府应当保障适龄儿童、少年在户籍所在地学校就近入学。B项说法正确。学年制是以学年计量、必修课制为基础的教学管理制度,我国全日制小学和普通初中的教学管理制度主要以学年计量为基础。故C项说法正确。中等教育包括高中阶段教育和初中阶段教育。其中,职业高中、技工学校属于高中阶段教育中的中等职业教育。D项说法正确。

29. ABC 【解析】本题考查班主任工作。为了处理好偶发事件,做好肇事者的个别教育工作,班主任首先要遇事冷静、沉着、慎重;其次要注意弄清事情的真相,情节的轻重,产生的根源和造成的后果,经过认真研究才能做出处理,而不可偏听偏信,在没有掌握全面情况之前就匆忙简单地下结论;最后要重教育,启发引导学生认识错误,改过自新。批评与处分只能作为教育学生的辅助手段,如果企图借机整人、惩罚和压制学生,那么既不可能妥善解决问题,也无助于教育学生。故本题选A、B、C三项,D项说法错误。

30. AB 【解析】本题考查问卷编制的注意事项。设计问卷时要注意:(1)语言尽量简单,不使用复杂、抽象的概念及专业术语。(2)陈述尽可能简短,避免啰嗦。(3)问题要避免带有双重或多重含义,即不要在一个问题中同时询问两件(或几件)事情。

(4)问题不能带有倾向性,避免诱导被调查者。(5)不用否定式提问。(6)不要直接询问敏感性问题,应选择间接询问的方式。美国著名社会工作研究学者纽曼等认为,设计问卷时应避免情绪化的语言以及声望所产生的偏见。C、D两项不符合题意,故排除。

31. BC 【解析】本题考查巩固性教学原则的体现。巩固性原则是指教师在教学中要引导学生在理解的基础上牢固地掌握基本知识和基本技能,而且在需要的时候,能够准确无误地呈现出来,以利于知识技能的利用。B项是朱子读书法六条之一,意思是读书要多读几遍,并且要多思考;C项是孔子提出的教育方法,意思是:学到知识后按时温习并实践练习。这两项都含有及时巩固的意思,体现了巩固性教学原则。A项体现的是循序渐进教学原则,D项体现的是直观性教学原则。

32. CD 【解析】本题考查成就动机理论。阿特金森把个体的成就动机分为两类:力求成功的动机和避免失败的动机。故答案选C、D两项。

33. ABCD 【解析】本题考查课堂纪律的种类。根据形成途径,课堂纪律一般可分为以下四类:(1)教师促成的纪律;(2)集体促成的纪律;(3)任务促成的纪律;(4)自我促成的纪律。

34. ABC 【解析】本题考查学习的内涵。学习是个体在特定情境下由于练习或反复经验而产生的行为或行为潜能的相对持久的变化。值得注意的是,并非所有的行为变化都是由于学习产生的,如生理成熟、疲劳、药物等因素亦可引起行为的变化。D项中的行为属于本能行为,故不属于学习。A、B、C三项均属于由于练习或经验而产生的学习结果。B项中若强调吃到酸梅流口水则不属于学习。

35. ACD 【解析】本题考查注意的相关知识。A项,有意注意也称随意注意,是有预定目的、必要时需要意志努力、主动地对一定事物所发生的注意。它受人的意识的调节和控制,是人类所特有的一种注意。学生自习时专心致志,表明其注意是有预定目的、需要意志努力的。故选项A说法正确。

B项,注意的广度也称注意的范围,是指在同一时间内,人们能够清楚地知觉出的对象的数目。"一目十行"指的就是注意的范围。阅读时"一目十行"表明注意的广度品质较好。故选项B说法错误。

C项,注意的分配是指人在进行两种或多种活动时能把注意指向不同对象的现象。生活中大量的"一心二用"现象,如学生在课堂上边听课边记笔记,就属于注意的分配。开车时眼观六路、耳听八方既体现了注意的分配能力强,又体现了注意的广度品质好。故选项C说法正确。

D项,运用无意注意的规律组织教学主要包括以下几个方面:(1)创造良好的教学环境。(2)注重讲演、板书技巧和教具的使用。在讲课过程中,教师应该音量适中,语音、语调做到抑扬顿挫,遇到重点、难点还要加强语气,伴以适当的手势和表情。声音太大、语调平淡,容易使学生疲劳;声音过小,学生听不到或听不清,就很容易分心。另外可以配合使用板书和教具。(3)注重教学内容的组织和教学形式的多样化。故选项D说法正确。

三、填空题

36. 百年奋斗

37. 教职工代表大会

38. 教科书

39. 品德修养指导(自我修养)

40. 互补性

41. 文化

42. 平行

43. 运动知觉

44. 概括性

45. 意志的自制性

46. 自我实现

47. 原型内化

48. 自我强化

49. 垂直迁移(纵向迁移)

50. 道德两难故事法

四、判断说理题(参考答案)

51. "生成性教学是在弹性预设的前提下,在教学的展开过程中,由教师和学生根据不同的教学情境,自主建构教学活动的过程。"这种说法是否正确?运用教育学知识加以说明。

(1)这种说法是正确的。(2)生成性教学是当前新课改所提倡的一种教学理念。生成性教学主张教师要应用灵活的教学方法,在课堂教学中要随时关注有教育价值的事件,及时调整教学计划,以满足学生的需要。其内涵是指在弹性预设的前提下,在教学展开过程中,由教师和学生根据不同的教学情境,自主建构教学活动的过程。

(共5分。判断2分,判断说法"不正确"本题不得分;答出生成性教学是新课改所提倡的教学理念1分,答出生成性教学的主张及内涵2分)

52.“德育过程必须严格按照知、情、意、行的顺序来进行，以知为开端，以行为终结”，这种说法是否正确？运用教育学知识加以说明。

(1)这种说法是不正确的。(2)德育过程的一般顺序可以概括为：提高品德认识、陶冶品德情感、锻炼品德意志和培养品德行为习惯。德育过程一般以知为开端，以行为终结。但由于社会生活的复杂性、德育影响的多样性等因素，在德育具体实施过程中，又具有多种开端，可根据学生品德发展的具体情况，或从导之以行开始，或从动之以情开始，或从锻炼品德意志开始，最后达到使学生品德在知、情、意、行几方面和谐发展的目的。

(共5分。判断2分，判断说法“正确”本题不得分；答出德育过程的一般顺序1分，答出“多种开端”并阐述清晰2分)

53.一个人只要能做到过目成诵，就说明其记忆力好。这种说法是否正确？运用心理学知识加以说明。

(1)这种说法是不正确的。(2)记忆的品质包括记忆的敏捷性、记忆的持久性、记忆的准确性、记忆的准备性。①记忆的敏捷性是记忆的速度和效率特征。能够在较短的时间内记住较多的东西，就是记忆敏捷性良好的表现。②记忆的持久性是记忆的保持特征。能够把知识经验长时间地保留在头脑中，甚至终身不忘，这就是记忆持久性良好的表现。③记忆的准确性是记忆的正确和精确特征。它是指对于所识记的材料，在再认和回忆时，没有歪曲、遗漏、增补和臆测。④记忆的准备性是记忆的提取和应用特征。它使人能及时、迅速、灵活地从记忆信息的储存库中提取所需要的知识经验，以解决当前的实际问题。“过目成诵”是记忆的敏捷性好的表现，一个人需要综合具备记忆的四种品质，才能说明其记忆力好。

(共5分。判断2分，判断说法“正确”本题不得分；答出“过目成诵”是记忆的敏捷性好1分，答出记忆力好需综合记忆的四种品质2分)

五、材料分析题(参考答案)

54.根据《新时代中小学教师职业行为十项准则》的相关规定，戴老师做到了关心爱护学生、加强安全防范、坚持言行雅正，其行为是值得提倡的。

(1)关心爱护学生准则要求教师严慈相济，诲人不倦，真心关爱学生，严格要求学生，做学生良师益友；不得歧视、侮辱学生，严禁虐待、伤害学生。材料中戴老师保护、安抚学生的行为做到了关心爱护学生。

(2)加强安全防范准则要求教师增强安全意识，加强安全教育，保护学生安全，防范事故风险；不得在教育教学活动中遇突发事件、面临危险时，不顾学生安危，擅离职守，自行逃离。材料中戴老师遇突发事件、面临危险时,没有自行逃离,而是果断保护学生,此行为做到了加强安全防范。

(3)坚持言行雅正准则要求教师为人师表,以身作则,举止文明,作风正派,自重自爱;不得与学生发生任何不正当关系,严禁任何形式的猥亵、性骚扰行为。材料中戴老师做到了为人师表,以身作则,给学生以及其他教师树立了良好的榜样。

(共7分。答出戴老师的行为值得提倡1分,每答出一条行为准则1分,每一条准则结合材料说明1分)

55. (1)隐私权是指公民生活中不愿为他人公开或知悉的个人秘密的不可侵犯的人身权利。学校和教师侵犯学生隐私的表现形式有:故意隐匿、毁弃或者非法开拆学生信件,披露、宣扬学生自身及家庭成员的资料,提供学生成绩的方式不适当等。材料中,徐老师将该学生的母亲是单亲妈妈这一信息披露、宣扬出去的行为侵犯了该学生的隐私权。

(2)徐老师违反了《中华人民共和国未成年人保护法》《中华人民共和国教师法》等法规。

根据《中华人民共和国未成年人保护法》第四条规定,处理涉及未成年人事项,应当符合下列要求:①给予未成年人特殊、优先保护;②尊重未成年人人格尊严;③保护未成年人隐私权和个人信息;④适应未成年人身心健康发展的规律和特点;⑤听取未成年人的意见;⑥保护与教育相结合。材料中,徐老师侵犯该学生隐私权的行为违反了《中华人民共和国未成年人保护法》。

根据《中华人民共和国教师法》第八条规定可知,教师有关心、爱护全体学生,尊重学生人格,促进学生在品德、智力、体质等方面全面发展的义务。材料中徐老师侵犯学生隐私权的行为最终导致学生觉得抬不起头,再也不愿意去上学,这违反了《中华人民共和国教师法》的此条规定。

(3)《中华人民共和国未成年人保护法》第一百二十九条规定,违反本法规定,侵犯未成年人合法权益,造成人身、财产或者其他损害的,依法承担民事责任。徐老师的行为侵犯了学生的隐私权,应当依法承担民事责任。

(共10分。第一问,答出隐私权1分,答出隐私权的具体内容并结合材料分析1分;第二问,每个法规2分,分别结合材料分析1分;第三问,答出法规及其内容2分)

56. (1)劳动教育的内容主要包括日常生活劳动、生产劳动和服务性劳动。日常生活劳动教育立足个人生活事务处理,结合开展新时代校园爱国卫生运动,注重生活能力和良好卫生习惯培养,树立自立自强意识。生产劳动教育要让学生在工农业生产过程中直接经历物质财富的创造过程,体验从简单劳动、原始劳动向复杂劳动、创造性劳动的发展过程,学会使用工具,掌握相关技术,感受劳动创造价值,增强产品质量意识,体会平凡劳动中的伟大。服务性劳动教育让学生利用知识、技能等为他人和社会提供服务,在服务性岗位上见习实习,树立服务意识,实践服务技能;在公益劳动、志愿服务中强化社会责任感。材料中,李老师针对本班学生劳动积极性不高这一现象,采取了一系列措施,如要求家长督促和指导孩子完成一些力所能及的家务,这属于日常生活劳动教育;让家长利用周末带孩子一起种植蔬菜,属于生产劳动教育。李老师在班上开展的一系列实践活动,能够让学生掌握相关技术,体验劳动的价值和创造的愉悦,属于生产劳动教育。李老师让家长利用周末带孩子参加社区公共卫生劳动,属于服务性劳动教育。

(2)重视劳动教育可满足学生全面发展的需要。劳动教育对学生全面发展的作用包括:

①可以提高学生对劳动的认识,端正劳动态度,增进对劳动人民的感情,克服轻视体力劳动和体力劳动者的思想,促进良好品德形成。材料中,"几个月后,李老师欣喜地看到,许多学生精神状态更为饱满,同学关系更加融洽,学生值日主动自觉,教室卫生也变得更好了"就体现了这一点。

②可以扩大学生的知识面,促进学生把所学知识应用于实践,提高学生解决问题的能力,发展学生智力。材料中,"一些学生由于感受到实践活动的神奇魅力,学习兴趣更加浓厚了"就说明了劳动教育激发了学生的学习兴趣,促进了学生的发展。

③可以增强学生机体器官的功能,提高抵抗疾病的能力,促进学生身体健康发展。材料中,学生经过劳动教育后"身体更加健康"就体现了这一点。

④可以使学生在生产劳动中广泛接触美、感受美和体验美,激发创造美的热望。材料中,"情趣更高雅了"就体现了这一点。

总之,劳动教育能使学生在体力、智力、情感和道德诸方面和谐发展。

(共12分。第一问,答出主要内容1分,给出解释2分,结合材料合理阐述1分;第二问,每条作用2分,理论依据准确、充分1分,结合材料合理阐述1分)

57.(1)学生一属于认知策略中的复述策略。复述策略是指在工作记忆中为了保持信息,运用内部语言在大脑中重现学习材料或刺激,以便将注意力维持在学习材料上的方法。它是短时记忆的信息进入长时记忆的关键。常用的复述策略有:①在复述的时间上,采用及时复习、分散复习;②在复述的次数上,强调过度学习;③在复述的方法上,包括运用有意识记和无意识记、排除相互干扰、运用多种感官协同记忆、整体识记与部分识记相结合、复习形式多样化、画线等。材料中,学生一采用画线的方式来提高记忆效果,因此属于认知策略中的复述策略。

(2)学生二属于认知策略中的精加工策略。精加工策略是指把新信息与头脑中的旧信息联系起来从而增加新信息意义的深层加工策略。常用的精加工策略有:①记忆术。其中,编歌诀法就是利用编制歌谣口诀的方式来帮助记忆的方法。②做笔记。③提问。④生成性学习。⑤运用背景知识,联系客观实际。材料中,学生二通过编歌谣助力记忆,这属于精加工策略中的记忆术。

(3)学生三属于认知策略中的组织策略。组织策略是指将经过精加工提炼出来的知识点加以构造,形成更高水平的知识结构的信息加工策略。组织策略主要有两种:一种是归类策略,另一种是纲要策略。其中,纲要策略主要包括以下两种:①主题纲要法,主题通常是学习材料的各级标题,有时也需要自己进行提炼。②符号纲要法,是采用图解的方式体现知识的结构,即作关系图。主要包括系统结构图、流程图、模式或模型图和网络关系图。材料中,学生三采用思维导图的方式进行复习,就是通过图解来表明知识点之间的联系,因此属于认知策略中的组织策略。

(4)学生四属于元认知策略中的计划策略。学习的元认知策略是指个体为实现最佳的认知效果而对自己的认知活动所进行的调节和控制。主要包括计划策略、监控策略和调节策略。其中,计划策略指根据认知活动的特定目标,在认知活动开始之前计划完成任务所涉及的各种活动、预计结果、选择策略,设想解决问题的方法,并预估其有效性等。如设置学习目标、浏览阅读材料、设置思考题以及分析如何完成学习任务等。材料中,学生四制订学习目标、浏览阅读材料、分析该如何完成学习任务的做法属于典型的计划策略。

(5)学生五属于资源管理策略中的学业求助策略。资源管理策略主要包括:时间管理策略、环境管理策略、努力管理策略和学业求助策略。学业求助策略指当学生在学习上遇到困难时,向他人请求帮助的行为。学业求助不是自身能力缺乏的标志,而是获取知识、增长能力的一种途径,是一种重要的学习策略。学业求助包括两个方面:①学习工具的利用,如善于利用参考资料、工具书、图书馆、电脑等;②社会性人力资源的利用,如善于利用老师的帮助以及同学间的合作与讨论来加深对学习内容的理解。材料中,学生五在遇到学习困难时,善于向老师和同学请教,属于社会性人力资源的利用。因此,学生五的学习策略属于资源管理策略中的学业求助策略。

(共10分,每答出一位学生的学习策略1分,每结合材料分析1分)

58. (1)小李的认知风格属于场依存型,小王的认知风格属于场独立型。场依存型的学生对客观事物的判断常以外部线索为依据,其态度和自我认知易受周围环境或背景(尤其是权威人士)的影响,往往不易独立地对事物做出判断,而是人云亦云,从他人处获得标准;行为常以社会为定向,社会敏感性强,爱好社交活动;偏爱人文、社会科学,善于把握整体,喜欢笼统的、整体的知觉方式。故小李的认知风格属于场依存型。场独立型的学生对客观事物的判断常以自己的内部线索(经验、价值观)为依据,不易受到周围环境因素的影响和干扰,倾向于对事物的独立判断;行为常是非社会定向的,社会敏感性差,不善于社交,关心抽象的概念和理论,喜欢独处;偏爱理科、自然科学;善于从整体中分析出各个元素,喜欢分析的知觉方式。故小王的认知风格属于场独立型。

(2)彭老师从以下三个方面对不同认知风格的学生进行差异化教育。

①采取与学习者认知风格一致的教学策略,即匹配策略。匹配策略是指要根据学习者的认知风格设计与之相匹配的教学策略。例如,场依存型学生喜欢讨论学习,对他人的意见和情感比较敏感,因此,教师就可以采用小组讨论的教学方法,并给予他们及时的指导和肯定。而场独立型学生喜欢一个人学习,不易感受他人的情感,因此,教师可以给予他独立的学习任务,充分发挥他的独立性和主动性。另外,场依存型学生更善于完成社会性的任务,场独立型学生更喜欢有难度的、新颖的任务,教师可以针对不同的学生布置不同的任务。材料中,对小李,彭老师布置更多社交性任务,采用小组讨论的教学方式,并及时给予指导。对小王,彭老师布置有难度的学习任务,发挥其学习的自主性,这体现了匹配策略的使用。

②采取对学习者缺乏的认知风格进行弥补的教学策略,即失配策略。失配策略是为了弥补学生在认知类型机能上的欠缺。在具体的教学情境中,教师提供的教学内容和教学方式往往只能顾及某种认知类型的学生,这样,有些认知类型的学生就难以学会这些内容,这就造成了学生的学习困难。材料中,彭老师要求小李承担需要应用分析能力来单独完成的任务,而鼓励小王参加一些需要合作完成的学习活动,这体现了失配策略的使用。

③根据学生认知风格的发展变化,调整教学方式,组织多样化的教学活动。材料中彭老师意识到学生认知风格的差异性及其发展变化,改变单一的教学风格,采用各种教学方法,组织多样化的教学活动来满足和弥补不同学习者不同类型的需要。

(共11分。第一问,答出二者的认知风格2分;第二问,每答出一个方面2分,每结合材料分析1分)

2021年福建省教师招聘考试教育综合真题试卷(三)

答案速查:

1~5	BACDB	6~10	ADCBC	11~15	ABACA	16~20	ADBBB
21~25	DCDDC			26~30	ACD BC ABD ABD BD		
31~35	ACD ABC ABCD AD AC						

一、单项选择题

1. B 【解析】本题考查民法典的意义。2020年5月28日,第十三届全国人民代表大会第三次会议表决通过了《中华人民共和国民法典》。这部法律被称为"社会生活百科全书",也是新中国第一部以法典形式命名的法律,开创了我国法典编纂立法的先河,具有里程碑意义。

2. A 【解析】本题考查时事政治。在2020年9月8日举行的全国抗击新冠肺炎疫情表彰大会上,为了隆重表彰在抗击新冠肺炎疫情斗争中作出杰出贡献的功勋模范人物,弘扬他们忠诚、担当、奉献的崇高品质,根据第十三届全国人民代表大会常务委员会第二十一次会议的决定,授予钟南山"共和国勋章",授予张伯礼、张定宇、陈薇"人民英雄"国家荣誉称号。所以本次"共和国勋章"获得者是钟南山。

3. C 【解析】本题考查珠穆朗玛峰的最新高程。2020年12月8日,国家主席习近平同尼泊尔总统班达里互致信函,共同宣布珠穆朗玛峰最新高程为8848.86米。

4. D 【解析】本题考查时事热点。2020年12月17日凌晨,嫦娥五号返回器携带月球土壤样品成功在内蒙古中部四子王旗预定区域安全着陆。这标志着嫦娥五号任务取得圆满成功。所以,执行本次探月工程任务的是嫦娥五号。

5. B 【解析】本题考查时事热点。2020年12月17日晚,我国单独申报的"太极拳"、我国与马来西亚联合申报的"送王船——有关人与海洋可持续联系的仪式及相关实践"两个项目,经联合国教科文组织保护非物质文化遗产政府间委员会评审通过,列入联合国教科文组织人类非物质文化遗产代表作名录。至此,我国共有42个非物质文化遗产项目列入联合国教科文组织非物质文化遗产名录(册),居世界第一。故选B项。

6. A 【解析】本题考查我国2020年国民经济增长率。2021年1月18日,国家统计局发布的数据显示,初步核算,2020年全年国内生产总值为1015986亿元,按可比价格计算,比上年增长2.3%。故本题答案选A项。

7. D 【解析】本题考查《中华人民共和国教育法》的内容。根据《中华人民共和国教育法》第十四条规定，国务院和地方各级人民政府根据分级管理、分工负责的原则，领导和管理教育工作。故本题答案选D项。

8. C 【解析】本题考查《中共中央 国务院关于全面加强新时代大中小学劳动教育的意见》的内容。《中共中央 国务院关于全面加强新时代大中小学劳动教育的意见》提出，初中要注重围绕增加劳动知识、技能，加强家政学习，开展社区服务，适当参加生产劳动，使学生初步养成认真负责、吃苦耐劳的品质和职业意识。故本题答案选C项。

A项，小学低年级要注重围绕劳动意识的启蒙，让学生学习日常生活自理，感知劳动乐趣，知道人人都要劳动。

B项，小学中高年级要注重围绕卫生、劳动习惯养成，让学生做好个人清洁卫生，主动分担家务，适当参加校内外公益劳动，学会与他人合作劳动，体会到劳动光荣。

D项，普通高中要注重围绕丰富职业体验，开展服务性劳动、参加生产劳动，使学生熟练掌握一定劳动技能，理解劳动创造价值，具有劳动自立意识和主动服务他人、服务社会的情怀。

9. B 【解析】本题考查《关于全面深化新时代教师队伍建设改革的实施意见》的内容。中共福建省委、福建省人民政府印发的《关于全面深化新时代教师队伍建设改革的实施意见》中提出，实施“卓越教师培养计划”，分类推进教师培养模式改革，按照幼儿园教师综合培养、小学教师全科型培养、中学教师“一专多能”培养、特殊教育教师复合型培养、职业院校教师“双师型”培养的要求，提高师范生培养质量。故本题答案选B项。

10. C 【解析】本题考查第一位在中国系统传播马克思主义教育理论的教育家。杨贤江是我国第一位系统传播马克思主义教育思想的教育理论家。他的著作《新教育大纲》是中国现代史上最早的一部系统阐述马克思主义教育原理的著作。

11. A 【解析】本题考查教育目的的层次结构。有人认为，教育目的由四个层次构成：一是国家或社会所规定的教育总目的；二是各级各类学校的培养目标；三是课程目标；四是教学目标。教育目的的各层次之间的关系是：从教育目的到教学目标是抽象到具体的关系，后者是前者的具体化，只有实现了具体的教学目标，才能达到实现教育的总目的的要求；反过来，从教学目标到教育目的是具体到抽象的关系，上一个层次的教育目标是下一个层次教育目标的依据、任务和方向，对下一个层次目标起制约和指导作用，而课程目标、教学目标又是教育目的、培养目标实现的保障。故A项正确。

12. B 【解析】本题考查"白板说"的最早提出者。洛克反对天赋观念,提出了"白板说"。他认为人的心灵原来就像一块白板,没有一切特性,没有任何观念,天赋的智力人人平等。

13. A 【解析】本题考查操行评定的内涵。操行评定是班主任对学生一个学期或一个学年操行的全面鉴定,是对学生进行有效的教育管理手段。操行评定的内容包括学生的思想品德、学习、劳动、文体活动和社会工作等方面的表现和发展情况的评价。题干所述符合操行评定的内涵。

14. C 【解析】本题考查我国现代学制的演变。1922年9月,教育部在北京专门召开了学制会议,会议对全国教育会联合会所提出的学制系统改革案稍作修改,又交予同年10月在济南召开的教育会联合会第八届年会征询意见,最终于11月1日以大总统令公布了《学校系统改革案》。这就是1922年的"新学制",或称"壬戌学制",由于采用的是美国式的六三三分段法,又称"六三三学制"。故题干所述为壬戌学制。

15. A 【解析】本题考查杜威的教育思想。杜威的理论是现代教育理论的代表,他提出了"新三中心论",即"儿童中心""活动中心""经验中心"。杜威认为,教育即生活,教育即生长,教育即经验的改组或改造,他还提出"从做中学"的观点。

16. A 【解析】本题考查教育科学研究方法。教育叙事研究是抓住人类经验的故事性特征进行研究并用故事的形式呈现研究结果的一种研究方式。案例研究是围绕某一研究对象或问题,通过系统地收集和整理资料,以获得对该对象或问题的整体性的认识与思考。叙事研究与案例研究的区别在于:虽然它们都以故事的形式呈现,但叙事研究叙述的只有一个完整的故事,是个案;而案例研究是教学的整合,可以在教育叙事的基础上,以某个核心主题为对象,选取若干个有典型意义的、多种角度的教学故事来进行研究、反思和讨论,是综案。题干所述更符合叙事研究的特点。故选A项。

17. D 【解析】本题考查知觉的特征。知觉的选择性是指当面对众多的客体时,知觉系统会自动地将刺激分为对象和背景,并把知觉对象优先地从背景中区分出来。题干中强调用红色粉笔标注重点内容(知觉对象),以引起学生关注,故体现了知觉的选择性特征。

A项,知觉的理解性是指人以知识经验为基础对感知的事物加工处理,并用语词加以概括、赋予说明的加工过程。

B项,知觉的恒常性是指客观事物本身不变,但知觉条件在一定范围内发生变化时,人的知觉映像仍相对不变。

C项，知觉的整体性是指人根据自己的知识经验把直接作用于感官的客观事物的多种属性整合为统一整体的过程。

18. B 【解析】本题考查情感的种类。理智感是人认识事物和探求真理的需要是否得到满足而产生的主观体验。如发现问题的惊奇感、问题解决的喜悦感、为真理献身的自豪感、问题不解的苦闷感等。故本题答案选B项。

A项，美感是人们根据一定的审美标准对自然或社会现象及其在艺术上的表现予以评价时所产生的情感体验。

C项，道德感是根据一定的道德标准评价人的思想、意图和言行时所产生的主观体验。如爱国主义情感、集体主义情感、责任感、事业心、荣誉感、自尊心等。

D项，自我效能感是指人对自己能否成功从事某一成就行为的主观判断。

19. B 【解析】本题考查智力结构理论。英国心理学家斯皮尔曼提出了智力的二因素论。他认为，智力包括两种因素：一般因素（即G因素）和特殊因素（即S因素）。故答案选B项。

A项，阜南认为智力结构由四个层次组成。

C项，卡特尔按心智能力功能上的差异，将人的智力分为流体智力和晶体智力两种不同的形态。

D项，吉尔福特的智力三维结构论认为，智力是一个由不同方式对不同信息进行加工的各种能力的综合系统，是一个包括内容、操作和产品（成果）的三维结构 。

20. B 【解析】本题考查需要的概念。需要是有机体感到某种缺乏或不平衡状态而力求获得满足的心理倾向，是有机体自身和外部生活条件的要求在头脑中的反映。故答案选B项。

A项，能力是直接影响人的活动效率，促使活动顺利完成的个性心理特征。

C项，兴趣是人对事物的一种认识倾向，伴随着积极的情绪体验，对个体活动，特别是对个体的认知活动有巨大的推动作用。

D项，动机是激发和维持有机体的行动，并使该行动朝向一定目标的心理倾向或内部驱力。

21. D 【解析】本题考查积极适应挫折的方法和技术。积极适应挫折的方法和技术有：(1)理智的压抑。(2)升华。升华泛指心理欲望从社会不可接受的方向转向社会可接受的方向的过程。当一个人意识到自己的某种欲望无法为自己接受，且与社会规范、伦理道德相悖时，为求得心理平衡，将其净化、提高，成为一种高尚的追求。(3)补偿。(4)幽默。(5)合理宣泄。(6)认知重组。

22. C 【解析】本题考查埃里克森的人格发展阶段理论。勤奋感对自卑感(6~11岁)阶段的发展任务是培养勤奋感。在这个时期,多数儿童已进入学校,第一次接受社会赋予他并期望他完成的任务。他们追求任务完成时获得的成就感及由此带来的长辈的认可和赞许。如果儿童在学习、游戏等活动中不断取得成就并受到成人的奖励,儿童将以成功、嘉奖为荣,养成乐观、进取和勤奋的性格;反之,如果由于学习方法不当或努力不够而多次遭受挫折或其成就受到漠视,儿童容易形成自卑感。因此,小学儿童人格发展要解决的主要矛盾是勤奋感对自卑感。

A项,主动感对内疚感(4~5岁)是学前儿童人格发展要解决的主要矛盾。

B项,自主感对羞耻感(2~3岁)是幼儿人格发展要解决的主要矛盾。

D项,自我同一性对角色混乱(12~18岁)是青少年人格发展要解决的主要矛盾。

23. D 【解析】本题考查学生的认知方式差异。一般说来,场依存型学生对人文学科和社会学科更感兴趣,偏好合作学习;而场独立型学生在理科与自然科学方面更擅长,偏向于自主学习。故答案选D项。

24. D 【解析】本题考查知识的分类。程序性知识即操作性知识,是一种经过学习后自动化了的关于行为步骤的知识,表现为在信息转换活动中进行具体操作。因此,D项中"根据已知条件,求∠C的度数"属于程序性知识。陈述性知识也叫描述性知识,是个人能用言语进行直接陈述的知识,主要用于区别和辨别事物,是回答"是什么"和"为什么"的知识,A、B、C三项属于陈述性知识。

25. C 【解析】本题考查迁移的种类。顺向迁移是指先前学习对后继学习产生的影响;逆向迁移是指后继学习对先前学习产生的影响。题干中强调后阅读的小说对已学词句的影响,故属于逆向迁移。正迁移也叫"助长性迁移",是指一种学习对另一种学习的促进作用;负迁移也叫"抑制性迁移",是指一种学习对另一种学习产生阻碍作用。题干中强调"加深理解",故属于正迁移。综上所述,本题答案选C项。

二、多项选择题

26. ACD 【解析】本题考查时事政治。《中共中央关于制定国民经济和社会发展第十四个五年规划和二〇三五年远景目标的建议》(以下简称《建议》)的逻辑主线是:在全面建成小康社会之后,开启全面建设社会主义现代化国家新征程,要科学把握新发展阶段,深入贯彻新发展理念,加快构建新发展格局,以推动高质量发展为主题,以深化供给侧结构性改革为主线,实现经济行稳致远、社会安定和谐,为全面建设社会主义现代化国家开好局、起好步。简而言之,规划《建议》的核心要义体现在三个"新"上,就是新发展阶段、新发展理念、新发展格局。

27. BC 【解析】本题考查《中国学生发展核心素养》的内容。根据《中国学生发展核心素养》可知,实践创新主要是学生在日常活动、问题解决、适应挑战等方面所形成的实践能力、创新意识和行为表现。具体包括劳动意识、问题解决、技术应用等基本要点。故答案选B、C两项。A项属于学会学习的核心要点,D项属于健康生活的核心要点。

28. ABD 【解析】本题考查《中小学教育惩戒规则(试行)》的内容。根据《中小学教育惩戒规则(试行)》第八条规定,教师在课堂教学、日常管理中,对违规违纪情节较为轻微的学生,可以当场实施以下教育惩戒:(1)点名批评;(2)责令赔礼道歉、做口头或者书面检讨;(3)适当增加额外的教学或者班级公益服务任务;(4)一节课堂教学时间内的教室内站立;(5)课后教导;(6)学校校规校纪或者班规、班级公约规定的其他适当措施。因此,答案选A、B、D三项。而C项属于教师在教育教学管理、实施教育惩戒过程中不得出现的行为,故排除。

29. ABD 【解析】本题考查教与学的辩证统一关系。教学是教与学矛盾统一的过程,教和学是互为条件而存在的,又是相互影响、相互促进的。教师和学生是教学活动中的主体,教师是教的主体,在教学活动中起主导作用;学生是学的主体,在教学活动中发挥主体作用。在教学中只有把教师的主导作用与学生的主体作用结合起来,才能很好地完成教学任务。故A、B、D项表述均正确。C项忽视了教师的主导作用,表述错误。

30. BD 【解析】本题考查综合课程。综合课程是指打破传统的分科课程的知识领域,组合两门以上学科领域而构成的一门学科。“科学”课程包含了物理、化学、生物等学科内容,“艺术”课程包含了音乐、美术等学科内容,所以这两门课程都属于综合课程,答案选B、D项。分科课程是指根据学校教育目标、教学规律和一定年龄阶段的学生发展水平,分别从各门学科中选择部分内容,组成各种不同的学科,彼此分立地安排它们的教学顺序、教学时数和期限。我国普通中小学教育大多采用分科课程,A、C项也在这一课程类型之列,故不选。

31. ACD 【解析】本题考查古代社会教育的特征。古代东西方社会教育的共同特征有:(1)专门的教育机构和专职的教育人员;(2)鲜明的阶级性与严格的等级性;(3)教育内容更加丰富;(4)教育与生产劳动的分离和对立;(5)教育方法崇尚书本、呆读死记、强迫体罚、棍棒纪律;(6)官学和私学并行的教育体制;(7)个别施教或集体个别施教的教学组织形式。故A、C、D项属于古代社会教育的特征。B项属于现代社会教育的特征。

32. ABC 【解析】本题考查思维的种类。A项，聚合思维，也叫求同思维、集中思维、辐合思维、会聚思维，是指人们解决问题时，思路集中到一个方向，从而形成唯一的、确定的答案。在解答本题中的问题时，会形成唯一的、确定的答案，因此运用了辐合思维。

B项，抽象逻辑思维是以词为中介来反映现实的思维过程，也叫词的思维或逻辑思维。例如，学生证明某一命题、定理时，要运用数字符号和概念来进行推导和求证。在解答题干中的问题时需要运用字母符号进行推导，故运用了逻辑思维。

C项，分析思维是遵循严密的逻辑程序和规律，逐步推导，然后得出合乎逻辑的正确答案或做出合理结论的思维。在解答题干中的问题时，需要按照逻辑进行逐步推导，故运用了分析思维。

D项，创造性思维是指以新颖、独特的方式来解决问题的思维方式。解答本题中的问题时，由于试题比较简单，运用常用的数学推导方法即可解决，故没有体现创造性思维。

33. ABCD 【解析】本题考查性格与气质的关系。A项，气质受生理影响大，性格受社会影响大。因此，气质是先天的，性格是后天的。故A项说法正确。

B项，气质无所谓好坏，性格有优劣之分。故B项说法正确。

C项，不同气质类型的人可以形成相同的性格，相同气质类型的人也可以形成不同的性格。故C项说法正确。

D项，气质影响性格的形成和发展，以及形成的速度。故D项说法正确。

34. AD 【解析】本题考查学习策略的种类。精加工策略是指把新信息与头脑中的旧信息联系起来从而增加新信息意义的深层加工策略。主要有记忆术；做笔记；提问；生成性学习；运用背景知识，联系客观实际等策略。其中，编歌诀法是利用编制歌谣口诀的方式来帮助记忆的方法，属于精加工策略中的记忆术。故A、D两项均属于精加工策略。B项，用表格罗列主要观点属于组织策略；C项，统筹安排学习时间属于资源管理策略中的时间管理策略。

35. AC 【解析】本题考查皮亚杰的认知发展阶段理论。根据皮亚杰的认知发展阶段理论可知，具体运算阶段的认知特点有：(1)去自我中心性(去中心化)；(2)可逆性；(3)守恒；(4)分类；(5)序列化。故答案选A、C两项。B项，假设推理属于形式运算阶段的认知特点；D项，客体永久性属于感知运动阶段的认知特点。

三、填空题

36. 选举

37. 特殊

38. 试用

39. 升学

40. 社会政治经济制度

41. 不平衡性(不均衡性)

42. 教学原则

43. 核心(核心队伍)

44. 客观现实

45. 表象

46. 具体化

47. 操作能力

48. 态度

49. 心理自我

50. 定向

四、判断说理题(参考答案)

51. 常言道"教学有法,但无定法"。某教师认为这意味着自己在教学中可以任意采用某一种教学方法。该教师的观点是否正确?请运用教育学知识并结合实际加以说明。

(1)该教师的观点是不正确的。(2)"教学有法,但无定法"的意思是我们的教育教学活动是有规律可遵循、有法则可遵守、有模式可遵照的,是有可以掌握的基本方法、基本规律的。但是教学的模式、方法、技能等不是机械的、教条的,而是灵活多变、富有个性、充满灵性的。教师劳动的创造性要求教师不断更新教学方法,但绝不意味着教师可以任意选择教学方法。在实际教学中,教师要根据教学目的和任务、教学内容的性质和特点、教学对象的实际情况、教师自身素养及所具备的条件、教学方法的类型与功能等因素科学、合理地选择和有效地运用某一种或某几种教学方法。故题干中该教师的观点错误。(考生可结合实际加以阐述,言之有理即可)

(共10分。判断3分,判断"观点正确"本题不得分;理由7分,答出引文含义2分,答出选择教学方法的五条依据5分)

52. 注意的起伏和注意的分散都是稳定性差的表现。这种说法是否正确?请运用心理学知识加以说明。

(1)这种说法是不正确的。(2)注意的稳定性,是指注意保持在某一对象或某一活动上的时间长短特性。持续时间愈长,注意就愈稳定。注意的分散是指注意离开了当前应当完成的任务而被无关的事物所吸引,这是注意不稳定的表现。而注意的起伏是指短时间内注意周期性地不随意跳跃现象,它是由于人的感受性不能长时间地保持固定的状态,而是间歇性地加强和减弱造成的,这是一种正常的心理现象。因此,只有注意的分散是稳定性差的表现,故本题说法错误。

(共3分。判断1分,判断"说法正确"本题不得分;理由2分,答出起伏和分散的特点1分,答出是否稳定1分)

53. 动机强度与学习效率之间构成线性关系,且与学习任务的难易无关。这种说法是否正确?请运用心理学知识加以说明。

(1)这种说法是不正确的。(2)根据"耶克斯—多德森定律"可知,动机水平和行为效果的关系表现为:①动机的最佳水平随任务性质的不同而不同。在比较容易的任务中,行为效果(工作效率)随动机的提高而上升;随着任务难度的增加,动机的最佳水平有逐渐下降的趋势。②一般来讲,最佳水平为中等强度的动机。③动机水平与行为效果呈倒U型曲线。因此,本题说法错误。

(共7分。判断2分,判断"说法正确"本题不得分;理由5分,答出呈倒U型曲线关系2分,答出与任务难度的关系3分)

五、材料分析题(参考答案)

54. (1)违法主体是苏同学的父亲、美容产品店店主和网络直播平台。

①根据《中华人民共和国未成年人保护法》第十六条规定,未成年人的父母或者其他监护人应当履行下列监护职责:为未成年人提供生活、健康、安全等方面的保障;对未成年人进行安全教育,提高未成年人的自我保护意识和能力;保障未成年人休息、娱乐和体育锻炼的时间,引导未成年人进行有益身心健康的活动;预防和制止未成年人的不良行为和违法犯罪行为,并进行合理管教;等等。第十七条规定,未成年人的父母或者其他监护人不得允许或者迫使未成年人从事国家规定以外的劳动。第二十二条规定,未成年人的父母或者其他监护人因外出务工等原因在一定期限内不能完全履行监护职责的,应当委托具有照护能力的完全民事行为能力人代为照护;无正当理由的,不得委托他人代为照护。第二十三条规定,未成年人的父母或者其他监护人应当及时将委托照护情况书面告知未成年人所在学校、幼儿园和实际居住地的居民委员会、村民委员会,加强和未成年人所在学校、幼儿园的沟通;与未成年人、被委托人至少每周联系和交流一次,了解未成年人的生活、学习、心理等情况,并给予未成年人亲情关爱。材料中,苏同学是单亲家庭(母亲意外早逝)的留守儿童,与奶奶一

同居住。苏同学的父亲作为监护人，即使没有与苏同学一同生活，也仍需承担监护职责，每周至少与苏同学、苏奶奶联系一次。从材料来看，苏同学的父亲没有履行监护职责，关心苏同学的生活、学习情况，采取合理管教措施制止苏同学的不良行为，以致苏同学每天到美容店进行1小时的网络直播。因此，苏同学的父亲违反了相关法律规定。

②根据《中华人民共和国未成年人保护法》第六十一条规定，任何组织或者个人不得招用未满十六周岁未成年人，国家另有规定的除外。材料中，美容产品店店主为了营销产品，与正在上初一的苏同学进行签约，付费让其每天直播1小时，因此店主的行为违反了上述规定。

③根据《中华人民共和国未成年人保护法》第七十六条规定，网络直播服务提供者不得为未满十六周岁的未成年人提供网络直播发布者账号注册服务；为年满十六周岁的未成年人提供网络直播发布者账号注册服务时，应当对其身份信息进行认证，并征得其父母或者其他监护人同意。材料中，网络直播平台同意了上初一的苏同学注册直播账号，网络直播平台监管不到位，故违反了上述规定。

(2)周老师践行了自觉爱国守法、关心爱护学生、坚守廉洁自律的职业行为准则。

①自觉爱国守法，要求教师要忠于祖国，忠于人民，恪守宪法原则，遵守法律法规，依法履行教师职责；不得损害国家利益、社会公共利益，或违背社会公序良俗。材料中，周老师自觉遵守法律法规，并依法履行教师应尽的义务，在店主不能认识和改正自身的错误行为时，及时采取法律手段向有关部门举报，这属于自觉爱国守法的体现。

②关心爱护学生，要求教师要严慈相济，诲人不倦，真心关爱学生，严格要求学生，做学生良师益友；不得歧视、侮辱学生，严禁虐待、伤害学生。材料中，周老师关注学生的学习情况，必要时进行家访，并及时制止有害于学生的行为。这属于关心爱护学生的体现。

③坚守廉洁自律，要求教师要严于律己，清廉从教；不得索要、收受学生及家长财物或参加由学生及家长付费的宴请、旅游、娱乐休闲等活动，不得向学生推销图书报刊、教辅材料、社会保险或利用家长资源谋取私利。材料中，面对店主的讨好，周老师不为所动，这属于坚守廉洁自律的体现。

(共12分。第一问，答出每个违法主体各1分，给出每个依据1分；第二问，答出每条职业行为准则1分，结合材料合理阐述每条1分)

55.(1)徐老师贯彻了如下德育原则：

①疏导原则。疏导原则是指进行德育时要循循善诱、以理服人，从提高学生认识

入手,调动学生的主动性,使他们积极向上。材料中,徐老师面对缺乏生活自理技能和生活常识的刘同学,没有直接进行批评教育,而是耐心对其进行劝导,这一教育过程贯彻了疏导原则。

②因材施教原则。因材施教原则是指教育者在德育过程中,应根据学生的年龄特征、个性差异以及品德发展现状,采取不同的方法和措施,加强德育的针对性和实效性。材料中,徐老师对刘同学和赵同学在实践基地活动中表现出的不同问题采取了不同的教育方式和措施,贯彻了因材施教原则。

③知行统一原则。知行统一原则是指教育者在进行德育时,既要重视对学生进行系统的思想道德的理论教育,又要重视组织学生参加实践锻炼,把提高认识和行为养成结合起来,使学生做到言行一致。材料中,在发现班级学生不能说出所有蔬菜的名称时,徐老师建议基地辅导员给同学们开设现场讲座,帮助学生认识家乡的农作物,说明徐老师既重视实践锻炼,也重视提高学生的认识水平,贯彻了知行统一原则。

④集体教育和个别教育相结合原则。在德育过程中,教育者要善于组织和教育学生热爱集体,并依靠集体教育每个学生,同时通过对个别学生的教育,来促进集体的形成和发展,从而把集体教育和个别教育有机地结合起来。材料中,针对个别学生缺乏生活常识的情况,徐老师组织全班同学参加讲座,共同学习,贯彻了集体教育和个别教育相结合原则。

⑤尊重信任学生与严格要求学生相结合的原则。在德育过程中,教育者既要尊重信任学生,又要对学生提出严格的要求,把严和爱有机地结合起来,使教育者的合理要求转化为学生的自觉行动。材料中,针对赵同学违反纪律偷带手机的行为,徐老师对她进行了批评教育,体现了徐老师对学生的严格要求;但同时徐老师也肯定了赵同学带手机的初衷,并委以重任,体现了对学生的尊重信任。这一过程贯彻了尊重信任学生与严格要求学生相结合的原则。

⑥依靠积极因素、克服消极因素的原则。在德育工作中,教育者要善于依靠、发扬学生自身的积极因素,调动学生自我教育的积极性,克服消极因素,以达到长善救失的目的。材料中,徐老师充分发挥了赵同学喜欢拍照这一优点,对她进行教育,最终既增强了赵同学的纪律性,也提高了她学习的积极性。徐老师对赵同学的教育贯彻了依靠积极因素、克服消极因素的原则,取得了良好的效果。

(2)徐老师对赵同学的教育运用了以下德育方法:

①品德评价法。品德评价法是通过对学生品德进行肯定或否定的评价而予以激励或抑制,促使其品德健康形成和发展的德育方法。它包括奖励、惩罚、评比和操行

评定等。材料中,徐老师对赵同学偷带、偷玩手机的行为进行了批评教育,运用了品德评价法。

②实际锻炼法。实际锻炼法是有目的地组织学生参加各种实际活动,使其在活动中锻炼思想,增长才干,培养优良的思想和行为习惯的德育方法。材料中,徐老师安排赵同学负责基地活动的拍照并且最终成功举办活动成果展,从而使赵同学的纪律性和学习的积极性都明显增强,这一过程运用了实际锻炼法。

(共16分。第一问,每条德育原则2分,给出理论依据1分,结合材料合理阐述1分;第二问,每种德育方法2分,给出理论依据1分,结合材料合理阐述1分)

56.(1)材料中影响问题解决的因素是问题情境与问题表征方式。问题情境是个体面临的刺激模式与其已有知识结构所形成的差异。问题表征是在头脑中对问题进行信息记载、理解和表达的方式,二者都能影响问题解决。

(2)问题情境与问题表征方式对问题解决的影响有以下几点:①问题情境中问题元素的空间集合方式不同,影响问题解决的难易。②问题情境中提供的条件刺激太多或太少都不利于问题解决,太少可能遗漏信息,太多则会产生干扰。③问题表征的方式与主体的认知结构之间的关系影响问题解决。一般而言,问题表征的方式与主体的认知结构越接近,越利于问题解决;反之,则越难。

材料中第一组的问题描述过于复杂,提供信息过多,对问题解决产生了干扰作用。同时,第二组的问题描述与个人的认知结构更相近。因此,第二组解答问题的正确率和速度均明显优于第一组。

(共5分。第一问,答出影响因素1分,具体阐述1分;第二问,答出影响方面2分,结合材料分析1分)

57.(1)"早晨起床后和晚上临睡前的记忆效果好"的现象体现了系列位置效应。"早晨起床后和晚上临睡前的记忆效果好"是因为只受"单一抑制"的影响,即早晨起床后只受倒摄抑制的影响,不受前摄抑制的影响;晚上临睡前只受前摄抑制的影响,不受倒摄抑制的影响。其中,前摄抑制是先学习的材料对识记和回忆后学习材料的干扰作用;倒摄抑制是后学习的材料对保持和回忆先学习的材料的干扰作用。

(2)存在的问题:

①存在不良情绪和学习动机不足。甲同学有偏科现象,对文科存在畏难心理,平时学习也缺乏主动性,他的不良情绪和动机影响记忆效果。

②识记方法不合理。以理解为基础的意义识记比机械识记的效果好得多。甲同学在复习时总以为"文科就靠背",可以不求甚解。他采用机械识记的方法,从而记忆

效果不好。同时,对于形象的知识和抽象的知识采用相同的学习方法,因此难以取得好的记忆效果。

③复习方法较单一。甲同学在复习时,采用单一的反复识记的方法,这不利于提高记忆效果。

④学习程度不够。甲同学没有进行过度学习,总是刚能背诵就停止学习,因此记忆效果不好。

⑤复习时间不足且复习的内容数量过多。甲同学总是考前“临时抱佛脚”,造成复习时间紧、任务重,因此学习效果欠佳。

改善措施:

①在学习时保持积极的情绪状态和适当的动机水平。在学习时,要端正学习态度,培养学习兴趣,积极寻求帮助,克服畏难心理。

②加强对学习内容的理解并将其系统化。在学习时,不死记硬背知识,对于没有明显意义的学习材料,要尽力找出它们之间的联系,甚至人为地加以联系,以帮助识记。

③采用合理的复习方法。在复习时,采用分散复习与集中复习相结合、运用多种感官参与复习、尝试回忆与反复识记相结合等方法,使复习方法多样化,避免复习方法单一,提高记忆效果。

④把握好复习的时间。在学习后要及时复习,即在遗忘开始前就进行复习。同时合理安排复习内容和时间,提高复习效率,不“临时抱佛脚”。

⑤把握好复习的数量,并进行适当的过度学习。每次复习时,学习材料的数量不宜过多,同时使学习的熟练程度达到150%,提高记忆效果。

(共12分。第一问,每条原因1分;第二问,答出存在的问题每点1分,对应改善措施每点1分)

2020年福建省教师招聘考试教育综合真题试卷(四)

答案速查:

1 ~ 5	AACDB	6 ~ 10	DBADA	11 ~ 15	BCDCC	16 ~ 20	ABDBA
21 ~ 25	ADCDB	26 ~ 30	CCBDC	31 ~ 35	AC ACD BCD BC ABCD		

一、单项选择题

1. A 【解析】本题考查我国世界遗产总数的排名。在第43届世界遗产大会上,我国的黄(渤)海候鸟栖息地(第一期)和良渚古城遗址通过审议被列入世界遗产名录。至此,我国世界遗产总数达55处,位列世界第一。

2. A 【解析】本题考查《关于支持深圳建设中国特色社会主义先行示范区的意见》的发展目标。中共中央、国务院在《关于支持深圳建设中国特色社会主义先行示范区的意见》中提出:到2025年,深圳经济实力、发展质量跻身全球城市前列,研发投入强度、产业创新能力世界一流,文化软实力大幅提升,公共服务水平和生态环境质量达到国际先进水平,建成现代化国际化创新型城市。

3. C 【解析】本题考查我国第一艘国产航空母舰的名称。2019年12月17日,我国第一艘国产航空母舰"山东舰"在海南三亚某军港交付海军。

4. D 【解析】本题考查五四运动100周年。五四运动爆发于1919年5月4日,2019年为五四运动100周年。所以,答案选D项。

5. B 【解析】本题考查脱离欧盟的国家。英国于当地时间2020年1月31日正式退出欧盟,结束其长达47年的欧盟成员国身份。

6. D 【解析】本题考查我国脱贫攻坚的目标。习近平总书记在决战决胜脱贫攻坚座谈会上强调,到2020年现行标准下的农村贫困人口全部脱贫,是党中央向全国人民作出的郑重承诺,必须如期实现,没有任何退路和弹性。

7. B 【解析】本题考查《中华人民共和国教育法》。《中华人民共和国教育法》第六条规定,教育应当坚持立德树人,对受教育者加强社会主义核心价值观教育,增强受教育者的社会责任感、创新精神和实践能力。

8. A 【解析】本题考查《中华人民共和国教师法》。根据《中华人民共和国教师法》第七条和第八条规定可知,A项属于教师应当履行的义务,B、C、D三项属于教师享有的权利。

9. D 【解析】本题考查《中国学生发展核心素养》。《中国学生发展核心素养》指出,科学精神素养具体包括理性思维、批判质疑、勇于探究等基本要点,故答案选D项。A项技术应用属于实践创新素养的基本要点,B项勤于反思和C项乐学善学是学会学习素养的要点。

10. A 【解析】本题考查《关于全面深化新时代教师队伍建设改革的实施意见》的内容。中共福建省委、福建省人民政府印发的《关于全面深化新时代教师队伍建设改革的实施意见》明确提出,将中小学教师到乡村学校任(支)教1年或薄弱学校任(支)教3年以上的经历作为申报高级教师职称和特级教师的必要条件。

11. B 【解析】本题考查社会教育影响人的途径和形式。社会教育主要是指学校、家庭环境以外的社区、文化团体和组织等给予儿童和青少年的影响。它主要通过以下途径和形式来影响儿童和青少年的身心发展:(1)社区对学生的影响;(2)各种校外机构的影响;(3)报刊、广播、电影、电视、戏剧等大众传播媒介的影响。张贴公益广告属于借助大众传播媒介进行教育,故这种教育活动属于社会教育。

12. C 【解析】本题考查我国第一本马克思主义教育学著作。我国教育家杨贤江以李浩吾为化名出版的《新教育大纲》(1930年)是我国第一本马克思主义的教育学著作。

13. D 【解析】本题考查常用的德育方法。榜样示范法是用榜样人物的优秀品德来影响学生的思想、情感和行为的德育方法。运用榜样示范法的要求之一是选好学习的榜样。选好榜样是学习榜样的前提,我国古代教育重视榜样,要求以尧舜孔孟为榜样,"法古今完人",提倡"论学取友""择其善者而从之"。所以答案选D项。

14. C 【解析】本题考查课程类型。隐性课程亦称潜在课程、自发课程,是学校情境中以间接的、内隐的方式呈现的课程。隐性课程的主要表现形式有:(1)观念性隐性课程;(2)物质性隐性课程;(3)制度性隐性课程;(4)心理性隐性课程。校园环境、班级氛围和学校风气都属于隐性课程。

15. C 【解析】本题考查"六艺"的内容。书,文字教育;乐,包括音乐、诗歌、舞蹈教育;御,以驾兵车为主的军事技术教育;数,简单的计算教育。故本题选C项。

16. A 【解析】本题考查个体身心发展的规律。个体身心发展的个别差异性,是指个体之间的身心发展以及个体身心发展的不同方面之间,存在着发展程度和速度的不同。其表现有:(1)不同儿童同一方面的发展速度和水平不同;(2)不同儿童不同方面的发展存在着差异;(3)不同儿童所具有的个性心理不同;(4)个别差异也表现在群体间。题干中两个同岁儿童语言表达能力的不同说明不同儿童同一方面的发展速度和水平不同,这体现了个体身心发展的个别差异性。

17. B 【解析】本题考查主要的德育原则。长善救失原则也称依靠积极因素,克服消极因素的原则。即在德育工作中,教育者要善于依靠、发扬学生自身的积极因素,调动学生自我教育的积极性,克服消极因素,以达到长善救失的目的。贯彻这一原则要求教育者要用一分为二的观点,全面分析,客观地评价学生的优点和不足;要有意识地创造条件,将学生思想中的消极因素转化为积极因素。所以题干所述贯彻了教育的长善救失原则。

18. D 【解析】本题考查实验教育学的观点。实验教育学是作为赫尔巴特传统教育学说的对立物而出现的。它的一个显著特点就是运用自然科学范式研究教育现象,主张把自然科学实验方法和技术应用于教育问题研究,以数理统计和心理测量等学科的研究成果作为教育统计和测量的基础,从而为教育实验提供科学的手段和方法,形成科学的教育实验模式。

19. B 【解析】本题考查教育科学研究方法。行动研究是指在自然、真实的教育环境中,教育实际工作者按照一定的操作程序,综合运用多种研究方法与技术,以解决教育实际问题为首要目标的一种研究模式。故本题选B。理论研究是对复杂的教育问题的性质和相互关系从理论上加以分析和综合、抽象和概括,以发现其内在规律或一般性结论。历史研究涉及对过去发生事件的了解和解释。基础研究的主要目的在于发展和完善理论。

20. A 【解析】本题考查注意的品质。注意的分配是指人在进行两种或多种活动时能把注意指向不同对象的现象。教师能够一边讲课,一边观察学生,这是在同时进行两种活动并把注意指向不同对象的现象,故属于注意的分配。

21. A 【解析】本题考查感觉的规律。一种感觉兼有另一种感觉的心理现象叫联觉。根据题干可知,作用于视觉器官的红色能引起温暖的感觉,绿色能引起凉爽的感觉,这是一种感觉兼有另一种感觉的典型现象,故属于联觉。

22. D 【解析】本题考查学习的概念。学习是个体在特定情境下由于练习或反复经验而产生的行为或行为潜能的相对持久的变化。但值得注意的是,并非所有的行为变化都是由于学习产生的,如生理成熟、疲劳、药物等因素亦可引起行为的变化。青春期学生的变声是生理成熟因素引起的行为变化,故不属于学习。

23. C 【解析】本题考查思维的种类。抽象思维是以词为中介来反映现实的思维过程,也叫词的思维或逻辑思维。例如,学生证明某一命题、定理时,要运用数字符号和概念来进行推导和求证。因此,运用数学知识求证某一定理的思维活动属于抽象思维。

24. D 【解析】本题考查需要层次理论的提出者。A项默里提出了成就需要的概念;B项勒温主要进行了群体动力的研究并提出相关理论;C项罗杰斯是人本主义的代表人物,主要提出了有意义的自由学习观、以学生为中心的教学观等学习理论;D项马斯洛提出了需要层次理论。故答案选D项。

25. B 【解析】本题考查教育心理学的研究内容。学习过程是教育心理学研究的核心内容,如学习的实质、条件、动机、迁移以及不同种类学习的特点等。

26. C 【解析】本题考查情绪情感的种类。依据情绪发生的强度、持续性和紧张度的不同,可以把情绪状态划分为激情、心境、应激三种。激情是一种爆发式的、猛烈而时间短暂的情绪状态;心境是一种微弱的、持续时间较长的,带有弥漫性的情绪状态;应激是出乎意料的紧迫情况所引起的急速而高度紧张的情绪状态。从情感的社会内容角度来看,人类的情感有道德感、美感和理智感三种形式。道德感是根据一定的道德标准评价人的思想、意图和言行时所产生的主观体验;美感是人们根据一定的审美标准对自然或社会现象及其在艺术上的表现予以评价时所产生的情感体验;理智感是人认识事物和探求真理的需要是否得到满足而产生的主观体验。因此,"喜者见之则喜"属于心境,故A项表述错误;暴怒时肌肉紧张、面红耳赤属于激情,故B项表述错误;在进行认知活动时有新发现的喜悦感符合理智感的内涵,故C项表述正确;"先天下之忧而忧,后天下之乐而乐"属于道德感,故D项表述错误。

27. C 【**解析**】本题考查学校心理健康教育的最主要途径。心理健康教育课程又称心理辅导活动课程,是我国学校的心理健康教育工作者在实践中创造出来的一种发展性辅导形式。心理健康教育课程是学校心理健康教育工作最主要的途径,它以课程的形式传递心理健康知识、训练心理素质、培养心理品质,以达到全面提高学生心理健康水平的目的。故答案选C项。

28. B 【**解析**】本题考查布鲁纳的学习理论观点。认知学派的代表人物苛勒认为,学习的实质在于形成新的完形;美国著名的认知教育心理学家布鲁纳认为,学习的实质在于主动形成认知结构;建构主义者认为,学习的过程就是建构自己知识的过程;行为主义学派的代表人物桑代克认为,学习的实质在于形成刺激与反应之间的联结。因此,本题答案选B项。

29. D 【**解析**】本题考查迁移理论。贾德在1908年所做的"水下击靶"实验,是概括化理论的经典实验。概括化理论也称经验类化说,故答案选D项。

30. C 【**解析**】本题考查学习策略的种类。做笔记属于精加工策略,列提纲属于组织策略,设置学习目标属于元认知策略中的计划策略,统筹安排学习时间属于资源管理策略中的时间管理策略。故答案选C项。

二、多项选择题

31. AC 【**解析**】本题考查2019年度国家最高科学技术奖的获得者。黄旭华院士和曾庆存院士获得了2019年度国家最高科学技术奖。

32. ACD 【**解析**】本题考查《中华人民共和国义务教育法》。根据《中华人民共和国义务教育法》第四十一条规定,国家鼓励教科书循环使用。故A项说法正确。第四十条规定,教科书价格由省、自治区、直辖市人民政府价格行政部门会同同级出版行政部门按照微利原则确定。故B项说法错误。第三十九条规定,国家实行教科书审定制度。教科书的审定办法由国务院教育行政部门规定。未经审定的教科书,不得出版、选用。故C项说法正确。第三十八条规定，教科书根据国家教育方针和课程标准编写，内容力求精简，精选必备的基础知识、基本技能，经济实用，保证质量。故D项说法正确。

33. BCD 【解析】本题考查教育与社会发展的关系。生产力的发展水平制约着教育发展的规模和速度，A项错误。教育的相对独立性表现之一是教育具有自身发展的传统与连续性，B项正确。教育的文化功能的表现之一是教育能够促进文化的传播与交流，C项正确。作为一种有目的地培养人的社会活动，教育的发展受社会政治经济制度、生产力水平、科学技术和文化传统等的影响，并对这些因素的变化发展产生反作用。D项正确。

34. BC 【解析】本题考查能力及其理论。能力高者，创造力可能高也可能低，故A项表述错误。个性心理特征包括能力、气质、性格等，故B项表述正确。能力是掌握知识与技能的前提。能力的高低会影响到知识掌握的深浅、难易和技能水平的高低。故C项表述正确。流体智力是一种以生理为基础的认知能力，受先天遗传因素的影响较大。一般人在20岁以后，流体智力的发展达到顶峰，30岁以后随着年龄的增长而降低。故D项表述错误。

35. ABCD 【解析】本题考查影响问题解决的因素。影响问题解决的因素有问题的特征、定势与功能固着、原型启发、已有知识经验、情绪与动机等。

三、填空题

36. 牢记使命

37. 专业人员

38. 立德树人

39. 劳动

40. 意志

41. 学前教育

42. 教学目标

43. 课程内容

44. 遗传(遗传素质)

45. 1903

46. 顺应

47. 成败经验

48. 自我同一性

49. 言语

50. 冯特

四、判断分析题(参考答案)

51. 有人认为家庭教育完全是父母或者监护人的事情。对此你觉得是否正确,请用法律法规知识说明理由。

(1)这种说法是不正确的。(2)教育孩子是父母或者其他监护人的法定职责。因此,父母或者监护人应该全面学习家庭教育知识,系统掌握家庭教育科学理念和方法,不断提升自身素质和能力,积极发挥榜样作用。但是在家庭教育中,学校、政府和社会也发挥着重要作用。根据《中华人民共和国教育法》第五十条规定,学校、教师可以对学生家长提供家庭教育指导。根据《中华人民共和国未成年人保护法》第十二条规定,有关国家机关和社会组织应当为未成年人的父母或者其他监护人提供家庭教育指导。第八十二条规定,各级人民政府应当将家庭教育指导服务纳入城乡公共服务体系,开展家庭教育知识宣传,鼓励和支持有关人民团体、企业事业单位、社会组织开展家庭教育指导服务。这些法律规定了学校、政府和社会组织在家庭教育中的作用,旨在形成政府主导、部门协作、家长参与、学校组织、社会支持的家庭教育工作格局。因此,题干中的说法过于片面。

(共5分。判断2分,判断"说法正确"本题不得分;理由3分,答出法定职责1分,结合法条分析2分)

52. 班主任工作内容中的个别教育,实质上是对少数学生的教育。对此你觉得是否正确,请用教育学知识说明理由。

(1)这种说法是不正确的。(2)班主任的个别教育工作是指根据学生的个别差异,进行有针对性的个别教育,目的是使每个学生都得到发展。它包括做好先进生的教育工作、中等生的教育工作和后进生的教育工作。故把个别教育理解为对少数学生的教育的观点是错误的。

(共5分。判断2分,判断"说法正确"本题不得分;理由3分,答出个别教育的概念1分,答出个别教育的对象2分)

53. 某生的血型是AB型,有同学说:"你这种血型属于黏液质。"对此你觉得是否正确,请用心理学知识说明理由。

(1)这种说法是不正确的。(2)气质是表现在心理活动的强度、速度、灵活性与指向性等方面的一种稳定的心理特征,即我们平时说的脾气、禀性。黏液质是一种气质类型,气质是由人的神经系统的某些生物学特点、特别是脑的特点决定的,而与血型无关。故题干中的说法不正确。

（共5分。判断2分，判断“说法正确”本题不得分；理由3分，答出气质的概念1分，气质与血型的关系2分）

54. 根据遗忘的干扰说可知，为了防止遗忘，应及时复习。对此你觉得是否正确，请用心理学知识说明理由。

(1)这种说法是不正确的。(2)艾宾浩斯的遗忘规律表明，识记后遗忘很快就会发生。因此，对于新学习的材料，为了防止遗忘，必须及时复习。在遗忘理论中，干扰说认为，遗忘是因为在学习和回忆之间受到其他刺激的干扰所致，即主要受到了前摄抑制和倒摄抑制的影响。因此，干扰说给我们的启示是：在早上或晚上学习效果较好，因为只受到单一抑制的影响。因此，题干中的说法错误。

（共5分。判断2分，判断“说法正确”本题不得分；理由3分，答出遗忘规律和干扰说每点1.5分）

五、材料分析题（参考答案）

55. (1)材料中的张老师践行了《新时代中小学教师职业行为十项准则》，具体表现如下：

①关心爱护学生，是指严慈相济，诲人不倦，真心关爱学生，严格要求学生，做学生良师益友；不得歧视、侮辱学生，严禁虐待、伤害学生。材料中，对于家境困难中断学业的学生，张老师步行几十里崎岖的山路进行家访，并与家长进行沟通，最终改变家长的想法让学生完成学业；对于无心读书的学生，张老师对学生进行悉心开导，最终让学生改变想法，认真读书。这些做法都体现了张老师践行关心爱护学生的行为准则。

②坚守廉洁自律，是指严于律己，清廉从教；不得索要、收受学生及家长财物或参加由学生及家长付费的宴请、旅游、娱乐休闲等活动，不得向学生推销图书报刊、教辅材料、社会保险或利用家长资源谋取私利。材料中，张老师拒绝了李某家长请其在家吃饭的邀请，以及学生林某付费的旅游。这些做法都体现了张老师践行坚守廉洁自律的行为准则。

③潜心教书育人，是指落实立德树人根本任务，遵循教育规律和学生成长规律，因材施教，教学相长；不得违反教学纪律，敷衍教学，或擅自从事影响教育教学本职工作的兼职兼薪行为。材料中，张老师从学生爱下棋的特点入手，通过下棋对弈来对学生进行教育；张老师根据学生的特点，专门为学生准备系统的学习资料并精心辅导。这些做法都体现了张老师践行潜心教书育人的行为准则。

④坚持言行雅正，是指为人师表，以身作则，举止文明，作风正派，自重自爱；不得

与学生发生任何不正当关系，严禁任何形式的猥亵、性骚扰行为。材料中，张老师自身教育教学能力突出，关心爱护学生，并有多项特长，如写诗、书法等，这些做法给自己的学生树立了良好的榜样，他的这些品质也深深地影响着自己的学生，学生苏某提议林董事长设立教育基金的做法即体现了张老师对学生的正面影响。这些做法都体现了张老师践行坚持言行雅正的行为准则。

(2)①张老师具备精深的学科专业知识。学科专业知识是教师知识结构的核心，也是教师向学生传授知识的必备基础。张老师为参加物理竞赛的学生准备系统的学习资料并进行辅导，在学生遇到难题时，张老师的指导总能让他茅塞顿开，这说明张老师具备精深的学科专业知识。

②张老师具备广博的科学文化知识。教师的知识不仅要“专”，而且要“博”，教师的专业知识应建立在广博的科学文化知识的基础之上。张老师懂下棋，也出版过个人诗集，还是市书法协会的副会长，这些都说明张老师具备广博的科学文化知识。

③张老师具备丰富的教育科学知识。教师要加强教育工作的科学性和有效性，就必须掌握相关的理论知识。教育学、心理学及各科教材教法是教师首先要掌握的最为基本的教育科学知识。张老师悉心开导无心读书的学生，最终使学生的思想发生了根本转变，这说明张老师具备且善于运用教育科学知识。

④张老师具备丰富的实践性知识。教师的实践性知识是基于教师个人的经验积累，在对待和处理教育问题时体现出的个人特质和教育智慧。面对学习成绩优异但却因为家境困难即将辍学的学生，以及学习成绩不理想却只想着早点闯世界的学生，张老师能以恰当的方式，引导学生及学生家长转变思想，妥善解决问题，这说明张老师具备丰富的实践性知识。

(共12分。第一问，答出张老师践行的行为准则4分，结合材料分析合理2分；第二问，答出张老师具备的知识素养4分，结合材料分析合理2分)

56. (1)①间接经验与直接经验相结合规律(间接性规律)。教学活动是学生认识客观世界的过程，要以间接经验为主、直接经验为辅，将二者有机结合起来。上述教学片段中，教师通过引导学生学习和阅读课文，向学生传授知识，遵循了间接性规律。

②掌握知识和发展智力相统一规律(发展性规律)。掌握知识与发展智力二者是相互统一和相互促进的，在教学中，要把二者有机地结合起来。在片段一中，教师在教学的同时，引导学生通过查字典的方式解决问题，这是对学生能力的培养，遵循了发展性规律。

③教师主导作用与学生主体作用相统一规律(双边性规律)。在教学过程中，教师

的教依赖于学生的学,学生的学离不开教师的教,教与学是辩证统一的。上述三个教学片段中老师通过一步步提问来引导学生,是教师发挥主导作用的体现;片段三中学生们积极主动用自己的话讲故事是学生发挥主体性的表现。

④传授知识与思想品德教育相统一规律(教育性规律)。在教学过程中,学生掌握科学文化知识和提高思想品德修养水平是相辅相成的两个方面。教师借助揠苗助长的寓言故事,教育学生做任何事情都要遵循规律,是遵循教育性规律的体现。

(2)①思想性(教育性)和科学性相统一的原则。这一原则是指教学要以马克思主义为指导,授予学生科学知识,并结合知识教学对学生进行社会主义品德和正确人生观、科学世界观教育。这一原则的实质是要求在教学活动中把教书和育人有机地结合起来。教师通过揠苗助长的寓言故事,使学生明白欲速则不达的道理,体现了思想性(教育性)和科学性相统一的原则。

②启发性原则。启发性原则是指在教学活动中,教师要调动学生的主动性和积极性,引导他们通过独立思考、积极探索,生动活泼地学习,自觉地掌握科学知识,提高分析问题和解决问题的能力。在上述教学片段中,教师引导学生想办法弄清楚"揠"的意思,让学生自己思考并解决问题,都遵循了启发性原则。

③循序渐进原则。循序渐进原则是指教师要严格按照科学知识的内在逻辑和学生的认知发展规律进行教学,使学生掌握系统的科学文化知识,能力得到充分的发展。上述教学片段中,教师由易到难地提出问题,逐步引导学生理解揠苗助长这一故事背后的道理,然后才让他们用自己的话讲故事,这一过程遵循了学生的认识顺序,贯彻了循序渐进原则。

④巩固性原则。巩固性原则是指教师在教学中要引导学生在理解的基础上牢固地掌握基本知识和基本技能,而且在需要的时候,能够准确无误地呈现出来,以利于知识技能的利用。在片段三中,教师让学生在课堂上以及回家后多多练习讲故事,有助于学生对所学知识的掌握,贯彻了巩固性原则。

(共15分。第一问,答出该教学片段遵循的教学规律及其内涵4分,结合材料分析合理2分;第二问,答出该教学片段贯彻的教学原则及其内涵6分,结合材料分析合理3分)

57. 心智技能也称为智力技能、认知技能,是通过学习而形成的合乎法则的心智活动方式。我国教育心理学家冯忠良通过教学实验,提出了心智技能的形成理论,具体阶段为:

(1)原型定向。原型定向就是了解原型的活动结构,从而使主体明确活动的方向，知道该做哪些动作和怎样去完成这些动作。材料中，教师利用运算规律进行算式的变形，帮助学生明确计算的方向，即教师引导学生进行了原型定向的过程。

(2)原型操作。原型操作是依据智力技能的实践模式，把学生在头脑中已建立起来的活动程序计划以外显的操作方式付诸实施，获得完备的动觉映像的过程。材料中，教师通过出一些类似的题目引导学生进行纸笔操作练习，这是进行原型操作的过程。

(3)原型内化。原型内化，即智力活动的实践模式(原型)向头脑内部转化，由物质的、外显的、展开的形式变成观念的、内潜的、简缩的形式的过程。材料中，学生通过纸笔操作练习，从而产生言语表征，形成熟练的心算技能，这是进行原型内化的过程。

(共9分。答出每个阶段各1分，每条概念各1分，结合材料分析每条1分)

58. 根据新教师和老教师的教学数据分析可知，两位教师教学过程的差异体现在以下方面：

(1)维持学生注意的差异。在维持学生注意上，专家型教师有一套完善的维持学生注意的方法；新手型教师则相对缺乏。材料中，在学生课堂注意的时间比例上，老教师能使学生的注意在课堂教学时间的95%左右都维持在课堂上，而新教师只能使学生的注意维持在课堂教学时间的70%左右，这说明专家型教师更善于在课堂中维持学生的注意力。

(2)课堂练习的差异。在课堂练习方面，专家型教师针对全体学生，且学生的课堂作业效果较好；而新手型教师只关注自己关心的学生，不顾其他学生，且学生的课堂作业效果一般。材料中，老教师的课堂练习作业“好”的比例为75%，且练习针对全体学生；而新教师的课堂练习作业“好”的比例仅为44%，且练习主要针对中等生。这说明专家型教师的课堂练习更具针对性，且效果较好。

(3)课堂规则的制定与执行的差异。专家型教师制定的课堂规则比较明确，并能坚持执行；新手型教师的课堂规则较为含糊，不能坚持执行下去。材料中，老教师的课堂中学生执行课堂规则的情况为“优”，而新教师的课堂中学生执行课堂规则的情况为“中”。这说明了二者在课堂规则的制定与执行上的差异。

(4)教学策略的运用存在差异。专家型教师具有丰富的教学策略，并能灵活运用；新手型教师缺乏或不会运用教学策略。在提问策略与反馈策略上，专家型教师比新手型教师更善于提问和追问，从而让更多的学生获得反馈。材料中，老教师对于学生的回答反馈忽略较少，仅为5%，同时善于鼓励和追问学生；而新教师的反馈策略则较差，容易忽视对学生的回答反馈。这说明专家型教师具有丰富的教学策略。

（共9分。答出每方面差异1分，结合材料分析每条1分，全部答出得9分）

2019年福建省教师招聘考试教育综合真题试卷（五）

答案速查：

1～5	CBDCA	6～10	AAACB	11～15	DADBC	16～20	BDCBB
21～25	DBDAD	26～30	ADCBC	31～35	BAAAB	36～40	ABBBB
41～45	AABBA						

一、单项选择题

1. C 【解析】本题考查新修改的个人所得税的起征点。第十三届全国人大常委会第五次会议表决通过了关于修改个人所得税法的决定，其中将个人所得税的起征点调整为每人每月5000元。

2. B 【解析】本题考查新时代推进生态文明建设必须坚持的原则。在全国生态环境保护大会上，习近平总书记提出了新时代推进生态文明建设必须坚持的六项重要原则：坚持人与自然和谐共生；绿水青山就是金山银山；良好生态环境是最普惠的民生福祉；山水林田湖草是生命共同体；用最严格制度最严密法治保护生态环境；共谋全球生态文明建设。故①②④正确，③表述错误。

3. D 【解析】本题考查时事热点。第42届世界遗产大会审议通过了13处文化遗产、3处自然遗产和3处自然与文化双遗产入选世界遗产名录，其中中国贵州省的梵净山被列入自然遗产当中。

4. C 【解析】本题考查“中国农民丰收节”的日期。自2018年起，我国将每年农历秋分设立为“中国农民丰收节”。

5. A 【解析】本题考查我国自主研制的大型灭火/水上救援水陆两栖飞机的名称。我国自主研制的大型灭火/水上救援水陆两栖飞机AG600，于2018年10月20日上午在湖北荆门漳河机场成功实施首次水上试飞任务。

6. A 【解析】本题考查被授予首枚“友谊勋章”的人物。2018年6月8日，中华人民共和国“友谊勋章”颁授仪式在北京人民大会堂金色大厅隆重举行。国家主席习近平向俄罗斯总统普京授予首枚“友谊勋章”。

7. A 【解析】本题考查《中华人民共和国教育法》的相关规定。根据《中华人民共和国教育法》第二十九条规定可知，学校及其他教育机构可行使“按照章程自主管理”的权利。故答案选A项。

8. A 【解析】本题考查《中共中央 国务院关于全面深化新时代教师队伍建设改革的意见》的战略意义。《中共中央 国务院关于全面深化新时代教师队伍建设改革的意见》在战略意义中强调，教师承担着传播知识、传播思想、传播真理的历史使命，肩负着塑造灵魂、塑造生命、塑造人的时代重任，是教育发展的第一资源，是国家富强、民族振兴、人民幸福的重要基石。

9. C 【解析】本题考查福建省《关于全面深化新时代教师队伍建设改革的实施意见》的相关知识。福建省在《关于全面深化新时代教师队伍建设改革的实施意见》中提出，小学高级教师岗位比例提高5个百分点，初中高、中级教师岗位比例分别提高5个百分点，普通高中高级教师岗位比例提高5个百分点。

10. B 【解析】本题考查教育的相关知识。学校教育产生于奴隶社会，A项错误；原始社会的教育具有无阶级性，C项错误；从词源看，西方的“教育(education)”有潜质引发之意，D项错误。

11. D 【解析】本题考查教学四阶段论的提出者。赫尔巴特提出了教学四阶段论，即明了、联合(联想)、系统、方法。

12. A 【解析】本题考查个体身心发展的规律。个体身心发展在不同的年龄阶段表现出不同的总体特征及主要矛盾，面临着不同的发展任务，这就是身心发展的阶段性。个体身心发展的阶段性规律，决定了教育工作必须根据不同年龄阶段的特点分阶段进行。小学低年级教学可以多应用直观的方法，而对高年级学生来说，要多注意培养学生的逻辑思维能力。

13. D 【解析】本题考查马克思主义教育学观点。马克思主义关于人的全面发展学说认为，教育与生产劳动相结合是培养全面发展的人的根本途径，也是唯一途径。

14. B 【解析】本题考查中国近代教育史上第一部由国家颁布并在全国实行的学制。“癸卯学制”是中国近代教育史上第一部由国家颁布并在全国实行的学制系统，成为中国近代教育走向制度化、法制化阶段的标志。

15. C 【解析】本题考查教师劳动的特点。教师通过改变教学内容的学习方式激发学生的学习兴趣，让学生以写信的方式来融入课堂，充分调动了学生的学习积极性，体现了教师劳动的创造性特点。

16. B 【解析】本题考查教学评价的基本类型。形成性评价是在教学过程中为改进和完善教学活动而进行的对学生学习过程及结果的评价。它包括在一节课或一个课题的教学中对学生的口头提问和书面测验。题干中该教师就某一单元内容对学生进行的测试属于形成性评价。

17. D 【解析】本题考查主要的教学原则。循序渐进原则要求按照学生的认识顺序，由浅入深、由易到难、由简到繁地进行教学。"不陵节而施之谓孙"是指教学要遵循一定的顺序进行，这体现的是循序渐进的教学原则。

18. C 【解析】本题考查常用的德育方法。陶冶教育法是教师利用环境和自身的教育因素，对学生进行潜移默化的熏陶和感染，使其在耳濡目染中受到感化的德育方法。马修老师借助音乐对学生进行潜移默化的熏陶和感染，使其在耳濡目染中受到感化，这种德育方法是陶冶法。

19. B 【解析】本题考查开展教育科学研究的第一个步骤。选择研究课题是开展教育科学研究的第一个步骤。

20. B 【解析】本题考查认知过程的构成。认知过程包括感觉、知觉、记忆、想象、思维等。故答案选B项。

21. D 【解析】本题考查同一感觉的相互作用规律。由于刺激对感受器的持续作用而使感受性发生变化的现象叫感觉适应。题干所述是感觉适应中的听觉适应。

22. B 【解析】本题考查遗忘的规律。遗忘发展的规律表明，识记后遗忘很快就会发生。因此，对于新学习的材料，为了防止遗忘，必须"趁热打铁"及时进行复习。

23. D 【解析】本题考查想象的概念。想象是人脑对已储存的表象进行加工改造，形成新形象的心理过程。题干所述属于想象的过程。

24. A 【解析】本题考查常规性思维的概念。常规性思维，是指人们运用已获得的知识经验，按现成的方案和程序，用惯常的方法、固定的模式来解决问题的思维方式。例如，学生运用已学会的公式解决同一类型的问题。

25. D 【解析】本题考查马斯洛需要层次理论的相关知识。归属与爱的需要，也称社交需要，是指每个人都有被他人或群体接纳、爱护、关注、鼓励及支持的需要。故题干中希望多交朋友是为了满足归属与爱的需要。

26. A 【解析】本题考查学习迁移的概念。学习迁移也称训练迁移，是指一种学习对另一种学习的影响，或习得的经验对完成其他活动的影响。平时所说的"举一反三""触类旁通"等都是典型的迁移形式。

27. D 【解析】本题考查桑代克的学习规律。效果律是指刺激和反应之间的联结可因导致满意的结果而加强，也可因导致烦恼的结果而减弱。故题干所述符合效果律。

28. C 【解析】本题考查元认知策略的概念。元认知策略是指个体为实现最佳的认知效果而对自己的认知活动所进行的调节和控制。根据题干描述可知，学生采用的学习策略是元认知策略。

29. B 【解析】本题考查皮亚杰的认知发展阶段理论。处于前运算阶段的儿童,还没有"守恒"能力或没有形成"守恒"的概念,思维缺乏观念的传递性,不能进行可逆运算。题干中的儿童认为掰成两半的饼干变多了,这说明该儿童还没有形成守恒的概念,因此该儿童的认知发展处于前运算阶段。

30. C 【解析】本题考查教学监控能力的概念。教学监控能力是指教师为了保证教学达到预期的目的而在教学的全过程中,将教学活动本身作为意识对象,不断对其进行积极主动的计划、检查、评价、反馈、控制和调节的能力。故题干所述体现了教学监控能力的内涵。

二、判断选择题

31. B 【解析】本题考查《教师资格条例》。根据我国《教师资格条例》第十六条规定,教师资格证书在全国范围内适用。

32. A 【解析】本题考查《中华人民共和国教师法》。根据《中华人民共和国教师法》第七条规定,教师享有"对学校教育教学、管理工作和教育行政部门的工作提出意见和建议,通过教职工代表大会或者其他形式,参与学校的民主管理"的权利。

33. A 【解析】本题考查《中华人民共和国教育法》。根据《中华人民共和国教育法》第四十九条规定,学校及其他教育机构在不影响正常教育教学活动的前提下,应当积极参加当地的社会公益活动。

34. A 【解析】本题考查杜威的教育观点。杜威认为,教育即生活,教育即生长,学校即社会。此外,他还提出"从做中学"的教学方法。

35. B 【解析】本题考查影响个体身心发展的因素。学校教育在人的身心发展中起主导作用,但不能决定个体身心发展。个体的主观能动性是促进个体发展从潜在的可能状态转向现实状态的决定性因素。

36. A 【解析】本题考查我国教育目的的层次结构。教育目的包括三个层次:国家的教育目的、各级各类学校的培养目标和教师的教学目标。故题干表述正确。

37. B 【解析】本题考查课程计划的主要内容。在基本内容上,课程计划主要是指教学科目的设置(课程设置)、学科顺序(课程开设顺序)、课时分配(教学时数)、学年编制和学周安排。课程标准不属于课程计划的内容。

38. B 【解析】本题考查教学方法的使用。讲授法容易导致灌输,但也可以是富有启发性的;谈话法有利于活跃学生思维,但使用不当也容易导致机械对话。两种教学方法各有利弊,关键是看教师能否促进学生积极主动地去学习,而不是单从形式上去加以判断、选择。

39. B 【解析】本题考查情绪的功能。情绪的信号功能体现在个体将自己的愿望、要求、观点、态度通过一定的情感表达方式传递给别人并加以影响。这种功能是通过表情实现的。因此,婴儿通过微笑、哭闹获得成人的关注,体现的是情绪的信号功能。

40. B 【解析】本题考查强化的种类。负强化也称消极强化,是通过消除或中止厌恶、不愉快刺激来增强反应频率。因此,负强化的目的是增强反应频率。故题干说法有误。

41. A 【解析】本题考查意志的品质。与坚韧性相反的意志品质是动摇性和执拗性。

42. A 【解析】本题考查班杜拉的社会学习理论。班杜拉把强化分为:(1)直接强化;(2)替代强化;(3)自我强化。

43. B 【解析】本题考查加涅的学习水平分类。概念学习是指对刺激进行分类时,学会对一类刺激做出同样的反应,也就是对事物的抽象特征的反应。辨别学习是指学会识别多种刺激的异同并对之做出不同的反应。因此,学习识别交通标志属于辨别学习。

44. B 【解析】本题考查科尔伯格的道德发展阶段论。好孩子的道德定向阶段又称寻求认可取向阶段,属于习俗水平。

45. A 【解析】本题考查操作技能和心智技能的特点。操作技能具有以下三个特点:(1)动作对象的客观性;(2)动作执行的外显性;(3)动作结构的展开性。心智技能具有以下三个特点:(1)动作对象的观念性;(2)动作执行的内潜性;(3)动作结构的简缩性。

三、填空题

46. 十九

47. 港珠澳

48. 40

49. 学生

50. 纵容

51. 平等

52. 开除

53. 教育影响

54. 活动

55. 生产力的发展水平

56. 心理

57. 态度

58. 道德教育

59. 神经元(神经细胞)

60. 短时记忆(工作记忆)

61. 倒U型

62. 间接

63. 启发法

64. 自我体验

65. 先行组织者

四、论述题(参考答案)

66. 阐述班级授课制的含义,并分析其成为教学基本组织形式的理由。

(1)班级授课制是把学生按年龄和文化程度分成固定人数的班级,教师根据课程计划和规定的时间表进行教学的一种组织形式。

(2)班级授课制之所以能成为基本的教学组织形式,是因为它具有其他教学组织形式无法比拟的优点:①有利于经济有效地大面积培养人才,提高教学效率;②它以"课"为教学活动单元,能保证学习活动循序渐进,有利于学生获得系统的科学知识;③有利于发挥教师的主导作用;④有利于发挥学生集体的教育作用;⑤有利于学生德、智、体多方面的发展;⑥有利于进行教学管理和教学检查。

(共7分。答出班级授课制的含义1分,答出班级授课制成为教学基本组织形式的理由6分,少答一条理由扣1分)

67. 阿特金森认为,在面对成功概率为50%的任务时,人们存在两种相反的选择倾向。阐述该理论的主要观点及其教育启示。

(1)主要观点:成就动机理论的主要代表人物是阿特金森。成就动机,是指个体努力克服障碍,施展才能,力求又快又好地解决某一问题的愿望或趋势。阿特金森把个体的成就动机分为两类:力求成功的动机和避免失败的动机。力求成功者的目的是获取成就,即通过各种活动努力提高自尊心和获得心理上的满足,成功概率为50%的任务是他们最有可能选择的。避免失败者则往往通过各种活动防止自尊心受伤害和产生心理烦恼,倾向于选择非常容易或非常困难的任务。如果成功的概率大约是50%时,他们会回避这项任务。

(2)教育启示:①在教育实践中对力求成功者,应通过给予新颖且有一定难度的任务,安排竞争的情境,严格评定分数等方式来激起其学习动机;②对于避免失败者,则要安排少竞争或竞争性不强的情境,如果取得成功则要及时表扬,给予强化,评定分数时要求稍稍放宽些，并尽量避免在公共场合下指责其错误；③由于力求成功者的动机比避免失败者的动机具有更大的主动性，因此，对学生还应增加他们力求成功的成分，使他们不以避免失败为满足，而以获取成功为快乐，这样才能真正调动一个人的积极性。

（共8分。答出成就动机的概念1分，每种成就动机及其任务选择2分，每条教育启示1分）

五、材料分析题（参考答案）

68.（1）根据《中华人民共和国教师法》第三十五条规定，侮辱、殴打教师的，根据不同情况，分别给予行政处分或者行政处罚；造成损害的，责令赔偿损失；情节严重，构成犯罪的，依法追究刑事责任。在本材料中，高某散布李老师收取高额回报的谣言、诬告李老师进行有偿补课，这些行为违反了《中华人民共和国教师法》第三十五条规定，因此可对高某给予行政处罚。

（2）校长的做法是不正确的，没有履行维护教师合法权益的义务。

根据《中华人民共和国教育法》第三十条规定，学校及其他教育机构应当履行“维护受教育者、教师及其他职工的合法权益”的义务。在本材料中，作为学校负责人的校长，在高某四处散布李老师索取高额回报的消息时，不但没有认真核实调查这一消息，反而为了避免事件扩大，要求李老师向高某道歉。因此，校长的做法是不正确的。

（3）《新时代中小学教师职业行为十项准则》是教师职业行为的基本规范，主要包括坚定政治方向、自觉爱国守法、传播优秀文化、潜心教书育人、关心爱护学生、加强安全防范、坚持言行雅正、秉持公平诚信、坚守廉洁自律、规范从教行为十项内容。

①李老师遵守了“自觉爱国守法”的准则。“自觉爱国守法”要求教师忠于祖国，忠于人民，恪守宪法原则，遵守法律法规，依法履行教师职责；不得损害国家利益、社会公共利益，或违背社会公序良俗。在本材料中，李老师规范使用微信群，不在群里公开学生成绩或布置家庭作业，这体现了李老师遵守法律法规，依法履行教师职责。

②李老师遵守了“秉持公平诚信”的准则。“秉持公平诚信”要求教师坚持原则，处事公道，光明磊落，为人正直；不得在招生、考试、推优、保送及绩效考核、岗位聘用、职称评聘、评优评奖等工作中徇私舞弊、弄虚作假。在本材料中，李老师针对学生家长高某发布广告的行为，在群里再三提醒，未能奏效，便发布严正警告，这体现了李老师坚持原则，处事公道，光明磊落。

③李老师遵守了“坚守廉洁自律”的准则。“坚守廉洁自律”要求教师严于律己，清廉从教；不得索要、收受学生及家长财物或参加由学生及家长付费的宴请、旅游、娱乐休闲等活动，不得向学生推销图书报刊、教辅材料、社会保险或利用家长资源谋取私利。在本材

料中，李老师果断拒绝高某送的礼物，做到了“坚守廉洁自律”。

④李老师遵守了“规范从教行为”的准则。“规范从教行为”要求教师勤勉敬业，乐于奉献，自觉抵制不良风气；不得组织、参与有偿补课，或为校外培训机构和他人介绍生源、提供相关信息。在本材料中，李老师没有参与有偿补课，做到了“规范从教行为”。

（共12分。第一问，答出法律依据2分，结合材料阐述1分；第二问，判断做法不正确1分，答出法律依据并具体说明原因2分；第三问，答出每条准则1分，结合材料阐述各0.5分）

69. (1)预备铃声和课前陈老师的提醒，有助于影响学生注意的转移品质。注意的转移是根据新的任务，主动地把注意从一个对象转移到另一个对象或由一种活动转移到另一种活动的现象。预备铃声和课前陈老师的提醒，有助于学生主动地把注意力转移到课堂活动中去，积极主动地服从教学安排。

(2)①加深对目的任务的理解。目的越明确、越具体，随意注意就越容易保持。在本材料中，陈老师在进行“如何把6颗糖分成3份”的教学时，逐步引导学生得出平均的分法，让学生初步体会平均分的意义，并最终明确学习的目的及任务。陈老师的这些做法有利于加深学生对目的任务的理解，促进随意注意的保持。

②合理组织活动。教师要合理地组织教学活动，采取具体措施促使学生保持随意注意，如向学生提出问题，在学生刚开始注意分散时给予提示和批评，使智力活动与实际操作相结合等。在本材料中，陈老师在发现学生做小动作时，悄悄提醒，没有打断课堂环节；在学生出现认真听课的良好行为时，及时强化这一行为。陈老师的这些做法是合理组织教学活动的体现。

③对兴趣的依从性。间接兴趣是一种对活动结果的兴趣。有了这种间接兴趣，尽管活动本身枯燥，但随意注意仍能保持很长时间，使人长久地从事这种活动，直到任务完成。在本材料中，陈老师用评选星级作业的方式，激发了赵同学想要评选“五星级”作业的间接兴趣，引起和维持了赵同学对作业的随意注意。

④排除内外因素的干扰。外界的刺激物、机体的某些状态（如疾病、疲劳等）、无关的思想和情绪等都可能干扰正在进行的活动，因此要采取措施，排除干扰。在本材料中，陈老师课前提醒个别仍未做好上课准备的同学调整好状态；在发现学生做小动作时悄悄予以提醒。这些行为能够排除无关因素对学生的干扰，增强学生的随意注意。

（共10分。第一问，答出注意的品质1分，结合材料分析1分；第二问，答出每个条件1分，结合材料阐述各1分）

70. (1)①小雯聪慧敏锐，思维缜密；被老师批评时对周围环境敏感，感到既难堪又委屈。因此可知,小雯属于抑郁质。

②小刚直率开朗,热情外向;知道小亮的举报行为后,便怒气冲冲地找小亮理论,见到小亮,不由分说,一把将小亮推倒在地。因此可知,小刚属于胆汁质。

(2)针对小刚胆汁质的气质类型,教师应采取直截了当的方式,但不宜轻易激怒,对其严厉批评时要有说服力,培养其自制力与坚持到底的精神和豪放、勇于进取的人格品质。

(共6分。第一问,答出每个气质类型0.5分,每种类型结合材料具体阐述0.5分;第二问,合理阐述4分)

71. 该班级存在的问题主要有:(1)缺少共同的奋斗目标。该班的班干部都是通过抽签产生的,也没有讨论过班级的愿景表明该班级缺乏共同的奋斗目标。(2)未建立得力的班集体核心。个别班干部在向原班主任反映问题时,该班主任告诫班干部"别管那么多",表明教师缺乏培养积极分子的意向。(3)没有建立班集体的正常秩序。该班纪律松散,时常有同学迟到,课堂上也总有人交头接耳体现了这一点。(4)未能有效组织形式多样的教育活动。在该班级组织的活动中,学生参与度不高;在校卫生评比中,该班又屡屡落后,表明该班组织活动的效果较差。(5)没有形成正确的舆论和良好的班风。学习委员钟某把自己的"重大发现"在班上公开后,其他学生疏远林某,同学之间起绰号的风气盛行说明该班级并没形成正确的舆论和良好的班风。

建议:(1)结合班级具体情况制定共同的奋斗目标,充分调动班级成员的积极性,使实现目标的过程成为教育与自我教育的过程;(2)深入了解学生,发现和培养积极分子,建立得力的班集体核心;(3)着手正常秩序的建立工作,保证教学活动的顺利进行;(4)在组织各种教育活动时,明确目的和要求,精心设计内容,注意形式的适龄化,调动起学生参与的积极性,使活动的开展过程变成教育过程;(5)引导班级舆论方向,使学生具有正确的是非观念,培养正确的舆论和良好的班风。

(共12分,问题和建议各6分,少答一条问题或建议各扣1分)

2018年福建省教师招聘考试教育综合真题试卷(六)

答案速查:

1~5	DDBAA	6~10	CCDDB	11~15	ABCAB	16~20	BDACD
21~25	CDCBA	26~30	BCCBB	31~35	AADDC		
36~40	BCD ABCD BD CD ABCD			41~45	ABC ACD ABD ACD ABCD		

一、单项选择题

1. D 【解析】本题考查时事政治。中国共产党第十九次全国代表大会通过的党章修正案把习近平新时代中国特色社会主义思想确立为我们党的行动指南，实现了党的指导思想的又一次与时俱进。

2. D 【解析】本题考查十九大报告中关于优先发展教育事业方面的内容。党的十九大报告提出，要“推动城乡义务教育一体化发展，高度重视农村义务教育，办好学前教育、特殊教育和网络教育，普及高中阶段教育，努力让每个孩子都能享有公平而有质量的教育”。

3. B 【解析】本题考查时事热点。在第41届世界遗产大会上，中国青海省可可西里、中国福建省鼓浪屿先后获准列入世界自然遗产、世界文化遗产名录。至此，中国已拥有52处世界遗产，成为名副其实的“世遗”大国。

4. A 【解析】本题考查时事热点。2017年9月29日，世界首条量子保密通信干线——“京沪干线”正式开通，结合“墨子号”卫星，我国科学家成功与奥地利实现了世界首次洲际量子保密通信。

5. A 【解析】本题考查时事热点。2018年2月9日，第23届冬季奥林匹克运动会在韩国平昌开幕。

6. C 【解析】本题考查2017年我国国内生产总值的增长比。2018年3月5日，李克强总理在第十三届全国人大一次会议上作政府工作报告，报告中指出，2017年我国国内生产总值达到82.7万亿元，比上年增长6.9%。

7. C 【解析】本题考查《中华人民共和国教育法》的相关规定。根据《中华人民共和国教育法》第十九条规定，国家实行九年制义务教育制度。

8. D 【解析】本题考查《中华人民共和国未成年人保护法》的相关规定。根据《中华人民共和国未成年人保护法》第十三条规定，父母或者其他监护人应当尊重未成年人受教育的权利，必须使适龄未成年人依法入学接受并完成义务教育，不得使接受义务教育的未成年人辍学。

9. D 【解析】本题考查《关于加强中小学劳动教育的意见》的相关内容。《关于加强中小学劳动教育的意见》中提出，义务教育阶段三到九年级切实开设综合实践活动中的劳动与技术教育课。

10. B 【解析】本题考查《中小学教师违反职业道德行为处理办法》中的处分要求。根据《中小学教师违反职业道德行为处理办法》第三条规定，警告期限为6个月，记过期限为12个月，降低专业技术职务等级、撤销专业技术职务或者行政职务期限为24

个月。

11. A 【解析】本题考查我国最早的学校。一般认为，在夏朝的时候，我国就出现了学校。

12. B 【解析】本题考查卢梭的代表作。卢梭的代表作是《爱弥儿》。A项《理想国》是柏拉图的代表作；C项《教育漫话》是洛克的代表作；D项《教育与文化》是斯普朗格的代表作，故本题选B。

13. C 【解析】本题考查课程标准的功能。国家课程标准是教材编写、教学、评估和考试命题的依据，是国家管理和评价课程的基础。应体现国家对不同阶段的学生在知识与技能、过程与方法、情感态度与价值观等方面的基本要求，规定各门课程的性质、目标、内容框架，提出教学建议和评价建议。

14. A 【解析】本题考查个体身心发展的规律。个体身心发展的顺序性是指人的身心发展是一个由低级到高级、由简单到复杂、由量变到质变的连续不断的发展过程。"拔苗助长"违反了个体身心发展的顺序性。

15. B 【解析】本题考查学生中心课程理论的相关内容。学生中心课程理论也称儿童中心课程理论、经验主义课程论，具有实用性、综合性、实践性等特点，是以儿童的现实生活特别是活动为中心来编制课程的理论，因此，这种课程理论又称活动课程理论。活动课程理论的主要倡导者是美国实用主义教育家杜威。题干中杜威认为学校课程的真正中心是儿童本身的社会活动，这体现的是学生中心课程理论的观点。

16. B 【解析】本题考查现代教育制度的发展趋势。"活到老，学到老"体现了终身教育的思想。终身教育体系的建构是现代教育制度的发展趋势之一。

17. D 【解析】本题考查班级授课制的产生与发展。1632年，捷克教育家夸美纽斯出版的《大教学论》最早从理论上对班级授课制做了阐述，为班级授课制奠定了理论基础。

18. A 【解析】本题考查教师的专业素养。高尚的师德应包括热爱学生、教书育人、为人师表和团结协作等内容。依照题干可知教师应该热爱学生，具备高尚的师德。

19. C 【解析】本题考查影响人的身心发展的因素。题干中文言文的意思是：吴国、越国、东夷、北貉之人，刚生下来啼哭的声音都是一样的，长大后风俗习惯却各不相同，就是教育使他们如此的。这强调了教育对人的身心发展的影响。

20. D 【解析】本题考查实际锻炼法的应用。实际锻炼法是有目的地组织学生参加各种实际活动，使其在活动中锻炼思想，增长才干，培养优良的思想和行为习惯的德育方法。组织学生参加志愿者活动属于对锻炼法的运用。

21. C 【解析】本题考查组织和培养班集体的策略。题干中“没有规矩,不成方圆”意为:做任何事都要有一定的规矩、规则,否则就无法成功。班集体的正常秩序是维持和控制学生在校生活的基本条件,是教师开展工作的重要保证。建立健全必要的班级规则就是为班级“立规矩”,教师要建立正常的班集体秩序,以保证教师顺利开展工作。

22. D 【解析】本题考查个案研究法的概念。个案研究法是指在较长时间内,通过系统搜集特定个体的有关资料,研究其发展变化过程的方法。

23. C 【解析】本题考查教育心理学独立的事件。1903年,美国心理学家桑代克出版了《教育心理学》,这是西方第一本以“教育心理学”命名的著作。1913~1914年,该书又扩充为三卷本的《教育心理大纲》,奠定了教育心理学发展的基础,西方教育心理学的名称和体系由此确立,桑代克也因此被称为“教育心理学之父”。因此,答案选C项。

24. B 【解析】本题考查注意的转移的概念。注意的转移是根据新的任务,主动地把注意从一个对象转移到另一个对象或由一种活动转移到另一种活动的现象。故题干所述体现了注意的转移。

25. A 【解析】本题考查高级神经活动过程对应的气质类型。胆汁质的高级神经活动过程表现为强、不平衡。

26. B 【解析】本题考查过度学习的应用。过度学习达到50%,即学习的熟练程度达到150%时,学习的效果最好。因此,在学习30分钟刚好记住材料时,要想达到最佳的记忆效果,则需要继续学习15分钟。

27. C 【解析】本题考查功能固着的内涵。人们把某种功能赋予某物体的倾向称为功能固着。因此,题干所述体现了功能固着的内涵。

28. C 【解析】本题考查吉尔福特的能力结构理论。美国心理学家吉尔福特提出了智力的三维结构论。

29. B 【解析】本题考查认知内驱力的内涵。认知内驱力指向学习任务本身(为了获得知识),满足这种动机的奖励(知识的实际获得)是由学习本身提供的。因此题干所述的学习动机为认知内驱力。

30. B 【解析】本题考查强化的应用。正强化也称积极强化,是通过呈现想要的愉快刺激来增强反应频率。题干所述为正强化的典型运用。

31. A 【解析】本题考查加涅的学习结果分类。态度指影响个人对人、事、物采取行动的内部状态。某生因为观看了电影《战狼》,对军人产生敬佩的态度,立志成为一名中国人民解放军,根据加涅的学习结果分类,这是发生了态度的学习。

32. A 【解析】本题考查学习迁移的分类及应用。正迁移也叫"助长性迁移",是指一种学习对另一种学习的促进作用。顺向迁移是指先前学习对后继学习产生的影响。故题干所述为顺向正迁移。

33. D 【解析】本题考查意志的品质。与意志的果断性相反的意志品质是优柔寡断和草率武断。

34. D 【解析】本题考查科尔伯格的道德发展阶段论。科尔伯格采用"道德两难故事法"对儿童的道德发展进行了研究。

35. C 【解析】本题考查最近发展区理论。最近发展区是儿童在有指导的情况下,借助成人的帮助所能达到的解决问题的水平与独自解决问题所达到的水平之间的差异,实际上是两个邻近发展阶段间的过渡状态。"跳一跳,摘果子"典型地体现了维果斯基的最近发展区理论。

二、多项选择题

36. BCD 【解析】本题考查《关于全面深化新时代教师队伍建设改革的意见》的相关内容。中共中央、国务院《关于全面深化新时代教师队伍建设改革的意见》要求全面加强师德师风建设。具体举措有:(1)加强教师党支部和党员队伍建设。(2)提高思想政治素质,加强理想信念教育。(3)弘扬高尚师德。注重加强对教师思想政治素质、师德师风等的监察监督等。故答案选B、C、D三项。而全面推进义务教育教师"县管校聘"属于深化教师管理综合改革,激发教师队伍活力的举措,故A项不选。

37. ABCD 【解析】本题考查《中华人民共和国教师法》的相关规定。根据《中华人民共和国教师法》第二十二条规定,学校或者其他教育机构应当对教师的政治思想、业务水平、工作态度和工作成绩进行考核。

38. BD 【解析】本题考查《中国学生发展核心素养》。《中国学生发展核心素养》中自主发展素养包括:(1)学会学习;(2)健康生活。

39. CD 【解析】本题考查赫尔巴特对教育学的贡献。赫尔巴特的观点主要有:(1)教育理论体系的两个理论基础是伦理学和心理学;(2)教育的最高目的是道德和性格的完善;(3)在西方教学史上,赫尔巴特第一次提出了"教育性教学"的概念;(4)提出了教学四阶段论,即明了、联合(联想)、系统、方法。故CD正确,A选项是杜威的教育观点,B选项的《雄辩术原理》是昆体良的代表作。

40. ABCD 【解析】本题考查选择与运用教学方法的依据。选择与运用教学方法的依据:(1)教学的目的和任务;(2)教学内容的性质和特点;(3)教学对象的实际情况(主要指学生的特点);(4)教师自身素养及所具备的条件;(5)教学方法的类型与功能。

41. ABC 【解析】本题考查学生的特点。学生是独特的人,每个学生都有自身的独特性,A正确。从学生自身特点看,学生具有可塑性、依赖性和向师性,B项正确。学生是教育的对象,明确自己的主要任务是学习,C项正确。学生是有意识、有情感、有个性的社会人,是具有主观能动性的人。他们不是盲目、机械、被动地接受作用于他们的影响。故D项说法错误。

42. ACD 【解析】本题考查感觉的规律。由于刺激对感受器的持续作用而使感受性发生变化的现象叫感觉适应。其中视觉的适应可分为暗适应和明适应。暗适应是指照明停止或由亮处转入暗处时视觉感受性提高的过程;明适应是指照明开始或由暗处转入亮处时视觉感受性下降的过程。因此在感觉适应中,感受性有下降也有提高,故B项说法错误。答案选A、C、D三项。

43. ABD 【解析】本题考查认知策略的分类。认知策略包括复述策略、精加工策略和组织策略,C项计划策略属于元认知策略。

44. ACD 【解析】本题考查操作技能熟练阶段的动作特点。操作技能熟练阶段的动作具有以下特点:(1)动作品质方面,动作具有高度的灵活性、稳定性和准确性,在各种变化的条件下都能顺利完成动作;(2)动作结构方面,各个动作之间的干扰消失,衔接连贯、流畅,高度协调,多余动作消失;(3)动作控制方面,动觉控制增强,不需要视觉的专门控制和有意识的活动,视觉注意范围扩大,能准确地觉察到外界环境的变化并调整动作方式;(4)动作效能方面,心理消耗和体力消耗降至最低,表现为紧张感、疲劳感减少,动作具有轻快感。因此,答案选A、C、D三项。

45. ABCD 【解析】本题考查情绪和情感的区别与联系。情绪和情感的区别:(1)从需要的角度来看。情绪是原始的、低级的态度体验,与生理需要是否满足相联系,是人和动物共有的;情感是后继的、高级的态度体验,与社会需要是否满足相联系。(2)从发生的角度来看。情绪可以由对事物单纯的感知觉直接引起,具有情境性和易变性;情感则由对事物复杂意义的理解所引起,具有稳定性和持久性。(3)从表现形式来看。情绪体验强度大,往往带有冲动性,并伴随明显的外部表现;情感则比较内隐,较为深沉。情绪和情感的联系:(1)情绪是情感的基础,情感离不开情绪;(2)对人类而言,情绪离不开情感,是情感的具体表现。

三、填空题

46. 宪法

47. 为人民服务

48. 欺凌

49. 一

50. 学记

51. 全面发展

52. 操行

53. 品德水平

54. 备课

55. 心理现象

56. 认知

57. 7±2

58. 有意后注意

59. 接受

60. 教学内容

四、判断说理题(参考答案)

61. “中小学教学中直观手段运用越多,教学效果越好。”这种认识是否正确?结合教学原则的知识说明理由。

(1)这种说法是不正确的。(2)直观性原则是指在教学活动中,教师应尽量利用学生的多种感官和已有的经验,通过各种形式的感知,使学生获得生动的表象,从而比较全面、深刻地掌握知识。在教学中贯彻直观性原则的要求之一是:要明确直观教学的目的,恰当地选择直观手段。选择和使用直观手段,必须从教学的需要出发,直观教学是手段不是目的。一般来说,学生对教学内容比较生疏,在理解和掌握上遇到困难或障碍时,或所教内容是教材的重点时,才需要教师运用直观。故在教学过程中,要根据具体的教学需要来选择是否运用直观手段,并不是直观手段运用得越多,教学效果就越好。不恰当地运用直观手段,教学效果反而会不好。

(共5分。判断2分,判断“说法正确”本题不得分;理由3分,答出概念1分,答出贯彻要求1分,得出结论1分)

62. “幻想是一种不切实际、不能实现的想象,不宜提倡。”这种说法是否正确?结合想象的知识说明理由。

(1)这种说法是不正确的。(2)幻想是一种与生活愿望相结合并指向于未来的想象。它可分为科学幻想、理想、空想三种形式。科学幻想是科学预见的一种形式,是创造想象的准备阶段和发展的推动力,是具有进步意义和有实现可能的积极幻想。理想是符合事物发展规律、有实现可能的积极幻想。空想是与客观现实相违背的消极幻想，根本不可能实现。因此，科学幻想和理想是我们所要提倡的想象，而空想是不可取的。所以题干中的说法是不正确的。

（共5分。判断2分，判断“说法正确”本题不得分；理由3分，答出幻想的形式1分，分析形式是否提倡2分）

五、案例分析题（参考答案）

63.（1）①《中华人民共和国义务教育法》第十二条规定，适龄儿童、少年免试入学。地方各级人民政府应当保障适龄儿童、少年在户籍所在地学校就近入学。父母或者其他法定监护人在非户籍所在地工作或者居住的适龄儿童、少年，在其父母或者其他法定监护人工作或者居住地接受义务教育的，当地人民政府应当为其提供平等接受义务教育的条件。在该案例中，A小学因外来生源多而学位有限，采取考试入学的方式，违反了该条规定。

②《中华人民共和国义务教育法》第四十九条规定，任何组织和个人不得侵占、挪用义务教育经费，不得向学校非法收取或者摊派费用。在该案例中，A小学因学校经费管理、使用不够规范，存在虚报、挪用少量代课金现象，违反了该条规定。

③《中小学教师违反职业道德行为处理办法》第四条中规定，教师组织、要求学生参加校内外有偿补课，或者组织、参与校外培训机构对学生有偿补课的，视情节轻重给予相应处分。在该案例中，A小学的个别教师在校外进行有偿补课，违反了该条规定。

④《中华人民共和国未成年人保护法》第二十一条规定，学校、幼儿园、托儿所的教职员工应当尊重未成年人的人格尊严，不得对未成年人实施体罚、变相体罚或者其他侮辱人格尊严的行为。在该案例中，有教师对学生实施变相体罚，违反了该条规定。

（2）郑校长践行了爱国守法、爱岗敬业、为人师表以及终身学习的教师职业道德规范。

①郑校长践行了爱国守法的教师职业道德规范。“爱国守法”方面所规定的具体职业行为要求有以下几点：全面贯彻国家教育方针，自觉遵守教育法律法规，依法履行教师职责权利，不得有违背党和国家方针政策的言行。在该案例中，郑校长组织全体教职员工系统学习教育法律法规，提高依法执教和依法治校的思想认识，对各项管理工作建章立制，践行了这一职业道德规范。

②郑校长践行了爱岗敬业的教师职业道德规范。“爱岗敬业”方面所规定的具体职业行为要求有以下几点：对工作高度负责，认真备课上课，认真批改作业，认真辅导学生，不得敷衍塞责。在该案例中，郑校长工作兢兢业业，坚持深入教学第一线，承担

一门课程的教学任务，践行了这一职业道德规范。

③郑校长践行了为人师表的教师职业道德规范。“为人师表”方面所规定的具体职业行为要求有以下几点：坚守高尚情操，知荣明耻；严于律己，以身作则；衣着得体，语言规范，举止文明；作风正派，廉洁奉公。在该案例中，郑校长对于各项规章制度，以身作则，模范遵守；为人和蔼可亲，善于沟通激励，并且公平公正，铁面无私，对于违纪的老师拒绝熟人说情。这些方面体现了郑校长践行了这一职业道德规范。

④郑校长践行了终身学习的教师职业道德规范。“终身学习”方面所规定的具体职业行为要求有以下几点：崇尚科学精神，树立终身学习理念，拓宽知识视野，更新知识结构；潜心钻研业务，勇于探索创新，不断提高专业素养和教育教学水平。在该案例中，郑校长积极参加进修学习和课题研究，努力提高自身科学管理水平，践行了这一职业道德规范。

（共14分。第一问，答出法规并结合案例分析每条1.5分；第二问，答出每条道德规范1分，结合案例分析每条1分）

64.（1）教育能够传承文化。教育传承文化的功能有三种主要表现形式：教育可以传递文化、保存文化和活化文化。案例中的老师开发校本课程《武术》体现了对中华民族优秀文化遗产的传递和保存。《武术》课程的目标中有“仁、义、礼、智、信、勇”的传统武德，也体现了对传统美德的传递和保存。“该课程依据学生的特点，综合各种武术要领，编排了别具一格的武术操”体现了教育活化文化的功能，即教育可以把储存形态的武术转化为现实活跃形态的武术操，为学生所掌握与内化。

（2）教育能够改造文化。教育对文化的改造主要是通过选择文化和整理文化来实现的。并非所有的文化都能成为教育内容，教育必须对文化进行选择和整理。“该课程依据学生的特点，综合各种武术要领，编排了别具一格的武术操”体现出该学校依据学生的特点，对传统的武术文化进行选择处理，选择了武术中的精华部分作为教育内容，教给了学生。

（3）教育能够传播、交流和融合文化。教育通过传播文化，使不同国家和民族的文化相互交流、交融，促进文化的优化和发展。案例中的“学校多次接待社会各界的参观访问”体现了学校向社会各界传播武术文化，也与社会各界进行武术文化的交流。案例中“个别师生参加了国内外武术交流比赛活动”体现了教育可以使不同国家和民族的文化进行交流和融合。

（4）教育能够更新和创造文化。校本课程《武术》的目标中，提出了“树立理想、为国争光、见义勇为、团结互助、修身养性、举止端庄”的新时期武德体现了教育对文化的更新。“课程组成员发表相关学术论文十多篇”体现了教育能直接创造新的思想，即体现了教育创造文化的功能。

（共6分。每条文化功能1.5分，理论依据准确、充分0.5分，结合案例合理阐述1分）

65. 辛老师分别从归属与爱的需要、尊重需要和自我实现的需要制定教育措施的，具体表现为：

（1）辛老师根据归属与爱的需要制定教育措施。归属与爱的需要，也称社交需要，是指每个人都有被他人或群体接纳、爱护、关注、鼓励及支持的需要。在该案例中，辛老师为小丁组建“学习帮帮团”帮助他学习；开展以“我们是一个友爱和谐的家”为主题的班会课，让同学们接纳小丁。这些措施满足了小丁归属与爱的需要。

（2）辛老师根据尊重需要制定教育措施。尊重需要是在生理、安全、归属与爱的需要得到基本满足后产生的对自己社会价值追求的需要，包括自尊和受到别人的尊重两个方面。具体表现为认可自己的实力与成就、自信、独立、渴望受到赏识与评价、重视威望和名誉等。在该案例中，辛老师让小丁当班级宣传委员，发挥他画画的特长；对小丁取得的进步给予赞赏；针对小丁在课堂上做小动作的行为，没有当众训斥他而是委婉地提示。这些措施满足了小丁的尊重需要。

（3）辛老师根据自我实现的需要制定教育措施。自我实现的需要，是充分发挥个人潜能、才能的心理需要，也是一种创造和自我价值得到体现的需要。在该案例中，辛老师利用课余时间与小丁谈心，以励志的榜样故事鼓舞他树立理想，实现人生价值，最终使小丁树立了自信心。

（共6分。三种需要每点1分，结合案例分析教育措施每点1分）

66.（1）配合运用正例和反例。正例又称肯定例证，指包含着概念或规则的本质特征和内在联系的例证；反例又称否定例证，指不包含或只包含了一小部分概念或规则的主要属性和关键特征的例证。一般而言，概念或规则的正例传递了最有利于概括的信息，反例则传递了最有利于辨别的信息。在该案例中，蔡老师通过探究问题，让学生积极思考能被磁铁吸引和不能被磁铁吸引的物品，及时引导学生，得出结论。

（2）正确运用变式。变式，就是变换使用不同形式的直观材料或事例说明事物的属性，使本质属性保持不变而非本质属性或有或无，以便突出本质属性。在该案例中，学生在发现固体可以隔物吸铁后，又被蔡老师引导思考液体能不能隔物吸铁，蔡老师充分使用不同形式的变式，使学生进一步得出磁铁可以隔物吸铁的结论。

（3）科学地进行比较。比较主要有两种方式：同类比较和异类比较。同类比较是关于同类事物之间的比较。异类比较即不同类但相似、相近、相关的事物之间的比较。在第二个实验中,学生通过观察比较发现,硬币有着能被磁铁吸引和不能被磁铁吸引的差别,最终得出能被磁铁吸引的为铁质硬币。

(4)启发学生进行自觉概括。为了促进知识的获得,在实际的教学情境中,教师应该启发学生去进行自觉的概括,鼓励学生自己去总结原理、原则。在该案例中,蔡老师对学生积极引导,引发学生进行探究,最终得出磁铁吸铁、磁铁可以隔物吸铁等实验结论。

(共9分。每条引导方式1分,结合案例分析每条1分,全部答出得9分)

2017年福建省教师招聘考试教育综合真题试卷(七)

答案速查:

1~5	CDCCD	6~10	ADCBA	11~15	ACBCB	16~20	ABABD
21~25	BACCD	26~30	ADACB	31~35	××√×√		
36~40	×√×√√			41~45	××√×√		

一、单项选择题

1. C 【解析】本题考查第三十一届夏季奥林匹克运动会的举办城市。第31届夏季奥林匹克运动会,于2016年8月5日在巴西的里约热内卢开幕。

2. D 【解析】本题考查第71届联合国大会正式任命的第九任联合国秘书长。第71届联合国大会以鼓掌方式通过决议,正式任命葡萄牙前总理、联合国前难民事务高级专员安东尼奥·古特雷斯为联合国第九任秘书长。

3. C 【解析】本题考查教育部对教材中"8年抗战"内容的修改要求。教育部2017年1月10日表示,教材修改要求将8年抗战一律改为14年抗战,全面反映日本侵华罪行,强调"九一八"事变后的14年抗战历史是前后贯通的整体,应在课程教材中予以系统、准确体现。

4. C 【解析】本题考查我国第四个卫星发射中心的位置。2016年6月25日,我国新一代运载火箭长征七号在海南文昌航天发射场点火升空。因此,我国第四个卫星发射中心是海南文昌发射中心。

5. D 【解析】本题考查在第四十届世界遗产大会上我国被正式列入世界遗产名录的项目。2016年7月17日,在土耳其伊斯坦布尔举行的联合国教科文组织世界遗产委员会第四十届大会上,湖北神农架被正式列入《世界遗产名录》,荣膺"世界自然遗产地"称号。

6. A 【解析】本题考查时事政治。第十二届全国人大第五次会议审议通过了《中华人民共和国民法总则》,这在中国民事立法史上具有里程碑式的意义。

7. D 【解析】本题考查《中华人民共和国义务教育法》。根据《中华人民共和国义务教育法》第三十八条规定,教科书根据国家教育方针和课程标准编写,内容力求精简,精选必备的基础知识、基本技能,经济实用,保证质量。国家机关工作人员和教科书审查人员,不得参与或者变相参与教科书的编写工作。

8. C 【解析】本题考查《福建省"十三五"教育发展专项规划》提出的发展目标。《福建省"十三五"教育发展专项规划》提出的发展目标之一是到2020年"教育强县"占比超过50%。

9. B 【解析】本题考查《关于全面加强和改进学校美育工作的意见》。《关于全面加强和改进学校美育工作的意见》中提出的总体目标为:2015年起全面加强和改进学校美育工作。到2018年,取得突破性进展,美育资源配置逐步优化,管理机制进一步完善,各级各类学校开齐开足美育课程。到2020年,初步形成大中小幼美育相互衔接、课堂教学和课外活动相互结合、普及教育与专业教育相互促进、学校美育和社会家庭美育相互联系的具有中国特色的现代化美育体系。

10. A 【解析】本题考查校园管理安全中关于接送学生车辆的具体要求。根据《中小学幼儿园安全管理办法》第二十六条规定,学校购买或者租用机动车专门用于接送学生的,应当建立车辆管理制度,并及时到公安机关交通管理部门备案。接送学生的车辆必须检验合格,并定期维护和检测。接送学生专用校车应当粘贴统一标识。标识样式由省级公安机关交通管理部门和教育行政部门制定。学校不得租用拼装车、报废车和个人机动车接送学生。

11. A 【解析】本题考查考生对生物起源说(论)的理解。题干中沛西·能认为教育是扎根于本能的不可避免的行为,这强调了教育是一种生物现象,而不是人类所特有的社会现象,这属于生物起源说(论)的观点。沛西·能是生物起源说(论)的代表人物之一。

12. C 【解析】本题考查夸美纽斯的教育观点。"泛智"教育是夸美纽斯的主要教育观点之一,夸美纽斯从他的民主主义的"泛智"思想出发,提出了普及教育的思想。提出"把一切事物教给一切人""一切男女青年都应该进学校"。故该题选C。

13. B 【解析】本题考查"四书"的内容。"四书"是《大学》《中庸》《论语》《孟子》的合称。

14. C 【解析】本题考查教师的示范者角色。"度德而师之"的意思是:衡量(一个人的)德行是否能够服人,然后向其学习。这说明教师在教育教学工作中应扮演好示范者角色,成为学生学习和模仿的榜样。

15. B 【解析】本题考查师生关系的表现形式。“亲其师,信其道”的意思是:一个人只有在亲近、尊敬自己的师长时,才会相信、学习师长所传授的知识和道理。在教学过程中,师生的心理情感总是伴随着认识、态度、情绪、言行等的相互体验而形成亲密或排斥的心理状态。不同的情绪反应对学生课堂上参与的积极性和学习效率有着重大影响。这体现了师生之间的心理关系对教育目标顺利完成的影响。

16. A 【解析】本题考查教学过程的中心环节。教学过程大致分为以下五个阶段:激发学习动机、领会知识、巩固知识、运用知识、检查知识。其中,领会知识是教学过程的中心环节。

17. B 【解析】本题考查谈话法的概念。谈话法也叫问答法,它是教师按一定的教学要求向学生提出问题让学生回答,通过问答、对话的形式来引导学生思考、探究,获取或巩固知识,促进学生智能发展的方法。

18. A 【解析】本题考查信度的概念。信度是指一个测验量表的可靠程度(或可信程度)。

19. B 【解析】本题考查常用的德育方法。“仁言不如仁声(音乐)之入人深也”的意思是:仁德的言辞不如使风俗变得淳厚的音乐深入人心。这里强调的是对人进行潜移默化的熏陶和感染,使其在耳濡目染中受到感化的德育方法,也即陶冶教育法。

20. D 【解析】本题考查班主任工作的中心环节。组织和培养优秀班集体是班主任工作的中心环节,班主任应有计划、有组织地在短时间内有效地组建班集体。

21. B 【解析】本题考查个性心理特征。“聪明”指一个人的能力,能力是直接影响人的活动效率,促使活动顺利完成的个性心理特征。“勤奋”指一个人性格的态度特征,性格的态度特征指个体对自己、他人、集体、社会以及对工作、劳动、学习的态度特征。

22. A 【解析】本题考查皮亚杰认知发展理论。感知运动阶段的婴儿主要有以下几个方面的特点:(1)感觉和动作的分化;(2)“客体永久性”(即知道某人或某物虽然现在看不见但仍然是存在的)的形成;(3)问题解决能力开始得到发展;(4)延迟模仿的产生。所以,获得“客体永久性”的儿童最低处于感知运动阶段。

23. C 【解析】本题考查班杜拉对强化的重新解释。替代强化是指观察者因看到榜样的行为被强化而受到强化。题干所述是替代强化的典型事例。

24. C 【解析】本题考查动机冲突的类型。趋避冲突是指对同一目的兼具好恶的矛盾心理。题干所述是趋避冲突的典型事例。

25. D 【解析】本题考查能力测验的类型。一般能力测验即智力测验。韦克斯勒智力测验是经典的智力测验。

26. A 【解析】本题考查气质类型的典型分类及各气质类型的特点。胆汁质的人以精力旺盛、粗枝大叶、表里如一、刚强、易感情用事为特征。整个心理活动笼罩着迅速而突发的色彩。题干所述是胆汁质气质类型的特征。

27. D 【解析】本题考查学习策略的分类。关键词法就是将新词或概念与相似的声音线索词,通过视觉表象联系起来。它是记忆术的一种,属于精加工策略。

28. A 【解析】本题考查学习迁移的基本理论。学习迁移的基本理论有两类。(1)早期的迁移理论包括形式训练说、相同要素说、概括化理论和关系理论。(2)当代的迁移理论包括情境性理论、认知结构迁移理论和产生式理论。所以,答案选A项。

29. C 【解析】本题考查福勒等人对教师成长阶段的划分及各阶段的特点。福勒和布朗根据教师的需要和不同时期所关注的焦点问题,把教师的成长划分为关注生存、关注情境和关注学生三个阶段。能否自觉关注学生是衡量一个教师是否成熟的重要标志之一。

30. B 【解析】本题考查课堂管理的目标。课堂管理的目标是:(1)争取更多的时间用于学习;(2)争取更多的学生投入学习;(3)帮助学生形成自我管理的能力。所以,答案选B项。

二、判断题

31. × 【解析】本题考查《福建省"十三五"教育发展专项规划》。《福建省"十三五"教育发展专项规划》提出,扩大师范生免费教育规模,重点培养小学、幼儿教育男教师和农村小学全科教师,而不是重点培养小学、幼儿教育男教师和农村小学分科型教师。

32. × 【解析】本题考查《中华人民共和国教育法》。根据《中华人民共和国教育法》第三十六条规定,学校及其他教育机构中的管理人员,实行教育职员制度。学校及其他教育机构中的教学辅助人员和其他专业技术人员,实行专业技术职务聘任制度。

33. √ 【解析】本题考查《中小学幼儿园安全管理办法》。根据《中小学幼儿园安全管理办法》第三十二条规定,学生在教学楼进行教学活动和晚自习时,学校应当合理安排学生疏散时间和楼道上下顺序,同时安排人员巡查,防止发生拥挤踩踏伤害事故。晚自习学生没有离校之前,学校应当有负责人和教师值班、巡查。

34. × 【解析】本题考查教师劳动创造性的表现。教师劳动的创造性主要表现在三个方面:(1)因材施教;(2)对教材内容的处理、教学方法的选择和运用;(3)教育机智。教育机智只是教师劳动创造性的表现之一。

35. √ 【解析】本题考查教学的首要任务。教学的首要任务是使学生掌握系统的科学文化基础知识,形成基本技能、技巧,其他任务的实现都是在完成这一任务的过程中和基础上进行的。

36. × 【解析】本题考查隐性课程。隐性课程具有潜在性和非预期性,通常体现在学校和班级的情境之中,包括物质情境、文化情境、人际情境。这些情境对学生起潜移默化的影响和作用,有时这些影响甚至超过有意安排的课程活动。故不应减少隐性课程对学生的影响。

37. √ 【解析】本题考查文化对教育的影响和制约。文化对教育发展的影响和制约表现在以下三个方面:(1)文化类型影响教育目的;(2)文化观念影响教育观念;(3)文化传统影响教育内容和教育方法。以上三个方面可综合表述为文化制约着教育内容及人们的教育观念和思想,故该题正确。

38. × 【解析】本题考查注意与心理过程的关系。心理过程是心理活动的一种动态过程,是人脑对客观现实的反映过程。它包括认知过程、情绪情感过程和意志过程三个方面。人的各种心理活动中,都伴随着注意这种心理状态。所以,注意是一种心理状态,而不是一种独立的心理过程。

39. √ 【解析】本题考查兴趣的分类。直接兴趣是由认识事物本身的需要引起的,如对看电视、小说的兴趣。观众因为看电视节目从而引发对诗词的兴趣,这是一种直接兴趣。

40. √ 【解析】本题考查知觉的规律。知觉的恒常性是指客观事物本身不变,但知觉条件在一定范围内发生变化时,人的知觉映像仍相对不变。题干所述是知觉恒常性的典型事例。

41. × 【解析】本题考查表象及其分类。表象是事物不在面前时,人们在头脑中出现的关于事物的形象。"想起母亲的笑脸"是一种视觉表象。

42. × 【解析】本题考查无意识记的特点。无意识记是事先没有预定目的,也不需要运用任何有助于识记的方法和意志努力,自然而然地识记。由于无意识记不需要意志努力,因此社会环境中的各种影响往往会通过无意识记而被"潜移默化”地接受。

43. √ 【解析】本题考查思维的特点。变通性是指发散项目的范围或者维度。范围越大、维度越多,变通性越强。

44. × 【解析】本题考查知识学习的种类。一般而言,并列结合学习比较困难,必须认真比较新旧知识之间的联系与区别才能掌握。

45. √ 【解析】本题考查外部动机和内部动机的区别。相对于内部动机,外部动机的效应微弱而短暂,不可能使学习者的学习活动持之以恒。

三、填空题

46. 中国航天

47. 二十四节气

48. 厦门

49. 立德树人

50. 责任担当

51. 学习型

52. 30

53. 普通教育学

54. 发现法

55. 出发点

56. 教科书(课本)

57. 额叶

58. 美感

59. 个别属性

60. 心智(智力或者认知)

四、论述题(参考答案)

61. 霍尔说“一两的遗传胜过一吨的教育”。请评析这个观点,并说明遗传在人的身心发展中的作用。

(1)①霍尔认为“一两的遗传胜过一吨的教育”,遗传素质在人的身心发展过程中起决定作用,这属于内发论的观点。内发论认为心理发展与生理发展没有什么根本的实质性区别,心理发展是先天因素成熟的结果,因而完全否定了后天学习、经验的作用。②影响人的身心发展的因素是多方面的。遗传素质是人的身心发展的物质前提,环境为个体的发展提供了多种可能,而教育作为特殊的环境对人的身心发展起主导作用,个体主观能动性是人的身心发展的内因和动力。这些因素彼此关联、相互配合,共同发挥作用,促进人的身心发展。

故霍尔的观点是片面的、不科学的。

(2)遗传,也叫遗传素质,是指从上一代继承下来的生理解剖上的特点,如机体的形态、结构以及器官和神经系统的特征等。遗传素质是人的身心发展的前提,具体体现在以下几个方面:①遗传素质是人的身心发展的前提,为人的发展提供了可能性,但不能决定人的发展;②遗传素质的个别差异是人的身心发展的个别差异的原因之一;③遗传素质的成熟机制制约着人的身心发展的水平及阶段。

62. 试述埃里克森的人格发展理论(前五阶段)及其教育启示。

(1)埃里克森的人格发展阶段理论:美国精神分析学家埃里克森认为,人格发展是一个逐渐形成的过程,必须经历八个顺序不变的阶段,其中前五个阶段属于儿童成长和接受教育的时期。每一个阶段都有一个由生物学的成熟与社会文化环境、社会期望之间的冲突和矛盾所决定的发展危机。成功而合理地解决每个阶段的危机或冲突将使个体形成积极的人格特征和健全的人格。①基本的信任感对基本的不信任感(0~1.5岁)。本阶段的发展任务是发展对周围世界,尤其是对社会环境的基本态度,培养信任感。②自主感对羞耻感(2~3岁)。本阶段的发展任务是培养自主性。③主动感对内疚感(4~5岁)。本阶段的发展任务是培养主动性。④勤奋感对自卑感(6~11岁)。本阶段的发展任务是培养勤奋感。⑤自我同一性对角色混乱(12~18岁)。本阶段的发展任务是培养自我同一性。

(2)教育启示:①小学生人格发展的培养。第一,应该创设良好的学习环境,保证每个学生都能确立适当的目标,并有机会通过努力获得成功。在小学教育中,我们要重视培养学生勤奋刻苦的学习态度,引导他们体验通过认真努力而获得好成绩后的成就感和幸福感。第二,对丧失信心的学生提供适当的支持,帮助他们获得成功的体验。对于学生在学习方面的落后和不足,不能一味地批评,而要多给予鼓励。对于那些在学习上有一定困难的学生,要特别注意培养其自信心,引导他们使用正确的学习方法去努力学习。而当这些学生获得了一定的进步后,一定要及时表扬、鼓励,使其充分体验此时内心所获得的快乐。第三,建立多维度的成功评价体系。让学生充分发挥自己的特长和优点,同时教育学生以自我为参照标准进行纵向比较,淡化横向的社会比较,这有助于不同类型的学生体验成功,获得自信,满足心理发展的需要。第四,小学教师要特别注意自己的一言一行,要平等而公正地对待学生,不要让任何一个学生因为老师对待自己的态度而感到自卑。②中学生人格发展的培养。第一,发挥教师的作用,加强教育,促进自我同一性的发展。教师通常是最合适和最有可能帮助学生获得同一性的人。学生选择某一特殊的专业,往往是受这一专业的教师的人格力量的影响。一个教学卓有成效、热情的教师可以激发学生强烈的学习兴趣,而且这种教师往往能对学生在该专业的成就给予及时、合理的反馈和强化,进而影响学生对职业的选择和同一性的形成。教师要理解学生需要大量的机会来体验各种职业和社会角色,同时要提供机会让学生了解社会,了解自我,通过讨论的形式使他们解决自身所面临的问题。在这当中,要始终给予学生有关其状况的真实的反馈信息,以便学生能正确认识自己,确定合理的、适当的自我同一性。第二,尊重中学生的独立自主性。中学时期的个体由于开始寻求独立,可能会表现出拒绝接受成年人的建议。要摆脱父母的控制成为一个独立自主的人,这是一个正常而必需的过程。这样,教师角色和父母的相似就意味着拒绝教师的权威,正如拒绝父母的权威一样。中学生一般愿意以类似成人的行为做出反应,这一原理意味着:中学生绝不应该被当作"孩子"看待;绝不应该在其他同伴或其他有关的人面前轻视中学生;给以明确的指示,让学生独立完成任务;注意同伴之间的影响,同样一个管理措施,在小学行得通,在中学就不一定行得通。

五、案例分析题(参考答案)

63. 根据《中华人民共和国未成年人保护法》,案例中班主任戚老师的行为侵犯了学生的人格尊严权和隐私权。

(1)侵犯了学生的人格尊严权。根据《中华人民共和国未成年人保护法》第二十一条规定,学校、幼儿园、托儿所的教职员工应当尊重未成年人的人格尊严,不得对未成年人实施体罚、变相体罚或者其他侮辱人格尊严的行为。案例中班主任戚老师在短信中说:"80分都达不到的成绩是垃圾成绩!某某只考了29分,简直是垃圾中的垃圾!"这种带有侮辱性的语言侵犯了学生的人格尊严权。

(2)侵犯了学生的隐私权。根据《中华人民共和国未成年人保护法》第三十九条规定,任何组织或者个人不得披露未成年人的个人隐私。隐私权是指公民生活中不愿为他人公开或知悉的个人秘密的不可侵犯的人身权利。学生的成绩也属于学生隐私的一种,因此,案例中班主任戚老师使用学生的真实姓名向家长们群发关于成绩的短信的行为,侵犯了学生的隐私权。

64. 李老师的做法违背了布置作业的要求,具体如下:

(1)作业内容应符合课程标准的要求。李老师所布置的作业只有大量的练习题,不利于学生加深对所学知识的理解,不利于培养学生的能力。

(2)作业应分量适宜、难易适度。由案例可知,李老师给学生布置了很多练习题,一味追求数量的多少,而未能照顾到学生的实际能力,导致学生完成作业的情况不佳,没有达到通过课外作业巩固所学知识的目的。

(3)布置作业应考虑不同学生的能力需求。李老师在布置作业时并没有考虑不同学生的能力需求,不利于不同层次学生的知识掌握。

(4)作业形式要多样,具有多选性。李老师所布置的课外作业全部为不同练习册上的练习题,形式单一,不利于全面锻炼学生的能力。

(5)布置作业应要求明确,规定完成时间。李老师在一节课快要结束时才匆匆呈现课外作业,且并没有规定完成时间和要求,导致次日上午在收作业时,学生的作业呈现方式不一,完成情况参差不齐。

此外,李老师布置的作业也并未体现出具有典型意义或含有鼓励学生独立探索并进行创造性思维的因素。

65. 刘老师的做法遵循了以下德育规律:

(1)德育过程是对学生知、情、意、行的培养与提高的过程。学生的思想品德由知、情、意、行四个心理因素构成。学生思想品德的形成与发展,即这四个心理因素的形成与发展的过程。案例中,刘老师通过组织学生们观看纪录片、进行分组讨论和集体交流等方式提高了学生们对"献爱心"的认识,激发了他们的道德情感,最终提高了学生的思想认识。

(2)德育过程是一个促进学生思想内部矛盾斗争的发展过程,是教育与自我教育相结合的过程。学生思想品德的任何变化,都依赖于学生个体的心理活动。任何外界的教育和影响,都必须通过学生思想状态的变化,经过学生思想内部的矛盾斗争,才能发生作用,促使学生品德的真正形成。刘老师在听到学生的"嘀咕"后,因势利导,通过有计划的活动提高了学生的思想认识,发展了他们的自我教育能力,同时也促进了他们品德的发展。

(3)德育过程是组织学生的活动和交往,统一多方面教育影响的过程。活动和交往是品德形成的基础。个体的思想品德是在活动和交往的过程中,接受外界教育影响,逐渐形成和发展,并通过活动和交往的过程表现出来的。刘老师通过精心设计并实施活动,促进了学生品德的发展。

66. 影响识记效果的因素有:(1)识记的目的与任务。有无明确的识记目的与任务直接影响识记的效果。案例中老师明确要求学生理解掌握并牢记"三角形的内角和等于180度"这个重要理论,并说明记住这个理论的重要性,这向学生提出了明确的识记目的与任务,会提高学生的识记效果。(2)识记的态度和情绪状态。一般来说,在积极的态度和情绪状态下,人的识记效果好;在消极的态度和情绪状态下,人的识记效率低。案例中老师通过折纸游戏让学生动手实践验证“三角形的内角和是180度”,引发学生的学习兴趣,激起学生的学习动机,会提高学生的识记效果。(3)活动任务的性质。当识记的材料成为人活动的直接对象时,识记的效果就好;记忆任务的远近对记忆内容保持的长久性与否也有关系;不同的识记任务和要求会影响人的识记方法、进程和效果。案例中老师让学生亲自动手证明所要牢记的重要理论,使识记对象成为学生活动的直接对象,会提高识记效果;老师说这个理论需要学生牢牢记住,识记任务长久、要求高,会提高学生的识记效果。(4)材料的数量和性质。一般来说,连贯的、有意义的、有规律的材料更容易被记住。识记直观形象的材料比识记抽象的材料效果要好些。案例中老师通过展示图片,提供直观的形象材料来提高学生的识记效果。(5)识记的方法。采用不同的方法和途径识记材料,效果也是不同的。

67.(1)美国心理学家韦纳把人经历过事情的成败归结为六种原因,即能力、努力程度、工作难度、运气、身体状况和外界环境。又把上述六项因素按各自的性质,分别归入三个维度:内部归因和外部归因、稳定性归因和非稳定性归因、可控制归因和不可控制归因。案例中甲同学将自己的成败归因为自己的努力,这一因素是内部的、不稳定的和可控的;乙同学将自己的成败归因为运气,这一因素是外部的、不稳定的和不可控的;丙同学将自己的成败归因为能力,这一因素是内部的、稳定的和不可控的。(2)甲同学将成败归因为努力,是正确的归因,也是唯一可控的归因,可以提高学生的学习积极性,激励学生学习;乙同学将自己的成败归因为运气,这样的归因方式会降低他的学习动机,导致他对自己的行为不用负责;丙同学将自己的成败归因为能力,一个总是失败并把失败归因于内部的、稳定的和不可控的因素(即能力低)的学生会形成一种习得性无助的自我感觉。这样的归因会让他丧失学习的动力,认为自己没有改变现状的能力,长此以往,会让他对学习失去信心。

2016年福建省教师招聘考试教育综合真题试卷(八)

答案速查:

1~5	BAADC	6~10	DCBCD	11~15	BBABD	16~20	CAACB
21~25	AADBB	26~30	ADBCD	31~35	ACCDC		

一、单项选择题

1. B 【解析】本题考查中国药学家屠呦呦获得诺贝尔奖的奖项。2015年度诺贝尔生理学或医学奖于2015年10月5日下午在瑞典斯德哥尔摩揭晓，来自中国的女药学家屠呦呦获奖，成为首位获得诺贝尔科学类奖项的中国女科学家。

2. A 【解析】本题考查2022年冬季奥运会的举办城市。2015年7月31日，国际奥委会第128次全会在马来西亚吉隆坡投票决定，将2022年冬奥会举办权交给北京。

3. A 【解析】本题考查第十二届全国人大第四次会议表决通过的相关法律。2016年3月16日，中华人民共和国第十二届全国人民代表大会第四次会议以2636张赞成票，131张反对票，83张弃权票，通过了《中华人民共和国慈善法》。国家主席习近平签署主席令，《中华人民共和国慈善法》自2016年9月1日起施行。

4. D 【解析】本题考查我国2015年国内生产总值的增长比。2016年1月29日，国家统计局发布数据，经初步推算，2015年中国国内生产总值按可比价格计算，比上年增长了6.9%。

5. C 【解析】本题考查我国抗日战争胜利的时间。2015年9月3日，天安门广场举行纪念中国人民抗日战争暨世界反法西斯战争胜利70周年大会(包括检阅部队)。

6. D 【解析】本题考查“十三五”规划提出的到2020年实现的两个“翻一番”.“十三五”规划提出的到2020年实现的两个“翻一番”是指：实现国内生产总值和城乡居民人均收入比2010年翻一番。

7. C 【解析】本题考查2016年1月19日至23日，国家主席习近平访问的中东国家。2016年1月19日至23日，国家主席习近平应邀分别对沙特阿拉伯王国、阿拉伯埃及共和国、伊朗伊斯兰共和国进行国事访问。

8. B 【解析】本题考查《中华人民共和国教师法》中规定的教师义务。根据《中华人民共和国教师法》第七条和第八条规定可知，A、C、D三项属于教师享有的权利，B项属于教师应当履行的义务，故答案选B项。

9. C 【解析】本题考查《中小学幼儿园安全管理办法》的相关规定。根据《中小学幼儿园安全管理办法》第二十四条规定，学校应当建立学生安全信息通报制度，将学校规定的学生到校和放学时间、学生非正常缺席或者擅自离校情况、以及学生身体和心理的异常状况等关系学生安全的信息，及时告知其监护人。故答案选C项。

10. D 【解析】本题考查《乡村教师支持计划(2015～2020年)》总体要求中提出的基本原则。《乡村教师支持计划(2015～2020年)》总体要求中提出的基本原则是：(1)师德为先，以德化人；(2)规模适当，结构合理；(3)提升质量，提高待遇；(4)改革机制，激发活力。

11. B 【解析】本题考查《关于进一步加强学校体育工作的若干意见》的相关规定。根据《关于进一步加强学校体育工作的若干意见》的规定，中小学生每天校园体育活动的时间应该达到1小时。

12. B 【解析】本题考查《教师资格条例》的相关规定。根据《教师资格条例》第二十条规定，参加教师资格考试有作弊行为的，其考试成绩作废，3年内不得再次参加教师资格考试。故答案选B项。

13. A 【解析】本题考查杜威的教育思想。杜威的理论是现代教育理论的代表，他提出了“儿童中心(学生中心)”“活动中心”“经验中心”的“新三中心论”。杜威强调儿童在教育中的中心地位，主张教师应以学生的发展为目的，围绕学生的需要和活动组织教学，以儿童中心主义著称。故该题选A。

14. B 【解析】本题考查不同阶段教育发展的特征。奴隶社会的学校教育与生产劳动是相脱离和相对立的；封建社会由于生产仍是手工操作的小生产，生产劳动者的培养不需要通过学校教育，因而其学校教育仍然没有培养生产工作者的任务，基本上也是与生产劳动脱离的。

15. D 【解析】本题考查社会政治经济制度对教育的影响和制约。社会政治经济制度决定教育的领导权、受教育权、教育目的、教育内容的取舍，以及制约着教育体制和教育的改革与发展。教育结构的变化受生产力发展水平的制约，故该题选D。

16. C 【解析】本题考查教育目的的价值取向。裴斯泰洛齐的话语体现出其对个人价值的重视，强调了人的本性的发展。这反映了教育目的的个人本位论。

17. A 【解析】本题考查学校工作的中心环节。教学是贯彻教育方针，实施全面发展教育，实现教育目的的基本途径。教学是学校教育的中心工作，学校教育工作必须坚持以教学为主。

18. A 【解析】本题考查课程类型。选修课程是针对必修课程的不足之处提出来的，是为发展学生的兴趣、爱好和个性特长而开设的课程。

19. C 【解析】本题考查教师的职业素养。教师要加强教育工作的科学性和有效性，就必须掌握相关的理论知识。题干的意思是：教师只有懂得了教育成功的因素，同时又懂得了教育失败的原因，然后才能胜任教师的工作。这表明教师应具备丰富的教育理论知识。

20. B 【解析】本题考查教师职业道德。陶行知的话语的意思是教师不要歧视学生，要平等公正对待学生。这反映的是关爱学生的教师职业道德。

21. A 【解析】本题考查主要的教学原则。直观性原则是指在教学活动中,教师应尽量利用学生的多种感官和已有的经验,通过各种形式的感知,使学生获得生动的表象,从而比较全面、深刻地掌握知识。这一原则的提出是由学生的年龄特征所决定的。题干中乌申斯基指出,儿童是依靠形式、颜色、声音和感觉等多种感官来进行思维的,这体现出教学中应贯彻直观性原则。

22. A 【解析】本题考查新课程的评价观。新课程强调参与与互动、自评与他评相结合,实现评价主体的多元化。目前世界各国的教育评价逐步成为由教师、学生、家长、管理者,甚至包括专业研究人员共同参与的交互过程,这也是教育过程逐步民主化、人性化的体现。

23. D 【解析】本题考查品德的因素。"君子欲讷于言而敏于行"就是说君子要少说虚话,多干实事,强调的品德因素是道德行为。

24. B 【解析】本题考查心理的实质。人的心理既是客观的又是主观的。客观性体现在客观现实决定人的心理。主观性则是指由于人的知识经验、需要、愿望以及个性特征的不同,因而对客观现实的反映也不同。题干的描述强调的是不同的人对同一事物有不同的反映,体现的是心理的主观性。

25. B 【解析】本题考查兴趣的品质。兴趣的广度,是指兴趣的范围大小,即兴趣广泛与否。对许多事物和活动都乐于参与、乐于探求,主要体现了兴趣的广泛性。

26. A 【解析】本题考查心境的概念。心境是一种微弱的、持续时间较长的,带有弥漫性的情绪状态。心境一经产生就不只表现在某一特定对象上,而是在相当长的一段时间内,使人的整个心理活动都染上某种情绪色彩,影响人的整个行为表现,成为情绪生活的背景。

27. D 【解析】本题考查班杜拉的社会学习理论。根据班杜拉的社会学习理论,个体可以通过替代强化,即观察榜样的行为被强化而受到强化。即老师可用的最好的方法是在班级中树立榜样,让同学们都学习榜样的积极行为。

28. B 【解析】本题考查场独立型的学习特点。场独立型学习者偏向理科课程,因此答案选B项。

29. C 【解析】本题考查学习的概念。学习是个体在特定情境下由于练习或反复经验而产生的行为或行为潜能的相对持久的变化。②③属于生理现象。

30. D 【解析】本题考查罗森塔尔效应。教师期望效应也叫罗森塔尔效应或皮格马利翁效应,即教师的期望或明或暗地传递给学生,会使学生按照教师所期望的方向来塑造自己的行为。

31. A 【解析】本题考查联觉的概念。一种感觉兼有另一种感觉的心理现象叫联觉。因此,题干中的"有色听觉"是联觉。

32. C 【解析】本题考查归因理论。根据韦纳的归因理论可知,努力属于内部、不稳定、可控的归因。

33. C 【解析】本题考查动作技能的形成。练习是形成各种操作技能所不可缺少的关键环节,通过应用不同形式的练习,可以使个体掌握某种技能。题干的描述,体现的正是练习对于技能形成的重要性。

34. D 【解析】本题考查能力与知识、技能的关系。能力与知识、技能具有不同的概括水平。知识、技能的掌握和能力的发展是不同步的。因此①②错误。

35. C 【解析】本题考查教师的成长历程。处于关注情境阶段的教师关心的是如何教好每一堂课,以及班级大小、时间压力和备课材料是否充分等与教学情境有关的问题,如"内容是否充分得当""如何呈现教学信息""如何掌握教学时间"等。

二、填空题

36. 引力波

37. 聘任

38. 寄宿

39. 十八(18)

40. 200

41. 学习型

42. 启发

43. 个性

44. 职业教育

45. 平等

46. 讨论法

47. 价值

48. 个别教育工作

49. 脑

50. 概括性

51. 程序性知识

52. 认知策略

53. 意义识记

54. 具体运算阶段

55. 现有的水平

三、判断说理题(参考答案)

56. 某位学科教师认为,自己的职责就是教好书,学生的思想品德教育那是班主任的事。该教师的认识是否正确?请结合教育学的知识说明理由。

(1)该教师的认识不正确。

(2)德育是学校教育的重要内容,长期以来,班主任一直担当学生德育工作的重任,相比来说,学科教师的德育意识稍弱,很多学科老师认为,只要自己把所教的学科教好就可以了,对学生进行思想品德教育那是班主任的分内事。但众所周知,学校的德育工作只有在全员参与的情况下才能取得较好的成绩,班主任工作是学校对学生进行德育的一个重要而又特殊的途径,学科教师应该参与学校的德育工作,并配合班主任做好学生的各项工作。学科教师要有德育意识,要把学科当作渗透德育的载体,在教授学生知识的同时,也要教他们做人。学科教师只要有德育意识,课堂中渗透德育就无处不在,润物细无声。

(3)作为教师,历史赋予我们教书育人的责任,我们应该义不容辞地承担德育任务,而不应该因为分工的不同推卸我们应当承担的责任,更不应为德育“不作为”找借口。学科教师对学生进行思想品德教育是对班主任工作的补充和完善,是教育系统不可缺少的一部分。如果把德育的任务全部推给班主任,那这所学校的德育工作是不全面的。作为教师,教书育人是我们的天职。我们不仅要教学生学好文化知识,更重要的是教学生学会做人。

57. 人应该立长志,而不应该常立志。这种说法是否正确?结合意志品质的知识说明理由。

(1)这种说法是正确的。(2)意志的坚韧性是一个人在行动中坚持决定,百折不挠地克服重重困难去达到行动目的的品质。俗语说:“有志者立长志,无志者常立志。”“立长志”意味着个体在人生中确定一个远大的目标或抱负,并为之不懈努力。通过“立长志”,个体可以超越现状,追求更高的成就,并具备长期坚持努力的动力。“常立志”意味着在个体的日常生活中,一天一个志向,意志不够坚定。“常立志”往往没有远大的愿景和长远的规划,容易让个体陷入过于平庸和安逸的状态。坚持是对行动目的的坚持。人应该培养自己意志的坚韧性,克服动摇性和执拗性,立长志而不应该常立志。故题干说法正确。

58. 表扬对学习具有推进作用，批评则会伤害学生的自尊自信，所以，教育中只能表扬，不能批评。这种说法是否正确？请结合心理学的知识说明理由。

(1)这种说法是不正确的。(2)表扬在课堂教学中的作用主要是通过鼓励学生使其表现出期望行为并对其适当的行为进行强化。教师对学生的肯定性评价具有积极的强化作用，能鼓励学生产生再接再厉、积极向上的心态，赞扬、奖励一般比批评、惩罚更具激励作用。当然，对于某些学生而言，适度而善意的批评有时也能促进学习。教师在运用表扬与批评时，要根据学生的年龄特征与个别差异，做到客观、公正、全面、恰到好处，既要赏罚分明，又要以理服人，这样才能收到预期的教学效果。

四、案例分析题(参考答案)

59. (1)本案例中违法的主体有班主任纪老师、杨某的父亲和杨某开小吃店的亲戚。

(2)纪老师“在班级微信群里公布学生每次考试成绩及排名”侵犯了学生的隐私权；对排名最后的同学实施的惩罚“背着第一名绕操场跑一圈”属于变相体罚行为；“罚款20元”侵犯了学生及其监护人的财产权。

(3)①黄老师在班级晨会上利用集体的力量温暖杨某的行为自觉贯彻了集体教育和个别教育相结合的原则。在德育过程中，教育者要善于组织和教育学生热爱集体，并依靠集体教育每个学生，同时通过对个别学生的教育，来促进集体的形成和发展，从而把集体教育和个别教育有机地结合起来。

②黄老师在学期结束时，在班内设立特殊奖并颁发荣誉证书的行为自觉贯彻了依靠积极因素、克服消极因素的原则。在德育工作中，教育者要善于依靠、发扬学生自身的积极因素，调动学生自我教育的积极性，克服消极因素，以达到长善救失的目的。

③黄老师在期末考试前组织的迎考班会中邀请了各科任课教师和部分家长代表参加的行为自觉贯彻了教育影响的一致性和连贯性原则。在德育工作中，教育者应主动协调多方面教育力量，统一认识和步调，有计划、有系统、前后连贯地教育学生，发挥教育的整体功能，培养学生正确的思想品德。

④黄老师发现杨某在歌唱方面很有潜质，建议音乐老师给予关注，又鼓励她参加校园歌手大赛的行为自觉贯彻了因材施教原则。因材施教原则是指教育者在德育过程中，应根据学生的年龄特征、个性差异以及品德发展现状，采取不同的方法和措施，加强德育的针对性和实效性。

⑤之前由于成绩不好而遭到罚款的处罚，杨某逃离学校，后来在黄老师的耐心引导下，杨某正确认识到接受教育的必要性。这运用了德育的疏导原则。疏导原则是指进行德育时要循循善诱、以理服人，从提高学生认识入手，调动学生的主动性，使他们积极向上。

(4)①总的来说，影响个体身心发展的因素主要有遗传、环境、教育(学校教育)和个体主观能动性等。案例中杨某发生变化的主要原因是教育。

②教育是社会环境的一部分，但它是影响人的发展的自觉的、可控的因素。教育，从逻辑上既是特殊的实践，又是特殊的环境。由于这种特殊性，使得在影响人的发展的因素中，教育对人的发展特别是对年青一代的发展起着主导作用和促进作用。

③纪老师在班级微信群里公布学生每次考试成绩及排名并对排名最后的同学实施惩罚的行为严重打击了杨某学习的自信心，使得杨某学习的积极性和主动性不断降低，这在一定程度上阻碍了杨某的身心发展。相反，黄老师在班级晨会上利用集体的力量温暖杨某，在学期结束时设立特殊奖并颁发荣誉证书，在期末考试前组织的迎考班会中邀请了各科任课教师和部分家长代表参加，发现杨某在歌唱方面很有潜质并建议音乐老师给予关注的一系列行为在一定程度上增强了杨某学习的自信心，使得杨某学习的积极性和主动性逐渐加强，这在一定程度上促进了杨某的身心发展。所以案例中杨某发生变化的主要原因是教育。

(5)建立教师威信的途径有：①培养自身良好的道德品质；②培养良好的认知能力和性格特征；③注重良好仪表、风度和行为习惯的养成；④给学生以良好的第一印象；⑤做学生的朋友与知己。黄老师在班级设置各种奖项鼓励杨某及其他学生、关心杨某的家庭生活、善于发现学生的特长等行为体现了其自身良好的道德品质、良好的性格特征及愿意做学生的朋友和知己。

60. (1)①思维的深刻性是指能深入地思考问题，善于透过事物的表面现象，抓住事物的实质，揭露事物之间的内在联系。小叶深思好学、触类旁通，能透过现象看本质体现了思维的深刻性。

②思维的独立性(独创性)是指既能不受他人暗示，不人云亦云，不盲从别人的见解，不依赖现成的方法和结论，又能不武断、不一意孤行、不固执己见、不唯我是从，充分地发挥个人的主观能动性，独立地发现、思考、处理和解决问题。小叶解决问题时有独立见解，善于创新求异，体现了思维的独立性(独创性)。

③思维的灵活性表现为能从不同角度、运用不同方法思考问题；在条件发生变

化时，能随机应变，及时地改变原有计划、方案，寻找新的解决问题的途径。小叶在数学课上，当问题与条件发生变化时，他总能打破常规，想出新办法体现了其思维的灵活性。

④思维的敏捷性是指思维活动迅速正确，能当机立断。小叶解决问题当机立断，毫不犹豫体现了其思维的敏捷性。

(2)教师在教育教学过程中培养学生良好的思维品质可以从以下几个方面着手：①加强科学思维方法的训练。②运用启发式方法调动学生思维的积极性、主动性。③加强言语交流训练。④发挥定势的积极作用。⑤培养学生解决实际问题的思维品质。社会实践活动是思维发展的源泉，实践不仅为思维活动提出了新问题，还为学生提供了丰富的感性材料和经验，也提供了检验思维正确性的标准。实践有助于学生的理论思维、操作思维及创造性思维品质的发展。梁老师安排在班上开展课前讲故事活动，提高学生的言语表达能力和对数学题意的理解力；在课堂教学中，梁老师设置问题情境，激励学生独立发现问题，提出问题，鼓励学生运用已有知识经验去思考如何解决问题，调动了学生的积极性，培养了学生解决实际问题的能力。

2015年福建省教师招聘考试教育综合真题试卷(九)

答案速查：

<table>
<tr><td>1～5</td><td>AABCA</td><td>6～10</td><td>BCCAB</td><td>11～15</td><td>BDCDD</td><td>16～20</td><td>CACCB</td></tr>
<tr><td>21～25</td><td>BDABD</td><td>26～30</td><td>ADBCB</td><td>31～35</td><td colspan="3">CDDAC</td></tr>
<tr><td>36～40</td><td colspan="3">√√××√</td><td>41～45</td><td colspan="3">×√×××</td></tr>
</table>

一、单项选择题

1. A **【解析】**本题考查习近平总书记提出的“四个全面”的具体内容。习近平总书记提出的“四个全面”是指全面建成小康社会、全面深化改革、全面依法治国、全面从严治党。

2. A **【解析】**本题考查主要发展对台湾地区和东盟贸易的自贸区。与上海自贸区侧重经济中心、金融中心的定位不同，津、粤、闽自贸区的产业侧重点各不相同，面向的市场也有很大区别。其中福建自贸区面向台湾地区市场，经济意义与政治战略同等重要，侧重于推动两岸经济贸易往来持续稳定地合作与发展。

3. B **【解析】**本题考查2014年我国国内生产总值较去年的增长比率。国家统计局2015年1月20日发布数据，经初步核算，2014年我国国内生产总值636463亿元，按可比价格计算，比上年增长7.4%。故该题选B。

4. C 【解析】本题考查第十二届全国人大常委会第十一次会议确定的节日。第十二届全国人大常委会第十一次会议通过决议，将12月4日设立为国家宪法日。

5. A 【解析】本题考查2014年度国家最高科技奖的获得者。“氢弹之父”于敏获2014年度国家最高科技奖。

6. B 【解析】本题考查2014年第20届世界杯的冠军球队。2014年6月12日～7月13日，第20届世界杯在巴西举行，冠军球队是德国。

7. C 【解析】本题考查2014年我国申报的被列入世界遗产名录的文化遗产。2014年6月15日～6月25日，在卡塔尔首都举行的第38届世界遗产大会上，我国申报的被列入世界遗产名录的文化遗产是中国大运河。

8. C 【解析】本题考查《中华人民共和国未成年人保护法》。根据《中华人民共和国未成年人保护法》第六十八条规定，非法招用未满十六周岁的未成年人，或者招用已满十六周岁的未成年人从事过重、有毒、有害等危害未成年人身心健康的劳动或者危险作业的，由劳动保障部门责令改正，处以罚款；情节严重的，由工商行政管理部门吊销营业执照。

9. A 【解析】本题考查《中小学教师专业标准》。《中小学教师专业标准》提出的基本理念是师德为先、学生为本、能力为重、终身学习。

10. B 【解析】本题考查《中小学幼儿园安全管理办法》中的相关规定。根据《中小学幼儿园安全管理办法》第五十九条规定，省级教育行政部门应当在每年1月31日前向国务院教育行政部门书面报告上一年度学校安全工作和学生伤亡事故情况。

11. B 【解析】本题考查《中华人民共和国教育法》中的相关规定。根据《中华人民共和国教育法》第十条规定，国家扶持和发展残疾人教育事业。

12. D 【解析】本题考查《中华人民共和国义务教育法》。根据《中华人民共和国义务教育法》第二十六条规定，学校实行校长负责制。校长由县级人民政府教育行政部门依法聘任。

13. C 【解析】本题考查洛克的教育思想。洛克反对天赋观念，提出了“白板说”。他明确指出：“我们日常所见的人中，他们之所以或好或坏，或有用或无用，十分之九都是他们的教育所决定的。人之所以千差万别，便是由于教育之故。”

14. D 【解析】本题考查生产力对教育发展的影响和制约。生产力对教育发展的影响和制约包括：(1)生产力的发展水平制约着教育发展的规模和速度；(2)生产力的发展水平制约着人才培养的规格；(3)生产力的发展水平制约着教育结构的变化；(4)生产力发展水平制约着教育的内容、方法与手段;(5)生产力发展水平制约着学校的专业设置。根据以上可知,决定教育发展的规模和速度并制约着教育结构变化的社会因素是社会生产力,故该题选D。

15. D 【解析】本题考查新课程结构的特征。新课程结构的综合性是针对过分强调学科本位、科目过多和缺乏整合的现状而提出的。它体现在三个方面:(1)加强学科的综合性;(2)设置综合课程;(3)增设综合实践活动。题干的描述体现了对学科的综合性的加强。

16. C 【解析】本题考查外铄论。外铄论的基本观点是人的发展主要依靠外在的力量,诸如环境的刺激和要求、他人的影响和学校的教育等。美国行为主义心理学家华生是外铄论的代表人物,他曾说:"给我一打健康的婴儿,不管他们祖先的状况如何,我可以任意把他们培养成从领袖到小偷等各种类型的人。"

17. A 【解析】本题考查社会本位论的观点。社会本位论产生于19世纪下半叶,认为确立教育目的的根据是社会的要求,个人的发展必须服从社会需要,因为个人生活在社会中,受制于社会环境。题干中荀况认为人性本恶,教育要从"礼"这一社会需要出发,人需要受制于"礼义",需要用"礼义"这种社会规范来加以教化,这体现的是社会本位论的教育目的价值取向。

18. C 【解析】本题考查我国现行学制类型。从类型上看,我国现行学制是从单轨学制发展而来的分支型学制。近几十年来,我国学制改革和发展的基本方向就是重建和完善分支型学制。

19. C 【解析】本题考查疏导原则。疏导原则是指进行德育时要循循善诱、以理服人,从提高学生认识入手,调动学生的主动性,使他们积极向上。疏导原则也就是循循善诱原则。我国古代教育家孔子很善于诱导他的学生,其弟子颜回这样称赞道:"夫子循循然善诱人,博我以文,约我以礼,欲罢不能。"

20. B 【解析】本题考查我国春秋战国时期的学校教育类型。春秋战国时期私学的发展是我国教育史、文化史上的一个重要里程碑,直接促成了百家争鸣的社会盛况。

21. B 【解析】本题考查设计教学法。设计教学法主张废除班级授课制度,打破学科界限,摒弃传统的教科书,在教师指导下,由学生自己决定学习目的和内容,在自己设计、自己负责的单元活动中获得有关的知识和能力。题干所描述的教学组织形式是设计教学法。

22. D 【解析】本题考查教育评价的功能。教育评价具有管理作用。教育评价作为一种价值判断，在客观上能起到对学生的学业成绩进行鉴定和分等的作用。所以，世界各国无不利用教育评价的结果，作为决定升留级、分班编组、选择教程乃至指导职业定向的依据，同时也作为向家长报告和解释学生的学习状况的依据。当然，社会各方面选拔人才、各级学校决定新生的录取，也同样需要对学生学习的测量和评价。故本题选D。

23. A 【解析】本题考查德育方法。实际锻炼法是有目的地组织学生参加各种实际活动，使其在活动中锻炼思想，增长才干，培养优良的思想和行为习惯的德育方法。锻炼的方式主要有学习活动、社会活动、生产劳动和课外文体科技活动。题干的意思是：使他的意志受到磨炼，使他的筋骨经受劳累，使他的身体肠胃忍受饥饿，使他全身困苦疲乏。显然，这体现了实践锻炼的重要性。

24. B 【解析】本题考查感知规律的内容。强度律指作为知识的物质载体的直观对象(实物、模像或言语)必须达到一定强度，才能为学习者清晰地感知。

25. D 【解析】本题考查记忆的准备性。记忆的准备性是记忆的提取和应用特征。它使人能及时、迅速、灵活地从记忆信息的储存库中提取所需要的知识经验，以解决当前的实际问题。

26. A 【解析】本题考查无意想象。无意想象又称不随意想象，是没有预定目的，不由自主产生的想象。根据题干中的“下意识”可以判断属于无意想象。

27. D 【解析】本题考查定势的概念。定势(即心向)是指重复先前的操作所引起的一种心理准备状态。在定势的影响下，人们会以某种习惯的方式对刺激情境做出反应。

28. B 【解析】本题考查操作技能形成阶段的特点。在操作技能形成的操作熟练阶段，其动作结构方面的特点是：各个动作之间的干扰消失，衔接连贯、流畅，高度协调，多余动作消失。

29. C 【解析】本题考查意志的品质。意志的坚韧性是一个人在行动中坚持决定，百折不挠地克服重重困难去达到行动目的的品质。

30. B 【解析】本题考查个体能力发展的差异。题干所述是能力表现早晚的差异，主要体现了个体能力发展的个别差异性。

31. C 【解析】本题考查性格的概念。性格是指人的较稳定的态度与习惯化了的行为方式相结合而形成的人格特征。它是一个人的心理面貌本质属性的独特结合，是人与人相互区别的主要方面。

32. D 【解析】本题考查知觉的选择性。知觉的选择性是指当面对众多的客体时，知觉系统会自动地将刺激分为对象和背景，并把知觉对象优先地从背景中区分出来。小丽用记号笔把错题标示出来，是为了更好地识别错题，利用的是知觉的选择性。

33. D 【解析】本题考查组织策略。组织策略是指将经过精加工提炼出来的知识点加以构造，形成更高水平的知识结构的信息加工策略。组织策略主要有两种：一种是归类策略，用于概念、语词、规则等知识的归类整理；一种是纲要策略，主要用于对学习材料结构的把握。

34. A 【解析】本题考查伦理的道德情感。伦理的道德情感是以清楚地意识到道德概念、原理和原则为中介的情感体验。伦理的道德情感具有清晰的意识性和明确的自觉性，具有较大的概括性和较强的伦理性，具有稳定性和深刻性。比如，爱国主义情感和集体主义情感属于伦理的道德情感。

35. C 【解析】本题考查埃里克森人格发展阶段理论。根据埃里克森的理论，12~18岁处于自我同一性对角色混乱的阶段。

二、判断题

36. √ 【解析】本题考查教师的职业道德素养。"教然后知困"是指教学相长，根据时代发展的不同要求不断提升自身能力。终身学习要求教师潜心钻研业务，勇于探索创新，不断提高专业素养和教育教学水平。故本题说法正确。

37. √ 【解析】本题考查《中小学幼儿园安全管理办法》。根据《中小学幼儿园安全管理办法》第三十四条规定，学校不得出租校园内场地停放校外机动车辆；不得利用学校用地建设对社会开放的停车场。

38. × 【解析】本题考查旧中国的学制沿革。我国现代第一个学制是1902年的《钦定学堂章程》，亦称"壬寅学制"。1904年清政府颁布的《奏定学堂章程》是中国近代教育史上第一部由国家颁布的并在全国实行的学制系统。

39. × 【解析】本题考查课外活动的基本组织形式。课外活动的组织形式包括群众性活动、小组活动、个别活动，小组活动是课外活动的基本组织形式。

40. √ 【解析】本题考查文化对教育的作用。文化对教育发展的制约作用之一是：文化观念影响教育观念。其主要表现之一是：文化观念制约人们对教育的态度和行为。例如，同在工业化历史进程中，具有大工业意识的国家便十分重视教育的发展，重视人口素质的提高对其社会高质量发展的重要作用，日本、德国就是如此；相反，传统和保守的社会则把社会发展归之于政治制度的作用，结果必然导致社会发展进程的缓慢。所以，不同的文化观念会导致不同的教育观念，有的会推动教育的发展,有的则会阻碍教育的发展,故题干表述正确。

41. × 【解析】本题考查个体主观能动性在人的身心发展中的作用。个体的主观能动性是人的身心发展的内在动力,也是促进个体发展从潜在的可能状态转向现实状态的决定性因素。但在人的身心发展中起主导作用的是学校教育。

42. √ 【解析】本题考查能力的分类。一般能力是指在不同种类的活动中表现出来的能力,是从事一切活动所必备的能力的综合,如观察力、记忆力、注意力、想象力、思维力等。通常所说的智力主要是指一般能力。

43. × 【解析】本题考查感觉的规律。小黄面对耀眼的玻璃墙反光主要发生的是明适应,其感受性是降低的,感觉阈限升高。

44. × 【解析】本题考查气质的特点。气质是表现在心理活动的强度、速度、灵活性与指向性等方面的一种稳定的心理特征,即我们平时说的脾气、秉性。气质是人的天性,无好坏之分。

45. × 【解析】本题考查惩罚和负强化的区别。惩罚与负强化有所不同,负强化是通过厌恶刺激的排除来增加反应在将来发生的概率,而惩罚则是通过厌恶刺激的呈现来降低反应在将来发生的概率。

三、填空题

46. 立法

47. 地方

48. 财政拨款

49. 考核

50. 礼

51. 螺旋式

52. 组织教学

53. 学生(儿童)

54. 合作

55. 其他学科

56. 倒摄

57. 道德认知

58. 可控性

59. 班杜拉

60. 发现学习

四、简答题(参考答案)

61. 有人认为,大学生的学科知识就能胜任小学教师的岗位要求。请从教师专业素养的角度评价分析这一观点。

(1)这种观点是片面的。

(2)教师的专业素养包括职业道德素养、知识素养、能力素养和职业心理健康四个方面。其中,教师的职业道德素养包括:①对待事业:忠于人民的教育事业;②对待学生:热爱学生;③对待集体:团结协作;④对待自己:为人师表。教师的知识素养包括政治理论修养、精深的学科专业知识(本体性知识)、广博的科学文化知识、必备的教育科学知识(条件性知识)和丰富的实践知识。教师的能力素养主要包括语言表达能力、组织管理能力、组织教育和教学的能力、自我调控和自我反思能力等。教师的职业心理健康包括高尚的师德、愉悦的情感、良好的人际关系和健康的人格。

(3)小学教师是履行小学教育教学工作职责的专业人员,需要经过严格的培养与培训,具有良好的职业道德,掌握系统的专业知识和专业技能,只有这样才能胜任小学教师工作。大学生如果只具备学科知识,但不具备除学科知识之外的知识素养以及相应的职业道德素养、能力素养和职业心理健康,就不能胜任小学教师的岗位要求。因此,题干的说法是片面的。

62. 丰富的想象是打开知识宝库的金钥匙,这充分说明想象力的重要意义。教学过程中如何培养学生的想象力?

(1)在教学中发展学生的再造想象。①要扩大学生头脑中的表象储备;②教师要帮助学生真正弄懂描述中关键性词句和实物标志的含义;③教师要唤起学生对教材的想象,以加深对知识的理解和巩固。

(2)在教学中培养学生的创造想象。①要引导学生学会观察,丰富学生的表象储备;②引导学生积极思考,有利于打开想象力的大门;③引导学生努力学习科学文化知识,扩大学生的知识经验以发展学生的空间想象能力;④注意发展学生的语言能力;⑤结合学科教学,有目的地训练学生的想象力;⑥引导学生进行积极的幻想。

五、案例分析题(参考答案)

63. (1)案例中校长的行为体现的教师职业道德规范是关爱学生和为人师表。①校长在得知罗老师对张某的做法后,马上安抚并开导张某,这体现了关爱学生的师德规范。②校长向家长道歉,体现了对家长的尊重,同时也体现了校长举止文明;校长找到罗老师并与其交流如何对待和处理学生的问题,这体现了校长对同事的尊重。这两点均体现了为人师表的师德规范。

(2)张某上课玩手机的行为是不正确的。根据《中华人民共和国教育法》第四十四条规定,受教育者应当履行遵守法律、法规,遵守所在学校或者其他教育机构的管理制度以及努力学习,完成规定的学习任务的义务。因此,张某的做法是不恰当的。

(3)罗老师强行收走张某的手机侵犯了学生的财产权;罗老师将张某从课堂上叫到办公室的行为侵犯了学生的受教育权,违反了《中华人民共和国教育法》第四十三条规定;罗老师翻看手机微信里的聊天记录侵犯了学生的隐私权,违反了《中华人民共和国未成年人保护法》第三十九条规定;罗老师对张某的批评教育带有侮辱的性质,侵犯了学生的人格尊严权。

64. 无意注意可以由刺激物本身的特点引起,刺激物本身的特点既可以成为顺利完成教学任务的因素,又可以成为造成学生学习分心的因素。因此,在教学过程中,教师要善于利用有关刺激物的特点组织学生的注意。

(1)创造良好的教学环境。为了使学生在学习过程中不受外部无关刺激的干扰,应该创造一个安静、整洁的教学环境。教师穿奇装异服上课容易引起学生的无意注意,会使注意力分散到与学习无关的事物上。

(2)注重讲演、板书技巧和教具的使用。客观刺激物的强度、对比、新颖性和活动性是引起无意注意的重要因素,教师要发挥无意注意的积极作用,就应努力在讲演、板书和教具使用中施加这些影响。因此,建议教师授课时将重点内容用彩色笔标注、声音抑扬顿挫,这样易引起学生的无意注意。

(3)注重教学内容的组织和教学形式的多样化。

65. (1)"耶克斯—多德森定律"表明,动机不足或过分强烈都会影响学习效果。①动机的最佳水平随任务性质的不同而不同。在比较容易的任务中,行为效果(工作效率)随动机的提高而上升;随着任务难度的增加,动机的最佳水平有逐渐下降的趋势。②一般来讲,最佳水平为中等强度的动机。③动机水平与行为效果呈倒U型曲线。

(2)李某数学单元测验成绩不理想是因为他认为很简单,动机水平太低;学科竞赛时他认为对他升学有影响,因此特别想成功,动机的水平又过高,结果事与愿违。根据"耶克斯—多德森定律",教师在教学时,要根据学习任务的不同难度,恰当控制学生学习动机的激起程度。所谓"平时如战时,战时如平时",就是要求在学习较容易、较简单的课题时，应尽量使学生集中注意力，使学生尽量紧张一点，动机激起水平达到中等偏高的最佳状态；而在学习较复杂、较困难的课题时，则应尽量创造轻松自由的课堂气氛，让动机激起水平处于中等稍低的最佳状态；在学生遇到困难或出现问题时，要尽量心平气和地慢慢引导，以免学生过度紧张和焦虑。

66.(1)案例中师生一问一答，这说明教师运用的是问答法，亦称谈话法。谈话法的基本要求有：①要做好计划，教师要对谈话的中心、提问的内容做充分准备，并拟定谈话提纲；②要善问，提出的问题要明确、具体、难易适宜、符合学生已有的知识程度、经验，还要有启发性、形式要多样化；③要善于启发诱导，谈话时，教师要面向全体学生，给学生留有思考的余地，因势利导，让学生一步一步地去获得新知；④谈话结束后，应结合学生回答的情况进行归纳和小结，给出问题的正确答案，指出谈话过程中的优缺点。案例中的老师在运用谈话法时，首先提出的问题超过学生现有知识水平，以致很多学生回答不上来；其次，学生不能回答问题时，老师直接让学生转向课本找答案，没有进行启发诱导；最后，老师在结束对一个学生的提问后，没有对该生的表现进行一定的评价或总结。此外，案例中老师提问的效果不佳，也从侧面反映了该老师没有充分准备提问内容。

(2)①案例中的教师违背了启发性原则。案例中的教师在学生回答不了问题时，没有停下来进行启发引导，而是表情严肃地继续提问，然后直接让学生看课本读出答案，并且在学生给错答案时，直接否定，没有进行针对性的引导。

②案例中的教师违背了循序渐进原则。该原则要求教师按照学生的认识顺序，由浅入深、由易到难、由简到繁地进行教学。案例中，当老师问道“谁来说说丑小鸭后来怎么样了”，很多学生都回答不上来，说明老师的提问过难，应遵循学生的认知发展规律和特点，先从简单的问题开始提问，循序渐进。

③案例中的教师违背了量力性原则。该原则要求教学的内容、方法、分量和进度要适合学生的身心发展，使他们能够接受。案例中老师的提问很多学生都回答不上来，说明提问的问题超出了学生的认知水平，学生难以回答。

2014年福建省教师招聘考试教育综合真题试卷(十)

答案速查：

1～5	CBBAC	6～10	AABCD	11～15	CCBCA	16～20	DDDCD
21～25	BDCDD	26～30	ABBCA	31～35	DADAB		

一、单项选择题

1. C 【解析】本题考查时事政治。2014年3月10日，国务院正式印发《关于支持福建省深入实施生态省战略加快生态文明先行示范区建设的若干意见》，福建成为十八大以来，国务院确定的全国第一个生态文明先行示范区。

2. B 【解析】本题考查2013年我国国内生产总值较去年的增长比率。根据国家统计局发布的数据可知，2013年我国国内生产总值568845亿元，按可比价格计算，比上年增长7.7%。

3. B 【解析】本题考查市场在资源配置中的地位。"使市场在资源配置中起决定性作用"，是党的十八届三中全会在理论上的重大突破和实践上的重大创新，具有鲜明的时代特征，是深化经济体制改革必须紧紧抓住的主攻方向。

4. A 【解析】本题考查党的群众路线教育实践活动中反对"四风"的主要内容。党的群众路线教育实践活动的主要任务是反对"四风"，即反对形式主义、官僚主义、享乐主义和奢靡之风。

5. C 【解析】本题考查神舟十号航天员王亚平在天宫一号首次开展的活动。2013年6月20日上午，神舟十号航天员王亚平在天宫一号成功地开展了中国首次太空授课。

6. A 【解析】本题考查第22届冬季奥运会的主办城市。第22届冬季奥林匹克运动会于2014年2月7日开幕，其主办城市是索契。

7. A 【解析】本题考查2013年度获得南南合作人道主义成就奖的人。在2013年度"南南合作奖"颁奖典礼上，获得"人道主义成就奖"的是曼德拉。

8. B 【解析】本题考查《教师资格条例》。根据《教师资格条例》第十四条规定，教育行政部门和受委托的高等学校每年春季、秋季各受理一次教师资格认定申请。

9. C 【解析】本题考查《福建省中长期教育改革和发展规划纲要(2010～2020年)》。《福建省中长期教育改革和发展规划纲要(2010～2020年)》提出，教育工作的根本要求是坚持育人为本。

10. D 【解析】本题考查《中小学幼儿园安全管理办法》中的相关内容。《中小学幼儿园安全管理办法》第二十六条规定："接送学生的机动车驾驶员应当身体健康，具有相应准驾车型3年以上安全驾驶经历，最近3年内任一记分周期没有记满12分纪录，无致人死亡的交通责任事故。"

11. C 【解析】本题考查《中华人民共和国教师法》。根据《中华人民共和国教师法》第七条规定可知，C项属于教师享有的权利。

12. C 【解析】本题考查我国《义务教育法》关于均衡发展的内容。根据《中华人民共和国义务教育法》第二十二条规定，县级以上人民政府及其教育行政部门应当促进学校均衡发展，缩小学校之间办学条件的差距，不得将学校分为重点学校和非重点学校。学校不得分设重点班和非重点班。

13. B 【解析】本题考查考生对阶级性的理解。在我国奴隶社会当中，学校教育是奴隶主阶级手中的工具，具有鲜明的阶级性，学校培养官吏和知识分子来为统治阶级服务，这一时期出现的“学在官府”的现象主要体现的就是教育的阶级性特点。

14. C 【解析】本题考查赫尔巴特在西方教育史上的地位及其代表著作。赫尔巴特是德国著名的心理学家和教育学家，在世界教育史上被认为是“现代教育学之父”或“科学教育学的奠基人”。他的《普通教育学》的出版(1806年)标志着规范教育学的建立，同时，这本书也被认为是第一本现代教育学著作。

15. A 【解析】本题考查孔子关于教学过程的观点。公元前6世纪，孔子把学习过程概括为“学—思—行”的统一过程。

16. D 【解析】本题考查我国现阶段教育目的的重点。培养学生的独立个性是现阶段我国教育目的的基本精神之一，表现为教育目的需适应时代要求，强调学生个性的发展，重点培养学生的创新精神和实践能力。

17. D 【解析】本题考查教育与社会政治经济制度的关系。决定教育发展的规模和速度的是社会生产力水平。其他三项都是教育与社会政治经济制度的关系内容，故该题选D。

18. D 【解析】本题考查考生对课程资源的理解。课程资源有狭义和广义之分。狭义的课程资源仅指形成课程的直接要素来源；广义的课程资源指有利于实现课程目标的各种因素，包括形成课程的直接要素来源(素材性课程资源)和实施课程的必要而直接的条件(条件性课程资源)。题干所述是课程资源的广义内涵。

19. C 【解析】本题考查赞科夫提出的教学理论。苏联教育家赞科夫把学生的一般发展作为教学的出发点，提出了发展性教学理论的五条教学原则，即高难度、高速度、理论知识起主导作用、理解学习过程、使所有学生包括“差生”都得到一般发展的原则。

20. D 【解析】本题考查教育民主化的内涵。教育民主化首先是指教育机会均等，即教育要为所有的社会成员提供平等的教育权利；其次是指师生关系的民主化；再次是指教育方式、教育内容等的民主化；最后是追求教育的自由化。题干所述让所有人都受到同样的教育(教育机会均等)，以及题干所述的追求教育的自由化都体现的是教育民主化的特点。

21. B 【解析】本题考查环境对个体身心发展的影响。题干中文言文的意思是蓬草生在麻田里,不用扶持,必然自直;白色的细沙混在黑土中,也会跟它一起变黑。这主要体现的是社会环境对人的发展的影响,故该题选B。

22. D 【解析】本题考查考生对理论联系实际原则的理解。贯彻理论联系实际原则的要求有:(1)重视书本知识的教学,在传授知识的过程中注重联系实际;(2)重视引导和培养学生运用知识的能力;(3)加强教学的实践性环节,逐步培养与形成学生综合运用知识的能力,进行"第三次学习";(4)正确处理知识教学与能力训练的关系;(5)补充必要的乡土教材。题干所述为了使教学不脱离实际,需要补充必要的乡土教材,这贯彻的是理论联系实际的教学原则。

23. C 【解析】本题考查考生对教师劳动特点的掌握。教师劳动的长期性是指人才培养的周期比较长,教育的影响具有迟效性。教师的劳动成果是人才,而人才培养的周期比较长。题干所述的"十年树木,百年树人"就是对这个道理的最佳阐释。

24. D 【解析】本题考查考生对个体身心发展互补性的理解。个体身心发展的互补性的概念包括:(1)互补性是指机体某一方面的机能受损甚至缺失后,可通过其他方面的超常发展得到部分补偿。机体各部分存在着互补的可能,为人在自身某方面缺失的情况下能与环境协调,从而继续生存与发展提供了条件。(2)互补性也存在于心理机能与生理机能之间。人的精神力量、意志、情绪状态对整个机能起到调节作用,能帮助人战胜疾病和残缺,使身心依然得到发展。题干所述体现的是个体身心发展的互补性存在于心理机能与生理机能之间。

25. D 【解析】本题考查思想品德教育的最终目的。知、情、意、行是构成思想品德的四个基本要素。其中的行,即道德行为习惯,是指学生在一定的道德认识、情感、意志支配下所采取的行为。它是衡量学生道德品质高低的标准,也是思想品德教育的最终目的。

26. A 【解析】本题考查直觉思维的概念。直觉思维是未经逐步分析就迅速对问题答案做出合理的猜测、设想或突然领悟的思维。"王冠之谜"是在突然顿悟的情景下解决的,因此体现的是直觉思维。

27. B 【解析】本题考查无意注意的概念。无意注意也称不随意注意,是没有预定目的、无需意志努力、不由自主地对一定事物所发生的注意。它一般由外部刺激引起。由于外部刺激"教师突然中断讲课",引起分心学生的注意,这是无意注意。

28. B 【解析】本题考查短时记忆的内涵。短时记忆是指人脑中的信息在1分钟之内加工与编码的记忆,是信息从感觉记忆到长时记忆的过渡阶段。处在工作状态中的短时记忆,或者在完成当前任务时起作用的短时记忆,就是工作记忆。

29. C 【解析】本题考查美感的概念。美感是人们根据一定的审美标准对自然或社会现象及其在艺术上的表现予以评价时所产生的情感体验。

30. A 【解析】本题考查下位学习的概念。下位学习又称类属学习,是一种把新的观念归属于认知结构中原有观念的某一部分,并使之相互联系的过程。原有观念在包容和概括水平上高于新学习的知识。

31. D 【解析】本题考查比率智商。用智龄和实际年龄的比率代表的智商,称作比率智商。根据公式:智商(IQ)=智龄(MA)÷实龄(CA)×100,小丁的比率智商是10÷8×100=125。

32. A 【解析】本题考查水平迁移的概念。水平迁移也叫横向迁移,是指先行学习内容与后继学习内容在难度、复杂程度和概括层次上属于同一水平的学习活动之间产生的影响。电子琴和钢琴属于同一层次水平的学习,二者之间的迁移属于水平迁移。

33. D 【解析】本题考查儿童道德发展的年龄阶段。皮亚杰认为,10岁是儿童从他律道德向自律道德转化的分水岭,10岁前儿童对道德行为的思维判断主要依据他人设定的外在标准,也就是他律道德,10岁以后儿童对道德行为的思维判断大多依据自己的内在标准,也就是自律道德。

34. A 【解析】本题考查性格特征的内涵。性格是指人的较稳定的态度与习惯化了的行为方式相结合而形成的人格特征。它是一个人的心理面貌本质属性的独特结合,是人与人相互区别的主要方面。

35. B 【解析】本题考查代币奖励法。代币是一种象征性强化物,筹码、小红星、盖章的卡片、特制的塑料币等都可作为代币。当学生做出教师所期待的良好行为后,就发给数量相当的代币作为强化物。学生用代币可以兑换有实际价值的奖励物或活动。

二、填空题

36. 人大

37. 奖学金

38. 校长

39. 网络

40. 专业理念

41. 智力

42. 班主任

43. 学生学

44. 选择性

45. 研究者

46. 拓展型

47. 榜样示范法

48. 创造想象

49. 黏液质

50. 间接兴趣

51. 马斯洛

52. 有意义的接受学习

53. 建构主义

54. 预见性

55. 操作(运动或者动作)

三、简答题(参考答案)

56. 简述意志行动的基本特征。

(1)意志行动是人特有的自觉确定目的的行动;(2)意志对活动有调节支配作用,使人的行动能按设定好的目的去改造世界;(3)克服内部和外部的困难是意志行动最重要的特征;(4)意志行动以随意动作为基础。

57. 简述能力的个体差异表现。

(1)能力类型差异。能力类型差异是指构成能力的各种因素存在质的差异,主要表现在知觉、记忆、想象、思维的类型和品质方面。

(2)能力发展水平的差异。能力发展水平差异主要是指智力上的差异(即一般能力的差异),指的是个体之间或个体内部智力水平高低不同的程度。

(3)能力表现早晚的差异。各种能力不仅在质或量的方面表现出明显的差异,而且能力表现的早晚也存在着明显的差异。

(4)特殊能力的差异。特殊能力的差异是指完成同一活动可以由能力的不同结合来实现。

(5)能力的性别差异。智力的性别差异表现在:①男女智力的总体水平大致相等,但男性智力分布的离散程度比女性大;②男女的智力结构存在差异,各自具有自己的优势领域。

58. 简述我国基础教育课程改革中课程评价发展的基本特点。

(1)重视发展,淡化甄别与选拔,实现评价功能的转变;(2)重综合评价,关注个体差异,实现评价指标的多元化;(3)强调质性评价,定性与定量相结合,实现评价方法的多样化;(4)强调参与与互动、自评与他评相结合,实现评价主体的多元化;(5)注重过程,终结性评价与形成性评价相结合,实现评价重心的转移。

四、案例分析题(参考答案)

59. (1)除学校、王老师和李某外,该案例涉及的法律关系主体还有门卫、网吧负责人和社会不良青年柯某。

(2)学生李某是初中二年级的学生,正处于义务教育阶段,根据《中华人民共和国义务教育法》第二十七条规定,对违反学校管理制度的学生,学校应当予以批评教育,不得开除。因此,王老师要求开除学生李某的做法是错误的,而学校没有同意王老师的做法是正确的。根据《中华人民共和国未成年人保护法》第三十六条规定,中小学校园周边不得设置营业性歌舞娱乐场所、互联网上网服务营业场所等不适宜未成年人活动的场所。所以,与学校一巷之隔的网吧是不合法的。然而,学校与网吧只有一巷之隔,学校没有及时向行政主管部门反映情况,应承担一定责任。而且,聘用年老体弱的门卫,在上课期间没有起到监管和保护学生的作用,也应承担过失责任。

60. (1)李老师备课认真、课堂上讲解清晰明确、课外作业坚持全批全改、每次测验都进行细致地质量分析等行为体现了爱岗敬业的要求——“对工作高度负责、认真备课上课、认真批改作业、认真辅导学生、不敷衍塞责”。这是值得肯定的地方。

(2)①李老师发现作业上有错误就要求学生订正并罚抄10遍、每年挑选几位成绩优秀的学生利用周末时间进行辅导等行为违反了关爱学生的师德规范要求。“关爱学生”要求教师关心爱护全体学生,尊重学生人格,平等公正对待学生,不体罚或变相体罚学生。李老师周末只辅导成绩优秀的学生,说明他没有平等公正对待所有学生。李老师罚学生抄10遍错题,是体罚学生的表现。②李老师发现作业上有错误就要求学生订正并罚抄10遍、在班上公布每位学生的成绩和排名等行为违反了教书育人的师德规范要求。“教书育人”要求教师遵循教育规律,实施素质教育,循循善诱,诲人不倦,不以分数作为评价学生的唯一标准。李老师通过罚学生抄10遍错题的行为来教育学生违背了教育规律,没有做到循循善诱地教导学生。李老师在班上及时公布每位学生的成绩和排名,说明他以分数作为评价学生的唯一标准。③“他的辅导虽然没有明确要求收费,但也没拒绝家长们的礼物”违背了为人师表的师德规范要求。“为人师表”要求教师作风正派,廉洁奉公,自觉抵制有偿家教,不利用职务之便谋取私利。李老师没有拒绝家长们的礼物,表明李老师没有做到严于律己、自觉抵制有偿家教。

61. (1)①学生是教育的对象,具有可塑性、依赖性和向师性。材料中的小辉在新的班主任的正确指导下,成为品学兼优的学生,这体现了可塑性特点。②学生是发展中的人。新班主任对小辉父亲说的话表明该班主任认识到小辉处在发展过程中,后来小辉能够成为著名企业家,也是与班主任的指导分不开的。教师在教育小辉这样的孩子时,必须承认学生本身所具有的特点,树立正确的学生观,将学生看作是发展中的人,依据学生身心发展的规律和特点来开展教育活动,发挥学生存在的巨大潜力,促进学生健康发展。

(2)就材料内容而言,在思想品德教育过程中要贯彻的原则有:①依靠积极因素、克服消极因素的原则。在所有人都认为小辉调皮的时候,新班主任并没有直接“盖棺论定”,而是在全面了解小辉后,对小辉父亲说小辉很聪明,要找到发挥他聪明才智的地方。这表明新班主任用一分为二的观点,全面分析,客观地评价学生的优点和不足。②尊重信任学生与严格要求学生相结合的原则。新班主任在了解小辉的过程中,从生活上关心他,学习上帮助他,并尝试与他进行朋友式的交流。这表明新班主任能够尊重信任小辉,并对小辉进行正确的指导。③教育影响的一致性与连贯性原则。该原则要求教师在德育工作中,应主动协调多方面教育力量,统一认识和步调。新班主任全面了解小辉后,对他的父亲说小辉虽然调皮,但是非常聪明,主动与家长统一认识,争取家长配合,共同帮助小辉成长。

62. (1)①林老师为了上好《两栖动物的生殖与发育》一课,分别采用了实物直观、模像直观的教学手段,但是他没有合理安排和有效利用这些教学手段,不但没有达到教学效果,反而适得其反。②案例中林老师不断翻着PPT,却没有适时做出讲解,即缺少了言语直观。只有实物直观、模像直观、言语直观三种直观方式相结合,才能得到更好的效果。

(2)本案例中,林老师只使用了实物直观和模像直观,没有适时做出讲解,没有与言语直观相结合,没有利用词与形象的配合。另外,林老师准备的PPT里的浅色字很模糊,不符合感知规律中的强度律,没有突出所讲内容的特点,导致知识直观效果不好。更重要的是,林老师没有让学生充分参与直观过程,只是自己单独呈现各种直观方式,没有及时跟学生沟通反馈,了解学生的想法和建议。因此,教师可通过以下方法来提高知识直观的效果:①灵活选用实物直观和模像直观;②加强词和形象的配合;③运用感知规律,突出直观对象的特点;④培养学生的观察能力;⑤让学生充分参与直观过程。

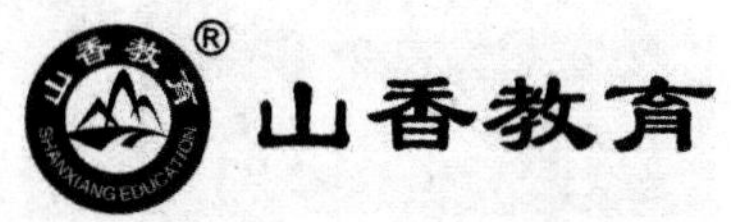

福建省教师招聘考试
历年真题详解及预测试卷

教育综合

参考答案及解析 – 预测试卷

（参考答案及解析由山香教师招聘考试命题研究中心编写）

目　录

福建省教师招聘考试教育综合预测试卷(十一)

答案速查:

1～5	CBBAD	6～10	ABDDB	11～15	CBCDA	16～20	CBABA
1～5	ABC ABC ABCD ABD AB			6～10	ABC ABC BC AC BCD		
1～5	AABBB	6～10	ABABB	11～15	BAABB		

一、单项选择题

1. C **【解析】**本题考查时事政治。第十三届全国人大常委会第三十四次会议于2022年4月20日表决通过新修订的《中华人民共和国职业教育法》。新法首次明确“职业教育是与普通教育具有同等重要地位的教育类型”。

2. B **【解析】**本题考查时事政治。2023年1月18日,中国航天科技集团有限公司发布《中国航天科技活动蓝皮书(2022年)》。航天科技集团表示,2023年计划安排60余次宇航发射任务,发射200余个航天器,开展一系列重大任务。

3. B **【解析】**本题考查《中小学教育惩戒规则(试行)》。根据《中小学教育惩戒规则(试行)》第四条规定,实施教育惩戒应当符合教育规律,注重育人效果;遵循法治原则,做到客观公正;选择适当措施,与学生过错程度相适应。故答案选B项。

4. A **【解析】**本题考查《中华人民共和国未成年人保护法》。根据《中华人民共和国未成年人保护法》第十七条规定可知,未成年人的父母或者其他监护人不得实施的行为有:虐待、遗弃、非法送养未成年人或者对未成年人实施家庭暴力;放任、教唆或者利用未成年人实施违法犯罪行为;放任或者迫使应当接受义务教育的未成年人失学、辍学;等等。根据第十六条规定可知,A项属于未成年人的父母或者其他监护人应当履行的监护职责,故本题答案选A项。

5. D **【解析】**本题考查《中华人民共和国教师法》。《中华人民共和国教师法》第一次从法律角度确认了教师职业的专业地位。

6. A **【解析】**本题考查《小学教师专业标准(试行)》与《中学教师专业标准(试行)》。在教育部颁布的《小学教师专业标准(试行)》与《中学教师专业标准(试行)》中,“反思与发展”领域的基本要求是:(1)主动收集分析相关信息,不断进行反思,改进教育教学工作;(2)针对教育教学工作中的现实需要与问题,进行探索和研究;(3)制定专业发展规划,积极参加专业培训,不断提高自身专业素质。故选A项。

7. B **【解析】**本题考查常用的德育方法。说服教育法是通过摆事实、讲道理,使学生提高认识,形成正确观点的方法。它的方式有两类:第一类是运用语言文字进行说服教育的方式,如讲解、报告、谈话、讨论、辩论、读书指导等;第二类是运用事实进行说服教育的方式,主要包括参观、访问和调查。题干中该学校通过组织演讲、辩论等活动对学生进行德育,运用的德育方法是说服教育法。

8. D 【解析】本题考查教育目的的层次结构。教育目的包括三个层次:国家的教育目的、各级各类学校的培养目标和教师的教学目标。所以,教师的教学目标居于第三个层次。

9. D 【解析】本题考查常用的教学方法。参观法又称现场教学,是教师根据教学目的和要求,组织学生进行实地考察、研究,使学生获取新知识,巩固、验证旧知识的一种教学方法。题干中教师把学生带到学校附近,对他们进行实地教育,所使用的教学方法即参观法。

10. B 【解析】本题考查社会政治经济制度对教育发展的影响和制约。在阶级社会中,统治阶级总是要采取种种直接或间接的手段,决定和影响受教育权在社会中的分配,决定谁有享受学校教育的权利、谁没有享受学校教育的权利、谁有受什么样学校教育的权利等问题。题干中唐朝“六学二馆”等级森严的入学条件就是对受教育权的规定。

11. C 【解析】本题考查教师劳动的特点。教师劳动的间接性指教师的劳动不直接创造物质财富,而是以学生为中介实现教师劳动的价值。教师劳动的结晶是学生,是学生的品德、学识和才能,待学生走上社会,由他们来为社会创造财富。故题干所述说明教师的劳动具有间接性。

12. B 【解析】本题考查班级管理的模式。班级民主管理是指班级成员在服从班集体的正确决定和承担责任的前提下参与班级全程管理的一种管理方式。题干的描述体现了班级民主管理的内涵。

13. C 【解析】本题考查旧中国的学制沿革。壬子癸丑学制是我国教育史上第一个具有资本主义性质的学制。

14. D 【解析】本题考查个体身心发展的理论。“生而知之”的意思是生下来就懂得知识和道理,这种观点强调了遗传的作用,属于遗传决定论。

15. A 【解析】本题考查情绪理论。詹姆斯—兰格情绪学说是有关情绪的生理机制方面的第一个学说。美国心理学家詹姆斯和丹麦生理学家兰格都强调情绪的产生是植物性神经活动的产物。詹姆斯说:“我们因为哭,所以愁;因为动手打,所以生气;因为发抖,所以怕;并不是我们愁了才哭,生气了才打,怕了才发抖。”因此,在詹姆斯看来,哭、打、发抖就是情绪产生的直接原因。故题干所述观点体现的是詹姆斯—兰格情绪学说。

B项坎农—巴德学说认为,情绪的中枢不在外周神经系统,而在中枢神经系统的丘脑。

C项评定—兴奋说强调情绪来源于大脑皮层对情境的评估。

D项认知—评价理论认为情绪是人与环境相互作用的产物。

16. C 【解析】本题考查知识学习的类型。符号学习又称表征学习,是指学习单个符号或一组符号的意义。符号学习的心理机制是符号和它们所代表的事物或观念在学习者认知结构中建立相应的等值关系。故题干所述是表征学习的典型事例。

易错提示:考生易混淆三种知识学习的类型,因此可通过以下关键词进行区分:

知识学习的类型	关键词
符号学习	符号;等值关系
概念学习	一类事物;本质属性和关键特征
命题学习	若干概念之间的关系

17. B 【解析】本题考查建构主义学习理论的观点。建构主义学习理论强调知识的动态性,认为教师应该引导学生从原有的知识经验中"生长"出新的知识经验。

18. A 【解析】本题考查操作技能的形成阶段。在冯忠良的四阶段模型中,操作定向就是了解操作活动的结构与要求,在头脑中建立起操作活动的定向映像的过程。"书空"练习属于操作定向。

19. B 【解析】本题考查课堂纪律的种类。课堂纪律一般可分为教师促成的纪律、集体促成的纪律、任务促成的纪律和自我促成的纪律四类。其中,集体促成的纪律是指在集体舆论和集体压力的作用下形成的群体行为规范。

20. A 【解析】本题考查发散思维的特征。流畅性是指在限定时间内产生观念数量的多少。在短时间内产生的观念越多,流畅性越好。因此本题答案选A项。

方法技巧:发散思维的三种特征常结合实例以客观题的形式进行考查,各个特征考查的关键点在于:流畅性强调数量多;灵活性(变通性)强调范围广;独创性强调观念新。

二、多项选择题

1. ABC 【解析】本题考查《中华人民共和国教育法》。根据《中华人民共和国教育法》第二十七条规定,设立学校及其他教育机构,必须具备下列基本条件:(一)有组织机构和章程;(二)有合格的教师;(三)有符合规定标准的教学场所及设施、设备等;(四)有必备的办学资金和稳定的经费来源。

2. ABC 【解析】本题考查《关于进一步减轻义务教育阶段学生作业负担和校外

培训负担的意见》的内容。《关于进一步减轻义务教育阶段学生作业负担和校外培训负担的意见》指出：

健全作业管理机制。严禁给家长布置或变相布置作业，严禁要求家长检查、批改作业。故B项正确。

分类明确作业总量。学校要确保小学一、二年级不布置家庭书面作业，可在校内适当安排巩固练习。故A项正确。

提高作业设计质量。鼓励布置分层、弹性和个性化作业，坚决克服机械、无效作业，杜绝重复性、惩罚性作业。故C项正确。

加强作业完成指导。教师要指导小学生在校内基本完成书面作业，初中生在校内完成大部分书面作业。故D项错误。

3. ABCD 【解析】本题考查建立学制的依据。建立学制的依据包括：(1)生产力发展水平和科学技术发展状况；(2)社会政治经济制度；(3)青少年、儿童身心发展规律；(4)人口发展状况；(5)文化传统；(6)本国学制的历史发展和国外学制的影响。所以A、B、C、D四项均属于确定学校教育制度的依据。

4. ABD 【解析】本题考查理想师生关系的特点。我国新型师生关系(理想师生关系)的特点表现为：尊师爱生、民主平等、教学相长、心理相容。C项排除。

5. AB 【解析】本题考查教育目的的价值取向。题干所述为教育目的的社会本位论的观点，A、B项为社会本位论的代表人物，C、D项为个人本位论的代表人物。所以A、B两项的教育家与题干中的学者持相同教育目的观。

6. ABC 【解析】本题考查环境对个体发展的影响。环境对个体发展的影响表现在：(1)社会环境为个体的发展提供了多种可能，使遗传提供的发展可能变成现实；(2)环境是推动人身心发展的动力；(3)环境不决定人的发展；(4)人对环境的反应是能动的。BC项表述正确，D项表述错误。环境对个体发展的影响有积极和消极之分，A项表述正确。

7. ABC 【解析】本题考查心理过程的结构。心理过程是心理活动的一种动态过程，是人脑对客观现实的反映过程。它包括认知过程、情绪情感过程和意志过程三个方面。

8. BC 【解析】本题考查成败归因理论。韦纳把人经历过事情的成败归结为六种原因，即能力、努力程度、工作难度、运气、身心状况、外界环境。又把上述六项因素按各自的性质，分别归入三个维度：内部归因和外部归因、稳定性归因和不稳定性归因、可控制归因和不可控制归因。其中，努力程度属于内在、不稳定、可控的因素。故本题选B、C两项。

9. AC 【解析】本题考查惩罚的运用。运用惩罚时应注意:(1)惩罚并不能使行为发生永久性的改变,它只能暂时抑制行为,而不能根除行为。(2)惩罚的运用必须慎重,惩罚一种不良行为应与强化一种良好行为结合起来,方能取得预期的效果。(3)一般来说,要尽可能地少用惩罚,在必要的时候才使用。(4)惩罚的运用应该及时,即在学生做出某种行为之后,立即给予惩罚。惩罚紧紧跟在错误行为之后,与错误的行为之间建立联结。

10. BCD 【解析】本题考查智力的性别差异。智力的性别差异表现在:(1)男女智力的总体水平大致相等,但男性智力分布的离散程度比女性大;(2)男女的智力结构存在差异,各自具有自己的优势领域。

三、判断选择题

1. A 【解析】本题考查《中华人民共和国教育法》。《中华人民共和国教育法》第三十二条规定,学校及其他教育机构具备法人条件的,自批准设立或者登记注册之日起取得法人资格。

2. A 【解析】本题考查《中小学教育惩戒规则(试行)》。《中小学教育惩戒规则(试行)》第十条规定,小学高年级、初中和高中阶段的学生违规违纪情节严重或者影响恶劣的,学校可以实施以下教育惩戒,并应当事先告知家长:(一)给予不超过一周的停课或者停学,要求家长在家进行教育、管教;(二)由法治副校长或者法治辅导员予以训诫;(三)安排专门的课程或者教育场所,由社会工作者或者其他专业人员进行心理辅导、行为干预。故题干说法正确。

3. B 【解析】本题考查原始社会的教育特征。原始社会的教育具有非独立性,教育和社会生活、生产劳动紧密相连。教育没有从社会生活和生产中分化出来,教育是在生产劳动和社会生活中进行的,没有特定的教育场所和专职教育人员。

4. B 【解析】本题考查教育对社会政治经济制度的影响。教育对社会政治经济制度起着巨大的影响作用,但不起决定作用。社会政治经济制度发展的根本动力是生产力与生产关系的矛盾运动,教育在这种矛盾运动中只起加速或延缓作用,不起决定作用。故题干说法错误。

5. B 【解析】本题考查教育目的。教育目的一般只包括"为谁培养人""培养什么样的人"的问题;而教育方针除此之外,还含有"怎样培养人"的问题和教育事业发展的基本原则。

6. A 【解析】本题考查新课程结构的内容。新课程结构的内容包括:(1)整体设置九年一贯的义务教育课程。小学阶段以综合课程为主,初中阶段设置分科与综合相结合的课程。(2)高中以分科课程为主。(3)从小学至高中设置综合实践活动课程并作为必修课程。(4)农村中学课程要为当地社会经济发展服务。

7. B 【解析】本题考查历史上对教学过程的各种理解。19世纪,德国教育家赫尔巴特提出教学过程由“明了、联合、系统、方法”四阶段构成(后由其学生发展为五个阶段),这一理论标志着教学过程理论的形成。

8. A 【解析】本题考查导向性原则的概念。导向性原则是指进行德育时要有一定的理想性和方向性,以指导学生向正确的方向发展。在我国,德育工作要把无产阶级的政治方向放在首位,对学生的德育要求要同共产主义目标相联系。

9. B 【解析】本题考查反射的分类。条件反射又称信号反射,是后天经过学习才能得到的反射,即所谓有意识学习得来的知识、技能、经验等。无条件反射是先天的,即所谓无意识的本能行为。故题干表述错误。

10. B 【解析】本题考查过度学习。实验证明:过度学习达到50%,即学习的熟练程度达到150%时,学习的效果最好;超过150%时,效果并不递增,很可能引起厌倦、疲劳而成为无效劳动。题干中学生应再学习三遍效果最好。

11. B 【解析】本题考查意志的品质。自制性是指一个人善于控制和支配自己的情绪,约束自己言行的品质。果断性是指一种善于辨明是非、抓住时机、迅速而合理地采取决定并执行决定的意志品质。故题干说法错误。

12. A 【解析】本题考查效度。效度是指一个测验工具希望测到某种行为特征的有效性与准确程度。题干说法正确。

13. A 【解析】本题考查最近发展区。维果斯基认为,儿童有两种发展水平:一是儿童的现有水平,即由一定的已经完成的发展系统所形成的儿童心理机能的发展水平;二是可能达到(即将达到)的发展水平。这两种水平之间的差异,就是最近发展区。也就是说,最近发展区是儿童在有指导的情况下,借助成人的帮助所能达到的解决问题的水平与独自解决问题所达到的水平之间的差异,实际上是两个邻近发展阶段间的过渡状态。

14. B 【解析】本题考查接受学习。奥苏伯尔认为,接受学习未必都是机械学习,它可以而且也应该是有意义的学习。同样,发现学习未必都是有意义的学习,它也可能是机械学习。

15. B 【解析】本题考查成就动机理论。阿特金森把个体的成就动机分为两类:力求成功的动机和避免失败的动机。力求成功者的目的是获取成就,即通过各种活动努力提高自尊心和获得心理上的满足,成功概率为50%的任务(难度适中的任务)是他们最有可能选择的。避免失败者则往往通过各种活动防止自尊心受伤害和产生心理烦恼,倾向于选择非常容易或非常困难的任务。如果成功的概率大约是50%时,他们会回避这项任务。故题干说法错误。

四、填空题

1. 立德树人

2. 教育与宗教

3. 六　七

4. 开设哪些科目(课程设置)

5. 马克思主义

6. 不均衡性(不平衡性)

7. 教育目的

8. 增强学生体质

9. 欣赏教学法　情境教学法

10. 独特性

11. 晕轮效应(光环效应)

12. 有意义学习

13. 教学效能感

14. 再现(再认或回忆)

15. 自卑感

五、辨析题(参考答案)

1. 有教师认为,课堂教学以传授学科知识、达成“双基”教学为目的,不应再承担其他任务和功能。

(1)这种说法是不正确的。(2)教学的首要任务是使学生掌握系统的科学文化基础知识,形成基本技能、技巧,即“双基”教学。除此之外,教学的任务还有发展学生智能、体能,培养学生高尚的审美情趣和审美能力,培养学生具备良好的道德品质和个性心理特征,形成科学的世界观等。因此课堂教学的任务并不仅仅是进行“双基”教学。

2. 定势对学习活动的开展只有积极作用,没有消极作用。

(1)这种说法是不正确的。(2)定势(即心向)是指重复先前的操作所引起的一种心理准备状态。在定势的影响下,人们会以某种习惯的方式对刺激情境做出反应。定势的作用有两重性:一是积极的促进作用;二是消极的阻碍作用。故本题说法不正确。

3. 只有在问题解决者的思维活动处于积极并且紧张的状态时,才最容易产生原型启发。

(1)这种说法是不正确的。(2)某事物能否起启发作用,不仅取决于该事物的特点，还取决于问题解决者的心理状态。在问题解决者的思维活动处于积极但又不过于紧张的状态时，才最容易产生原型启发。

六、案例分析题（参考答案）

1. (1)这所普通中学在年初要求毕业班学生参加本校组织的预考，并按成绩划分“高分班”和“低分班”。这种做法违反了《中华人民共和国义务教育法》第二十二条规定，即县级以上人民政府及其教育行政部门应当促进学校均衡发展，缩小学校之间办学条件的差距，不得将学校分为重点学校和非重点学校。学校不得分设重点班和非重点班。

(2)该学校对“低分班”的学生进行“动员”，让他们放弃报考“重点学校”，而选报“专科或高职学校（职高）”，还要求“升学无望”的学生放弃报考、提前离校。这些做法违反了《中华人民共和国教育法》第三十七条规定，即受教育者在入学、升学、就业等方面依法享有平等权利。

(3)学校准备通过某些“有关系”的家长或其他人员，利用非正规渠道或手段帮助部分学生伪造假材料、假证明，使之享受考试的政策性加分。这些做法是违法的，根据《中华人民共和国教育法》第七十七条规定，在招收学生工作中滥用职权、玩忽职守、徇私舞弊的，由教育行政部门或者其他有关行政部门责令退回招收的不符合入学条件的人员；对直接负责的主管人员和其他直接责任人员，依法给予处分；构成犯罪的，依法追究刑事责任。

2. 王老师主要遵循了德育的疏导原则，因材施教原则，依靠积极因素、克服消极因素原则。

(1)王老师遵循了德育的疏导原则。疏导原则是指进行德育时要循循善诱、以理服人，从提高学生认识入手，调动学生的主动性，使他们积极向上。王老师在得知张轩同学迷恋网络的原因后，并没有嘲笑他不切实际，而是循循善诱，以理服人，告诉他实现理想要有真才实学，以鼓励他认真学习。这体现了德育的疏导原则。

(2)王老师遵循了德育的因材施教原则。因材施教原则是指教育者在德育过程中，应根据学生的年龄特征、个性差异以及品德发展现状，采取不同的方法和措施，加强德育的针对性和实效性。王老师在了解了张轩同学迷恋网络、无心学习的原因后，对他进行了针对性的教育，如单独谈话、让张轩同学当信息技术课的课代表等。这体现了德育的因材施教原则。

(3)王老师遵循了德育的依靠积极因素，克服消极因素原则。在德育工作中，教育者要善于依靠、发扬学生自身的积极因素，调动学生自我教育的积极性，克服消极因素，以达到长善救失的目的。王老师善于利用张轩同学对计算机的兴趣，并支持他的特长发展以带动全面发展；让张轩当信息技术课的课代表以帮助他体验到学习的乐趣；通过张轩对学习信息技术的积极性，带动他对学习其他课程的积极性。这都体现了依靠积极因素，克服消极因素的原则。

3. 案例中的赵老师具备精深的学科专业知识、广博的科学文化知识、必备的教育科学知识和实践性知识。

（1）精深的学科专业知识（本体性知识）。这是教师知识结构的核心，也是教师向学生传授知识的必备基础。案例中的赵老师为了成为一名称职的语文教师，在校学习期间，认真学习本专业知识，这就体现了他具有精深的学科专业知识。

（2）教师的知识不仅要“专”，而且要“博”，教师的专业知识应建立在广博的科学文化知识的基础之上。案例中的赵老师在校学习期间，广泛涉猎其他专业知识，从事语文教学之后，经常阅读中外名家名著，这体现了他具有广博的科学文化知识。

（3）教师要加强教育工作的科学性和有效性，就必须掌握必备的教育科学知识（条件性知识）。其中，教育学、心理学及各科教材教法是教师首先要掌握的最为基本的教育科学知识。案例中的赵老师不断地学习教育学、心理学和现代教育技术的知识，这体现了他具有必备的教育科学知识。

（4）教师的实践性知识是基于教师个人的经验积累，在对待和处理教育问题时体现出的个人特质和教育智慧。案例中的赵老师通过反思自己的教学实践，创新教育教学方式，形成了独特的教学风格和实践智慧，这体现了他具有丰富的实践性知识。

4.（1）刘冰目前处于高原期。每个学习者在学习的过程中都有一个明显的、暂时的停顿期，即高原期。通常把学生在学习过程中出现一段时间的学习成绩和学习效率停滞不前，甚至学过的知识感觉模糊的现象，称为“高原现象”。刘冰经过初期的迅速进步以后，虽然依然努力学习，但是进步速度减缓，甚至停滞不前，这说明其处于高原期。

（2）高原现象产生的原因有：学习方法的固定化；学习任务的复杂化；学习动机减弱；兴趣降低；心理和生理上的疲劳；意志不够顽强等。

班主任可采用以下方法帮助刘冰顺利度过高原期：①指导刘冰采用多种学习方法进行学习；②指导刘冰将困难、复杂的学习任务分解成简单的学习任务，逐步学习；③通过合理运用外部奖赏、培养恰当的自我效能感、有效地运用表扬、训练归因等方法使刘冰的学习动机维持在最佳水平；④通过组织各种学习活动、提高教学水平、充分利用原有兴趣的迁移等方法激发刘冰的学习兴趣，提高学习效率；⑤通过加强养成教育、组织实践活动等方法锻炼刘冰的意志；⑥让刘冰注意劳逸结合。

5.（1）根据班杜拉的观察学习理论：案例A中的学生所受到的强化属于直接强

化，即观察者因表现出观察行为而受到强化；案例B中的学生所受到的强化属于替代强化，即观察者因看到榜样的行为被强化而受到强化；案例C中小雯的强化属于自我强化，即对自己表现出的符合或超出标准的行为进行自我奖励。

（2）①班杜拉在对行为习得过程的叙述中指出了人类的观察学习模式，为教育教学工作解释学习行为的自律问题提供了依据。教师应把学习刻苦、自觉守纪、品德优良的学生确立为其他学生学习的榜样，使学生沉浸在一种良好的氛围中，充分发挥榜样的作用，从而使学生自觉向好的方向发展。案例B中，教师通过对"关心集体"这种行为的鼓励，为学生确立了好的榜样，使学生能自觉地进行积极的行为。

②按照班杜拉的观点，自我奖惩标准是在个人成长过程中逐步确立起来的。个体可以通过模仿父母、同伴或权威人物的示范行为获得评判标准。在个人成长过程中，由于父母、教师或其他年长者对符合他们信念和标准的行为予以奖励、不符合者予以惩罚，使个体将这些信念和标准内化为自己的标准，掌握道德的、伦理的评价尺度。例如，案例A中，辅导老师鼓励学生向老师请教的这种行为，使得该学生将此行为内化为自己的积极行动方式，克服了害怕的心理。个体也可凭借榜样作用，学习怎样借助道德的要求或论点为自己的标准提供合理的依据。例如，案例B中，教师通过对好的行为进行表扬和奖励、对不好的行为进行批评与惩罚，来引导学生对良好行为的模仿与学习，对不好行为的避免。因此，教师要在个体自我奖惩标准确立的过程中起到方向标的作用，指引他们前进的方向，使得他们能够像小雯一样自主确立奖惩标准。

福建省教师招聘考试教育综合预测试卷（十二）

答案速查：

<table>
<tr><td>1 ~ 5</td><td>CBCBD</td><td>6 ~ 10</td><td>BBCDA</td><td>11 ~ 15</td><td>CBACB</td><td>16 ~ 20</td><td>BDBDC</td></tr>
<tr><td>1 ~ 5</td><td colspan="3">ABCD AD ABC ABC ABCD</td><td>6 ~ 10</td><td colspan="3">ABC ABD BC BC ABC</td></tr>
<tr><td>1 ~ 5</td><td>AABAB</td><td>6 ~ 10</td><td>BBBBB</td><td>11 ~ 15</td><td colspan="3">BBBBA</td></tr>
</table>

一、单项选择题

1. C 【解析】本题考查时事政治。2022年4月21日，国务院新闻办公室发布《新时代的中国青年》白皮书。白皮书指出，新时代中国青年素质过硬、全面发展，把树立正确的理想、坚定的信念作为立身之本，理想信念更为坚定，身心素质向好向强，知识素养不断提升，社会参与积极主动，努力成长为堪当民族复兴重任的时代新人。

2. B 【解析】本题考查时事政治。2023年3月23日，教育部召开新闻发布会，介绍2022年全国教育事业发展基本情况。教育部基础教育司副司长马嘉宾介绍,2022年,中央财政安排“十四五”国家基础教育重大项目计划资金共计605亿元,其中学前教育发展资金230亿元、义务教育薄弱环节改善与能力提升项目资金300亿元、普通高中学校改善办学条件补助资金70亿元和特殊教育补助资金5亿元,支持引导各地增加普惠性学前教育资源和完善普惠保障机制,改善中小学办学条件,加大特殊教育学校建设,并向中西部地区倾斜。

3. C 【解析】本题考查中共中央、国务院印发的《关于深化教育教学改革全面提高义务教育质量的意见》。中共中央、国务院印发的《关于深化教育教学改革全面提高义务教育质量的意见》中提出,要依法保障教师权益和待遇。要求制定实施细则,明确教师教育惩戒权。依法依规妥善处理涉及学校和教师的矛盾纠纷,坚决维护教师合法权益。所以答案选C项。

4. B 【解析】本题考查《中华人民共和国义务教育法》。《中华人民共和国义务教育法》第二十二条规定,县级以上人民政府及其教育行政部门应当促进学校均衡发展,缩小学校之间办学条件的差距,不得将学校分为重点学校和非重点学校。学校不得分设重点班和非重点班。A项错误。第三十一条规定,教师的平均工资水平应当不低于当地公务员的平均工资水平。D项错误。第三十六条规定,学校应当把德育放在首位,寓德育于教育教学之中,开展与学生年龄相适应的社会实践活动,形成学校、家庭、社会相互配合的思想道德教育体系,促进学生养成良好的思想品德和行为习惯。C项错误。第三十九条规定,国家实行教科书审定制度。教科书的审定办法由国务院教育行政部门规定。未经审定的教科书,不得出版、选用。B项正确。故本题选B项。

5. D 【解析】本题考查《关于全面深化新时代教师队伍建设改革的实施意见》。中共福建省委、福建省人民政府印发的《关于全面深化新时代教师队伍建设改革的实施意见》指出,要明确教师的特别重要地位。突显教师职业的公共属性,强化教师承担的国家使命和公共教育服务的职责。确立公办中小学教师作为国家公职人员的特殊法律地位,明确权利和义务,强化保障和管理。

6. B 【解析】本题考查“教育”的词源。“教育”一词最早见于《孟子·尽心上》中的“得天下英才而教育之,三乐也”。故孟子是我国最早使用“教育”一词的教育家。B项正确。

易错提示:“教育”一词的最早出处与最早对“教育”一词进行解释的出处是易混淆的知识点。考生在做题时,需注意题干的关键词或题干的意思是“最早使用”“最早出现”还是“最早解释”。

7. B 【解析】本题考查常用的德育方法。实际锻炼法是有目的地组织学生参加各种实际活动,使其在活动中锻炼思想,增长才干,培养优良的思想和行为习惯的德育方法。锻炼的方式主要是学习活动、社会活动、生产劳动和课外文体科技活动。题干中学校通过组织义工活动对学生进行教育,这种做法属于实际锻炼法。

8. C 【解析】本题考查班级管理的模式。班级民主管理的实质是在班级管理的全过程中,调动学生自我教育的力量,使人人都积极主动地参与班级事务。建立班级民主管理制度,如干部轮换制度、定期评议制度等是班级民主管理的具体表现。故选C项。

9. D 【解析】本题考查我国现行学校教育制度的层次结构。从层次结构上来看,我国现行学校教育包括学前教育、初等教育、中等教育和高等教育四个层次。D项是从类别结构划分的。故选D项。

方法技巧:考生在区分我国学校教育制度的层次结构和类别结构时要注意:层次结构是从纵向角度分析,根据教育对象的年龄与程度的不同来划分的,各层次前后衔接并且不断深入;类别结构是从横向角度分析,根据教育的性质类型不同来划分的。

10. A 【解析】本题考查教育的政治功能。"家事、国事、天下事,事事关心"体现了教育为政治服务的一面,反映的是教育的政治功能。

11. C 【解析】本题考查维果斯基的最近发展区理论。在维果斯基看来,教学的可能性由学生的最近发展区决定,"教学应该走在发展的前面"。因此,教学的重要任务是创造适切的最近发展区。

12. B 【解析】本题考查影响问题解决的因素。原型启发是指从其他事物上发现解决问题的途径和方法。任何一个人对某一项目的发明创造或革新,都不是凭空想象出来的,在开始时总要受到某种类似的事物或模型的启发。例如,鲁班从丝茅草割破手得到启发,发明了锯。故题干所述体现了原型启发对问题解决的影响。

13. A 【解析】本题考查影响个体身心发展的因素。题干这句俗语的意思是师傅只起着引导作用,学业或技艺上的钻研与提高,还得靠学子自身的努力。这句话强调了个体主观能动性在人的发展中的作用。

14. C 【解析】本题考查我国中小学主要的教学原则。思想性(教育性)和科学性相统一的原则是指教学要以马克思主义为指导,授予学生科学知识,并结合知识教学对学生进行社会主义品德和正确人生观、科学世界观教育。这一原则的实质是要求在教学活动中把教书和育人有机地结合起来。题干中的陈老师在讲授物理知识的同时,为学生讲述了霍金的故事,对学生进行了思想教育,这体现了科学性和思想性相统一的教学原则。

15. B 【解析】本题考查教师劳动的特点。教师劳动的复杂性主要表现在以下五个方面:(1)教师劳动性质的复杂性;(2)教师劳动对象的复杂性;(3)教师劳动任务的复杂性;(4)教师劳动过程的复杂性;(5)教师劳动手段的复杂性。其中,教师劳动对象的复杂性是指,教师的劳动对象是千差万别的人。教师不仅要经常在同一个时空条件下,面对全体学生,实施统一的课程计划、课程标准,还要根据每个学生的实际情况因材施教。因此,B项符合题意。

16. B 【解析】本题考查记忆术。记忆术是通过把那些枯燥无味但又必须记住的信息按某种联系赋予意义,使记忆过程变得生动有趣,从而提高记忆效果的方法。常见的记忆术有形象联想法、谐音联想法、首字连词法、位置记忆法等。其中,谐音联想法是指通过谐音线索,运用视觉表象,假借意义进行人为联想。题干中小新把“铁、铬、锰”比作“铁哥们”来进行记忆,属于谐音联想法。

17. D 【解析】本题考查记忆的分类。形象记忆是以我们感知过的事物形象为内容的记忆。题干中强调小董对见过的新老师外貌特征的记忆,故属于形象记忆。

18. B 【解析】本题考查情绪和情感的功能。情绪和情感的动机功能是指情绪和情感是动机的源泉之一,是动机系统的一个基本成分。它能够激励人的活动,提高人的活动效率。适度的情绪兴奋,可以使身心处于活动的最佳状态,推动人们有效地完成任务。

易错提示:考生容易混淆情绪的组织功能和动机功能。二者有共同之处,都能起到激励促进作用,但表现形式上存在差异。组织功能针对现有的情绪状态,是指积极的情绪起推动作用,消极的情绪起阻碍作用。动机功能可以从无到有地引发人们的行动,强调引发、驱动作用。

19. D 【解析】本题考查加涅的学习结果分类。按学习结果,加涅将学习分为五种类型:(1)智慧技能;(2)认知策略;(3)言语信息;(4)动作技能;(5)态度。其中,动作技能是指通过身体动作质量的不断改善而形成整体动作模式。故题干中的小罗学习如何操作显微镜属于动作技能的学习。

20. C 【解析】本题考查操作性条件作用的基本规律。逃避条件作用是指当厌恶刺激出现时,有机体做出某种反应,从而逃避了厌恶刺激,则该反应在以后的类似情境中发生的概率便增加的一类条件作用。回避条件作用是指当预示厌恶刺激即将出现的刺激信号呈现时,有机体也可以自发地做出某种反应,从而避免了厌恶刺激的出现,则该反应在以后的类似情境中发生的概率便增加的一类条件作用。根据题干描述可知,小红在厌恶刺激出现后才做出反应,故属于逃避条件作用。

二、多项选择题

1. ABCD 【解析】本题考查《中华人民共和国义务教育法》。根据《中华人民共和国义务教育法》第二十四条规定,学校应当建立、健全安全制度和应急机制,对学生进行安全教育,加强管理,及时消除隐患,预防发生事故。县级以上地方人民政府定期对学校校舍安全进行检查;对需要维修、改造的,及时予以维修、改造。

2. AD 【解析】本题考查《中华人民共和国义务教育法》。《中华人民共和国义务教育法》第十一条规定,凡年满六周岁的儿童,其父母或者其他法定监护人应当送其入学接受并完成义务教育;条件不具备的地区的儿童,可以推迟到七周岁。适龄儿童、少年因身体状况需要延缓入学或者休学的,其父母或者其他法定监护人应当提出申请,由当地乡镇人民政府或者县级人民政府教育行政部门批准。故D项中的做法符合规定,B、C两项不符合规定。《中华人民共和国义务教育法》第十二条规定,适龄儿童、少年免试入学。地方各级人民政府应当保障适龄儿童、少年在户籍所在地学校就近入学。故A项做法符合规定。

3. ABC 【解析】本题考查我国学校德育内容中的心理健康教育的内容。心理健康教育主要有三方面的内容,即学习辅导、生活辅导和择业指导。

4. ABC 【解析】本题考查班集体的教育作用。班集体的教育作用具体表现为:(1)有利于形成学生的群体意识;(2)有利于培养学生的社会交往能力与适应能力;(3)有利于训练学生的自我教育能力。D项表述明显错误。

5. ABCD 【解析】本题考查《学记》的教育思想。《学记》开篇阐述了教育的目的:“建国君民,教学为先”“君子如欲化民成俗,其必由学乎”。《学记》总结的教学原则主要包括:(1)教学相长。“是故学然后知不足,教然后知困。知不足然后能自反也,知困然后能自强也。故曰:教学相长也。”(2)尊师重道。(3)藏息相辅。“大学之教也,时教必有正业,退息必有居学。”(4)豫时孙摩。(5)启发诱导。“故君子之教,喻也。”(6)长善救失。故本题全选。

6. ABC 【解析】本题考查教育的人口功能。教育的人口功能表现在:(1)减少人口数量,控制人口增长;(2)改善人口素质,提高人口质量;(3)使人口结构趋向合理化;(4)有助于人口迁移。

7. ABD 【解析】本题考查气质的特征。气质是人的天性,无好坏之分。气质不能决定人的社会价值与成就的高低,也不直接具有社会道德评价含义。由于气质较多地受生物因素的制约,因此,气质的稳定性较强。故A、B、D三项说法正确,C项说法错误。

8. BC 【解析】本题考查常见的社会知觉偏差。晕轮效应是指当我们认为某人具有某种特征时,就会对他的其他特征做相似判断。A项“情人眼里出西施”属于晕轮效应的典例。首因效应是指在总体印象形成上,最初获得的信息比后来获得的信息影响更大。B项“新官上任三把火”和C项“下马威”体现了首因效应。投射效应是指由于个体具有某种特性，因而推断他人也有与自己相同特性的心理现象。D项“以小人之心，度君子之腹”属于投射效应的典例。因此，B、C两项符合题意。

9. BC 【解析】本题考查情绪情感的种类。心境是一种微弱的、持续时间较长的，带有弥漫性的情绪状态。激情是一种爆发式的、猛烈而时间短暂的情绪状态。理智感是人认识事物和探求真理的需要是否得到满足而产生的主观体验。题干中诺贝尔在炸药试验成功时，发疯似地高喊，说明其情绪处于激情状态；诺贝尔不顾生命安危研究炸药，说明了其对真理的追求，故体现了理智感。因此，答案选B、C两项。

10. ABC 【解析】本题考查心智技能的培养。由于心智技能是按一定的阶段逐步形成的，因此，在培训方面只有分阶段进行练习，才能获得良好的教学效果。为提高分阶段练习的成效，在培养工作方面，必须充分依据心智技能的形成规律，采取有效的措施，包括：(1)激发学习的积极性和主动性；(2)注意原型的完备性、独立性和概括性；(3)适应培养阶段的特征，正确使用言语；(4)注意学生的个别差异；(5)科学地进行练习。D项属于操作技能的培训要求，故答案选A、B、C三项。

三、判断选择题

1. A 【解析】本题考查《中华人民共和国教师法》。《中华人民共和国教师法》第三十七条规定，教师有下列情形之一的，由所在学校、其他教育机构或者教育行政部门给予行政处分或者解聘：(一)故意不完成教育教学任务给教育教学工作造成损失的；(二)体罚学生，经教育不改的；(三)品行不良、侮辱学生，影响恶劣的。教师有前款第(二)项、第(三)项所列情形之一，情节严重，构成犯罪的，依法追究刑事责任。故题干说法正确。

2. A 【解析】本题考查《中小学教师违反职业道德行为处理办法》(2018年修订)。根据《中小学教师违反职业道德行为处理办法》(2018年修订)第四条规定，组织、参与有偿补课，或为校外培训机构和他人介绍生源、提供相关信息，属于应予处理的教师违反职业道德行为。故题干说法正确。

3. B 【解析】本题考查教育起源学说。朱熹是神话起源说的代表人物，该起源学说认为，教育是由人格化的神(上帝或天)所创造的，教育目的是体现神或天的意志。孟禄是心理起源说的代表人物，该起源学说认为，教育起源于日常生活中儿童对成人的无意识模仿。

4. A 【解析】本题考查外铄论。外铄论认为人的发展主要依靠外在的力量，诸如环境的刺激和要求、他人的影响和学校的教育等。荀子是外铄论的代表人物之一，在教育思想上，他提出了“性恶论”的人性假设，强调教育在人的发展中起着“化性起伪”

的作用(教育的“化性起伪”外铄功能)。故题干说法正确。

5. B 【解析】本题考查“课程”一词的词源。在西方,“课程”一词最早出现在英国教育家斯宾塞的《什么知识最有价值》一文中。它由拉丁语派生而来,意为“跑道”。

6. B 【解析】本题考查教学原则。启发性原则是指在教学活动中,教师要调动学生的主动性和积极性,引导他们通过独立思考、积极探索,生动活泼地学习,自觉地掌握科学知识,提高分析问题和解决问题的能力。第斯多惠的“一个坏的教师奉送真理,一个好的教师则教人发现真理”即体现了这一教学原则。巩固性原则强调教师在教学中要引导学生在理解的基础上牢固地掌握基础知识和基本技能,而且在需要的时候,能够准确无误地呈现出来,以利于知识技能的利用。故题干表述错误。

7. B 【解析】本题考查思想品德的构成要素。学生的思想品德由知、情、意、行四个心理因素构成。其中,情即品德情感,是人们对客观事物做出是非、善恶判断时引起的内心体验,表现为人们对客观事物的爱憎、好恶的态度。品德情感是学生产生品德行为的内部动力,是实现转化的催化剂。题干中的“外部动力”表述错误。

8. B 【解析】本题考查教学评价的基本类型。形成性评价是在教学过程中为改进和完善教学活动而进行的对学生学习过程及结果的评价。它包括在一节课或一个课题的教学中对学生的口头提问和书面测验。诊断性评价是在学期开始或一个单元教学开始时,为了了解学生的学习准备状况及影响学习的因素而进行的评价。教师利用入学测验掌握新生的学习情况属于诊断性评价。

9. B 【解析】本题考查理性—情绪疗法。艾利斯认为,人的情绪是由他的思想决定的,合理的观念导致健康的情绪,不合理的观念导致负向的、不稳定的情绪。他提出了一个解释人的行为的ABC理论。A:个体遇到的主要事实、行为、事件。B:个体对A的信念、观点。C:事件造成的情绪结果。故题干说法错误。

10. B 【解析】本题考查非正式群体。在同伴交往过程中,一些学生自由结合、自发形成的小群体,称为非正式群体。它是同伴关系的一种重要形式。非正式群体对学生个体和正式群体既有积极影响,也有消极影响。非正式群体对个体的影响是积极的还是消极的,主要取决于非正式群体的性质以及与正式群体的目标一致的程度。故题干说法错误。

11. B 【解析】本题考查定势和功能固着。定势(即心向)是指重复先前的操作所引起的一种心理准备状态。在定势的影响下,人们会以某种习惯的方式对刺激情境做出反应。定势对解决问题有积极作用,也有消极作用。人们把某种功能赋予某物体的倾向称为功能固着。在功能固着的影响下,人们不易摆脱事物用途的固有观念,从而直接影响问题解决的灵活性。故题干说法错误。

12. B 【解析】本题考查学习动机的分类。根据学校情境中的学业成就动机的不同,奥苏伯尔等人把动机分为认知内驱力、自我提高内驱力和附属内驱力三个方面。其中,自我提高内驱力是指个体因自己的胜任或工作能力而赢得相应地位的需要。附属内驱力是指个体为了获得长者们(如家长、教师)的赞许或认可而表现出把工作、学习做好的一种需要。故题干所述内容错误。

13. B 【解析】本题考查学习的内涵。学习是个体在特定情境下由于练习或反复经验而产生的行为或行为潜能的相对持久的变化。但并非所有的行为变化都是由学习产生的,如生理成熟、疲劳、药物等因素亦可引起行为的变化。

14. B 【解析】本题考查场依存型者与场独立型者的学习特点。场依存型者与场独立型者在学习上的不同特点见下表。

	场依存型者	场独立型者
学科兴趣偏好	人文、社会科学	理科、自然科学
学习成绩倾向	理科、自然科学成绩差,人文、社会科学成绩好	理科、自然科学成绩好,人文、社会科学成绩差
学习策略特点	易受暗示,学习欠主动,由外在动机支配	独立自觉学习,由内在动机支配
教学方式偏爱	结构严密的教学	结构不严密的教学
知觉方式偏好	善于把握整体,喜欢笼统的、整体的知觉方式	善于从整体中分析出各个元素,喜欢分析的知觉方式

因此,题干说法错误。

15. A 【解析】本题考查想象的种类。根据想象有无目的和计划性,可将想象分为无意想象和有意想象。其中,无意想象又称不随意想象,是没有预定目的,不由自主产生的想象。梦是在睡眠状态下产生的一种正常的心理现象,是无意想象的极端表现。

四、填空题

1. 受保护权

2. 坚守廉洁自律

3. 不低于或者高于

4. 总结性(终结性)

5. 问卷调查

6. 热爱教育事业

7. 基因复制

8. 知行统一

9. 亚里士多德

10. 观察学习

11. 符号

12. 思维力

13. 关系转换说

14. 8～10岁

15. 自新阶段

五、辨析题(参考答案)

1. 新课程特别强调三维目标中的“过程与方法”“情感态度与价值观”，这说明“知识与技能”不是很重要了。

(1)这种观点是不正确的。(2)“知识与技能”目标强调基础知识和基本技能的获得，相当于传统的“双基”教学。“过程与方法”目标突出的是让学生“学会学习”，使学生获得知识的过程同时成为获得学习方法和能力发展的过程。“情感态度与价值观”目标强调教学过程中激发学生的情感共鸣，引起积极的态度体验，形成正确的价值观。三维课程目标应是一个整体，知识与技能、过程与方法、情感态度与价值观三个方面互相联系，融为一体。在教学中，既没有离开情感态度与价值观、过程与方法的知识与技能的学习，也没有离开知识与技能的情感态度与价值观、过程与方法的学习。

2. 学生因在学习过程中遇到自己无法克服的困难而向他人或物体(字典、参考书等)请求帮助的行为，是一种依赖性的表现。

(1)这种说法是不正确的。(2)学业求助策略指当学生在学习上遇到困难时，向他人请求帮助的行为。学业求助不是自身能力缺乏的标志，而是获取知识、增长能力的一种途径，是一种重要的学习策略。学业求助包括两个方面：①学习工具的利用，如善于利用参考资料、工具书、图书馆、电脑等；②社会性人力资源的利用，如善于利用老师的帮助以及同学间的合作与讨论来加深对学习内容的理解。

3. 小红知道花儿很好看但不能摘的道理，这标志着她相应的道德品质已经形成。

(1)这种说法是不正确的。(2)品德又称道德品质，是个体依据一定的社会道德准则规范自己行动时所表现出来的稳定的心理倾向和特征。道德行为是衡量道德品质的重要标志。持续不断的、稳定的道德行为才是一个人的道德品质。虽然题干中小红有了相应的道德认识，但并未表现出相应的道德行为，因此不能表明小红已经形成相应的道德品质。

六、案例分析题(参考答案)

1.(1)考虑不同学生的能力需求。学生的学习程度是不同的,在布置作业时应根据学生的学习程度布置难度不同的作业,以满足不同学习程度的学生的需求。

(2)分量适宜、难易适度。作业分量和作业的难易程度要符合学生的身心发展特点和课程标准的要求。

(3)作业的形式要多样化。除了布置抄写的书面作业外,还可以给学生提供口头作业、实践作业等供学生自主选择,如进行背诵、观察、实验等,这些都可以加深学生对方程式的记忆。

(4)作业要具有典型意义和举一反三的作用,有助于启发学生的思维,含有鼓励学生独立探索并进行创造性思维的因素。多遍抄写作业适合于识记知识内容,但不利于学生理解和运用知识,不利于启发学生思维,对于化学等自然科学的学习更是如此。因此,布置作业时应注意理解和运用层面的要求,使学生真正掌握化学方程式。

(5)尽量同现代生产和社会生活中的实际问题结合起来,力求理论联系实际。布置的作业与学生生活联系起来,让学生通过化学方程式的学习了解生活中的一些化学反应、化学材料等。

2.(1)王老师在教学中主要贯彻了启发性教学原则。启发性原则是指在教学活动中,教师要调动学生的主动性和积极性,引导他们通过独立思考、积极探索,生动活泼地学习,自觉地掌握科学知识,提高分析问题和解决问题的能力。案例中的王老师首先向学生提出了一个问题,然后引起学生们的讨论,使学生们纷纷从不同的角度阐述自己的观点,最后得出了一致的结论。王老师的做法调动了学生学习的主动性和积极性,引起了学生的思考和探索,使问题得到了解决。这表明王老师在教学中贯彻了启发性教学原则。

(2)王老师运用的教学方法是讨论法。讨论法是全班或小组成员在教师的指导下,围绕某一中心问题发表自己的看法和见解,从而进行相互学习的一种方法。案例中的王老师让同学们围绕“再别康桥”这个题目中的“再别”是否应该改成“告别”来展开讨论,发表自己的看法和见解。这表明王老师运用的教学方法是讨论法。

3.(1)案例1中属于惩罚;案例2中属于正强化;案例3中属于惩罚;案例4中属于惩罚和负强化;案例5中属于消退。

(2)案例1中老师的做法违背了记忆规律,因此是行之无效的。学生识记的效果与识记材料的性质和数量有关,在一定的时间内不宜过多,否则,易引起学生过度的疲劳,降低记忆的效果。同时,“漏一补十”“错一罚十”的做法易使学生丧失学习的兴趣和记忆的信心,对进一步学习造成心理障碍。

4.（1）①运用启发式方法，调动学生思维的积极性、主动性。教师在教学中要激发学生产生疑问，通过提出问题，充分调动学生的求知欲望和思考问题的积极性。在本案例中，许老师在讲授新课时，通过提出问题，鼓励学生提出不同的观点，从而激发了学生探究问题的欲望。

②发挥定势的积极作用，抑制定势的消极影响。教师在教学过程中要注重培养学生变更解题方法的意识，培养学生一题多解的能力。在本案例中，许老师通过问题，积极引导学生进行多维思考，探讨问题的多种解决方法，从而打破了学生固有的"平均分"的思维意识。

③加强对学生创造性思维的培养。教师在教学过程中应培养学生将发散思维与集中思维相结合的能力，营造自由、宽松的课堂气氛，鼓励学生大胆猜测。在本案例中，许老师鼓励学生重新思考，诱发了学生"不平均分"的创造性思维。

④此外，老师在教学过程中还应加强对学生的言语训练，注重培养学生解决实际问题的思维品质。

（2）许老师的做法给我带来的启示有：①遵循学生的认知发展规律进行课堂教学，就必须激活学生的主体意识，最大限度地调动学生参与学习活动的主动性、积极性与创造性。②必须激活学科形态，让学生充分感受与理解知识的发生发展过程。③必须激活学生的思维，不断提高学生的创造性思维能力。

（考生可结合自身实际加以阐述，言之有理即可）

5.（1）韦纳在归因理论中把人经历过事情的成败归结为六种原因，即能力、努力程度、工作难度、运气、身心状况、外界环境。又把上述六项因素按各自的性质，分别归入三个维度：内部归因和外部归因、稳定性归因和非稳定性归因、可控制归因和不可控制归因。一般来说，如果把成功归结为内部稳定的原因，会使人感到满意和自豪；如果把失败归因为外在因素，则可能会增加行为的积极性。

根据韦纳的理论，案例中五名学生对应的归因特点分别为：

①学生A，属于不稳定、外在、不可控制的归因，认为取得好成绩是运气的结果，即做过同类型的题。②学生B，属于稳定、内在、不可控制的归因，认为成绩不好是能力不足的结果，即认为自己不适合学习数学。③学生C，属于不稳定、外在、不可控制的归因，认为成绩不好是外在环境不好的结果，即认为是老师没有认真阅卷。④学生D，属于不稳定、内在、不可控制的归因，认为成绩不好是身心状况不佳的结果，即认为考试时感冒从而影响发挥。⑤学生E，属于不稳定、内在、可控制的归因，认为成绩不好是努力程度不够的结果，即认为学习不用功而导致没考好，是积极的归因。

（2）教师根据学生的自我归因可预测其此后的学习动机。学生的自我归因虽未必正确,但却是重要的。因为归因促使学生在从了解自己到认识别人的过程中,建立起明确的自我概念,促进自身的成长。而如果学生有不正确的归因,则更表明他们需要教师的辅导和帮助。

教师引导积极归因的措施有:

①长期消极的归因不利于学生的人格成长,这就需要教师利用反馈的作用,并在反馈中给予鼓励和支持,帮助学生正确归因,重塑自信。在师生交互作用的教学过程中,学生对自己成败的归因,并非完全以其考试分数的高低为基础,而是受到教师对他的成绩表现所做反馈的影响。学生B将成绩不好的原因归结于自己能力不足,这时应给予鼓励,肯定其能力,再引导其进行积极地归因。

②通过归因训练改变学生消极的自我认识,提高学习动机。教师在给予奖励时,不仅要考虑学生的学习结果,而且要联系学生学习进步与努力程度的状况来看。在学生付出同样努力时,对能力低的学生应给予更多的奖励;对能力低而努力的人给予最高评价;对能力高而不努力的人则给予最低评价,以此引导学生进行正确归因。案例中,成绩同样为B,学生A和学生B出现两种不同的态度,应根据学生平时表现和成绩变化进行引导鼓励。对学生B应给予最高评价,激发其学习动机。

福建省教师招聘考试教育综合预测试卷(十三)

答案速查:

<table>
<tr><td>1～5</td><td>ACABC</td><td>6～10</td><td>BCDCB</td><td>11～15</td><td>CBADC</td><td>16～20</td><td>AACBA</td></tr>
<tr><td>1～5</td><td colspan="3">ABCD ABCD ABCD ABC AD</td><td>6～10</td><td colspan="3">ABCD ABCD ACD ABCD BC</td></tr>
<tr><td>1～5</td><td>AABBB</td><td>6～10</td><td>BBBAA</td><td>11～15</td><td colspan="3">AAAAB</td></tr>
</table>

一、单项选择题

1. A 【解析】本题考查时事政治。2023年3月21日是第11个国际森林日,主题是“森林与健康”。目前,我国森林面积达34.65亿亩,其中,人工林保存面积达13.14亿亩,居世界首位。我国成为全球森林资源增长最快、最多的国家。

2. C 【解析】本题考查我国的科技成就。2022年5月15日,我国自主研发的“极目一号”Ⅲ型浮空艇从海拔4300米的科考营地升空,最终升至海拔9032米,超过珠峰8848.86米的高度,创造了浮空艇大气科学观测世界纪录。

3. A 【解析】本题考查《中华人民共和国未成年人保护法》。根据《中华人民共和国未成年人保护法》第一百一十三条规定,对违法犯罪的未成年人,实行教育、感化、挽救的方针,坚持教育为主、惩罚为辅的原则。

4. B 【解析】本题考查《中华人民共和国教育法》。根据《中华人民共和国教育法》第二十九条和第三十条规定,A、C、D三项属于学校及其他教育机构应当履行的义务;B项属于学校及其他教育机构享有的权利。

5. C 【解析】本题考查《教师资格条例》。根据我国《教师资格条例》第十九条规定,有下列情形之一的,由县级以上人民政府教育行政部门撤销其教师资格:(1)弄虚作假、骗取教师资格的;(2)品行不良、侮辱学生,影响恶劣的。

6. B 【解析】本题考查德育方法。品德评价法是通过对学生品德进行肯定或否定的评价而予以激励或抑制,促使其品德健康形成和发展的德育方法。它包括奖励、惩罚、评比和操行评定等。用"流动红旗"激励班级行为规范,体现的德育方法是品德评价法。

7. C 【解析】本题考查《学记》的地位。《学记》(收入《礼记》)是中国也是世界教育史上的第一部教育专著,成文大约在战国末期。

8. D 【解析】本题考查教师劳动的特点。教师劳动的示范性指教师的言行举止,如人品、才能、治学态度等都会成为学生学习的对象。任何一个教师,不管他是否意识到这一点,不管他是自觉还是不自觉,他都在对学生进行示范。因此,教师必须以身作则、为人师表。叶圣陶的话强调教师要以身作则、为人师表,这体现的是教师劳动的示范性特点。

9. C 【解析】本题考查班主任工作的内容。了解和研究学生是班主任工作的前提和基础,是做好各项班级教育工作的前提,也是班级教育过程中有效开展各项工作必不可少的基本环节。

10. B 【解析】本题考查教师的知识素养。条件性知识是指教师必备的教育科学知识,主要包括教育学、心理学及各科教材教法知识。当学生问老师怎样解决自己考试紧张的问题时,老师却说该生是因为没有复习好才紧张的。这说明该老师缺乏心理学的相关知识,不能从心理学角度帮助学生解决考试紧张问题。

11. C 【解析】本题考查我国教育目的的基本特征。我国教育目的的基本特征包括:(1)以马克思主义关于人的全面发展学说为指导思想;(2)具有鲜明的政治方向;(3)坚持全面发展与个性发展的统一。C项不属于我国教育目的的基本特征。

12. B 【解析】本题考查教学评价的基本类型。形成性评价是在教学过程中为改进和完善教学活动而进行的对学生学习过程及结果的评价。题干所述内容体现了形成性评价的内涵。

13. A 【解析】本题考查课堂管理的阶段。在小学低年级阶段要直接教课堂规则和程序,只有儿童掌握了基本的规则和程序之后,才可能进行学习活动。

14. D 【解析】本题考查问题的分类。按照问题的组织程度把问题分为结构良好问题和结构不良问题。A、B两项排除。学习者在学科学习中遇到的绝大多数问题都是结构良好问题。例如,“从北京出发乘火车到香港,最好的路线应该怎么走?”其初始状态、目标状态和操作都是具体明确的。再如,“求边长为2厘米的正方形的面积”,其初始状态和目标状态,以及问题解决的方法都是明确的。结构不良问题并不是指这个问题本身有什么错误或是不恰当,而是指它没有明确的结构或解决途径。题干中“求边长为2cm的正方形的面积”属于结构良好问题。

15. C 【解析】本题考查人格的概念。人格是构成一个人思想、情感及行为的特有模式,这个独特模式包含了一个人区别于他人的稳定而统一的心理品质,即人格是决定个体的外显行为和内隐行为,并使其与他人的行为有稳定区别的综合心理特征。

16. A 【解析】本题考查罗森塔尔效应。教师期望效应也叫罗森塔尔效应或皮格马利翁效应,即教师的期望或明或暗地传递给学生,会使学生按照教师所期望的方向来塑造自己的行为。题干中的袁老师有意无意地夸奖晓伟,晓伟会按照老师期望的方向努力学习,这体现了罗森塔尔效应。

17. A 【解析】本题考查学习迁移的种类。根据迁移的性质和结果,可分为正迁移、负迁移和零迁移。其中,正迁移也叫“助长性迁移”,是指一种学习对另一种学习的促进作用。负迁移也叫“抑制性迁移”,是指一种学习对另一种学习产生阻碍作用。根据迁移发生的方向,可分为顺向迁移和逆向迁移。顺向迁移是指先前学习对后继学习产生的影响。逆向迁移是指后继学习对先前学习产生的影响。题干中的学生先学习的正方体、球体等立体图形有利于以后空间几何的学习,因此属于顺向、正迁移。

18. C 【解析】本题考查奥尔波特的性格特征分类。奥尔波特将性格特征分为共同特质和个人特质。共同特质是在同一文化形态下的群体所共同具有的特质,它是在共同的生活方式下形成的。个人特质是个人所独有的,代表个人行为倾向的特质,它包括首要特质、中心特质和次要特质。题干中,中国人所形成的勤劳、朴实、善良等特征属于中华民族的共同特质,故答案为C项。

19. B 【解析】本题考查迁移的种类。垂直迁移也称纵向迁移,是指先行学习内容与后续学习内容是不同水平的学习活动之间产生的影响。“角”是“直角”“平角”的上位概念,因此B项中体现的是垂直迁移。

20. A 【解析】本题考查知识学习的类型。命题学习是指获得由几个概念构成的命题的复合意义,实际上是学习表示若干概念之间关系的判断。题干所述为命题学习的概念。

二、多项选择题

1. ABCD 【解析】本题考查中共福建省委、福建省人民政府印发的《关于全面深化新时代教师队伍建设改革的实施意见》。中共福建省委、福建省人民政府印发的《关于全面深化新时代教师队伍建设改革的实施意见》中提到的教师队伍建设改革的基本原则是:(1)坚持正确方向,突出师德养成;(2)坚持优先发展,强化措施保障;(3)坚持改革创新,优化体制机制;(4)坚持分类施策,强化素质提升。

2. ABCD 【解析】本题考查《中华人民共和国教师法》。根据《中华人民共和国教师法》第七条规定,教师享有下列权利:(一)进行教育教学活动,开展教育教学改革和实验;(二)从事科学研究、学术交流,参加专业的学术团体,在学术活动中充分发表意见;(三)指导学生的学习和发展,评定学生的品行和学业成绩;(四)按时获取工资报酬,享受国家规定的福利待遇以及寒暑假期的带薪休假;(五)对学校教育教学、管理工作和教育行政部门的工作提出意见和建议,通过教职工代表大会或者其他形式,参与学校的民主管理;(六)参加进修或者其他方式的培训。

3. ABCD 【解析】本题考查泰勒的目标模式。泰勒被誉为"当代教育评价之父""现代课程理论之父",他于1949年出版了《课程与教学的基本原理》,提出了关于课程编制的四个问题:(1)学校应当追求哪些目标?(2)怎样选择和形成学习经验?(3)怎样有效地组织学习经验?(4)如何确定这些目标正在得以实现? 综上所述,A、B、C、D全选。

4. ABC 【解析】本题考查教师的知识素养。教育学、心理学及各科教材教法是教师首先要掌握的最为基本的教育科学知识。

5. AD 【解析】本题考查个案研究法。个案研究的优点是它能生动地描述过程、形象地展示个案。其局限主要有:(1)研究结论的主观性较强;(2)常常会遇到伦理道德问题;(3)个案研究成果的推广性有限;(4)对研究人员的语言技能、洞察力有较高要求。B、C项说法错误。

6. ABCD 【解析】木题考查常用的教学方法。以语言传递为土的教学方法土要包括:讲授法、谈话法、讨论法、读书指导法。

7. ABCD 【解析】本题考查引起无意注意的条件。引起无意注意的客观条件包括:(1)刺激物的强度;(2)刺激物之间显著的对比关系;(3)刺激物的活动和变化;(4)刺激物的新异性。

8. ACD 【解析】本题考查元认知策略。学习的元认知策略是指个体为实现最佳的认知效果而对自己的认知活动所进行的调节和控制。大致可分为三种:(1)计划策略,如设置目标、浏览材料、设置思考题、分析如何完成学习任务。(2)监控策略,如阅读时对注意进行跟踪、对材料进行自我提问、考试时监控速度和时间。(3)调节策略，如调整阅读速度、重新阅读、复习、使用应试策略等。因此，A、C、D三项符合题意。B项列提纲属于认知策略中的组织策略，排除。

9. ABCD 【解析】本题考查影响课堂管理的因素。影响课堂管理的因素有：(1)教师的领导风格；(2)班级规模；(3)班级的性质；(4)对教师的期望。

10. BC 【解析】本题考查学习动机理论及其代表人物。韦纳提出的理论是成败归因理论，故B项对应错误；阿特金森提出的理论是成就动机理论，故C项对应错误。

三、判断选择题

1. A 【解析】本题考查《中华人民共和国义务教育法》。《中华人民共和国义务教育法》第六条规定，国务院和县级以上地方人民政府应当合理配置教育资源，促进义务教育均衡发展，改善薄弱学校的办学条件，并采取措施，保障农村地区、民族地区实施义务教育，保障家庭经济困难的和残疾的适龄儿童、少年接受义务教育。国家组织和鼓励经济发达地区支援经济欠发达地区实施义务教育。

2. A 【解析】本题考查《中华人民共和国未成年人保护法》。根据《中华人民共和国未成年人保护法》第八十条规定，网络服务提供者发现用户发布、传播可能影响未成年人身心健康的信息且未作显著提示的，应当作出提示或者通知用户予以提示；未作出提示的，不得传输相关信息。

3. B 【解析】本题考查西方第一本教育论著。昆体良是古罗马教学法大师，他是西方教育史上第一个专门论述教育问题的教育家。其代表作《雄辩术原理》(《论演说家的教育》或《论演说家的培养》)是西方最早的教育著作，也被誉为古代西方的第一部教学法论著。

4. B 【解析】本题考查现代学制的类型。从小学直至大学、形式上任何儿童都可以入学的单轨学制有利于教育的逐级普及。双轨制的两轨之间互不相通，互不衔接，不利于教育的普及。

5. B 【解析】本题考查新课程改革中教师教学行为的变化。新课程改革中，教师的教学行为发生了变化：(1)在对待师生关系上，新课程强调尊重、赞赏；(2)在对待教学关系上，新课程强调帮助、引导；(3)在对待自我上，新课程强调反思；(4)在对待与其他教育者的关系上，新课程强调合作。故题干说法错误。

6. B 【解析】本题考查教学的意义。学校工作以教学为主，既是由教学本身的性质决定的，也是多年来教育工作经验的总结。但这并不意味着可以轻视甚至忽略其他工作，应当坚持“教学为主，全面安排”的原则，要求学校领导集中有关的人力、物力、财力用于教学活动。

7. B 【解析】本题考查班级管理的内容。班主任的班级管理内容包括:(1)班级组织建设。(2)班级制度管理。(3)班级教学管理。对一个"教学班"的教学管理,是班主任最重要的管理职能之一。(4)班级活动管理。因此,题干说法错误。

8. B 【解析】本题考查教学方法的概念。教学方法是指教师和学生为了完成教学任务、实现教学目标而采取的共同活动方式,是教师引导学生掌握知识技能、获得身心发展而共同活动的方法。它包括教师教的方法和学生学的方法。题干表述片面。

9. A 【解析】本题考查心理学产生的历史背景。1879年,德国著名心理学家冯特在德国莱比锡大学创建了世界上第一个心理学实验室,开始对心理现象进行系统的实验研究。在心理学史上,人们把这一事件看作是心理学脱离哲学,走上独立发展道路的标志,也意味着科学心理学的诞生,冯特因此被称为"心理学之父"。题干说法正确。

10. A 【解析】本题考查想象的加工方式。典型化是指根据一类事物共同的、典型的特征创造新形象的过程。比如,鲁迅小说中的人物模特儿,往往嘴在浙江,脸在北京,衣服在山西,是一个拼凑起来的角色。题干说法正确。

11. A 【解析】本题考查情感的分类。理智感是人认识事物和探求真理的需要是否得到满足而产生的主观体验。例如,人们在探求未知的事物时所表现出的求知欲和好奇心、发现问题的惊奇感、问题解决的喜悦感、为真理献身的自豪感、问题不解的苦闷感等。故题干中"探索未知事物时的好奇心和求知欲"属于理智感。题干说法正确。

12. A 【解析】本题考查埃里克森的社会性发展阶段论。美国精神分析学家埃里克森认为,人格发展是一个逐渐形成的过程,必须经历八个顺序不变的阶段。每一个阶段都有一个由生物学的成熟与社会文化环境、社会期望之间的冲突和矛盾所决定的发展危机。成功而合理地解决每个阶段的危机或冲突将使个体形成积极的人格特征和健全的人格。其中,自我同一性对角色混乱(12～18岁)阶段形成的良好人格特征是诚实品质。

13. A 【解析】本题考查刺激泛化。机体对与条件刺激相似的刺激做出条件反应,属于刺激的泛化,如"一朝被蛇咬,十年怕井绳"。李某因被狗咬过,所以对像小狗的毛绒玩具感到害怕,这是因为其出现了刺激泛化。

14. A 【解析】本题考查学习迁移的种类。正迁移也叫"助长性迁移",是指一种学习对另一种学习的促进作用。题干中"book"和"shop"的学习对"bookshop"的学习起到了促进作用,故属于学习的正迁移。题干说法正确。

15. B 【解析】本题考查学习策略。元认知策略包括计划策略、监控策略和调节策略。其中,调节策略是指在学习过程中根据对认知活动监视的结果,找出认知偏差,及时调整策略或修正目标;在学习活动结束时,评价认知结果,采取相应的补救措施,修正错误,总结经验教训等。例如:当学习者意识到他不理解课文的某一部分时,他就会退回去读困难的段落;在阅读困难或不熟的材料时放慢速度;复习不懂的课程材料;测验时跳过某个难题先做简单的题目等。计划策略是指根据认知活动的特定目标,在认知活动开始之前计划完成任务所涉及的各种活动、预计结果、选择策略,设想解决问题的方法,并预估其有效性等。故题干说法错误。

四、填空题

1. 职业教育
2. 权利和义务
3. 创新意识
4. 教育机智
5. 化性起伪
6. 复式教学
7. 课程计划
8. 赫尔巴特
9. 社会实践
10. 精确性
11. 外显学习
12. 成果
13. 联觉
14. 道德情感
15. 全体学生

五、辨析题(参考答案)

1. 有人认为,“教师只要学科知识过硬、实践经验丰富就行了,是否掌握教育理论并不重要”。

(1)这种观点是不正确的。(2)教师的知识素养不仅包括学科专业知识(本体性知识)、实践性知识,还应包括政治理论修养、科学文化知识和教育科学知识(条件性知识)。其中,教育科学知识是指,人们通过数千年的教育实践,积累了丰富的教育教学实践经验,在总结这些经验的基础上,人们揭示了教育教学的规律,提出了教育教学的原则、方法体系,形成了系统的教育理论。教师要加强教育工作的科学性和有效性,就必须掌握这些理论。

2. 技能没有好坏之别,习惯有好坏之分。

(1)这种说法是正确的。(2)技能有高级、低级之分,但没有好坏之别。习惯则不同,它根据对个人和社会的意义有好坏之分。因此,题干中的说法是正确的。

3. 试误学习的过程中,学习者对刺激情境做出反应之后,能够获得满意的结果时,联结力量就会增强,这符合桑代克联结学习的练习律。

(1)这种说法是不正确的。(2)练习律是指刺激与反应之间的联结会由于重复或练习而加强,不重复或练习,联结的力量就会减弱。效果律是指刺激和反应之间的联结可因导致满意的结果而加强,也可因导致烦恼的结果而减弱。故题干所述符合桑代克联结学习的效果律。

六、案例分析题(参考答案)

1. (1)根据我国《教师法》第三十七条规定,教师有下列情形之一的,由所在学校、其他教育机构或者教育行政部门给予行政处分或者解聘:①故意不完成教育教学任务给教育教学工作造成损失的;②体罚学生,经教育不改的;③品行不良、侮辱学生,影响恶劣的。教师有前款第②项、第③项所列情形之一,情节严重,构成犯罪的,依法追究刑事责任。案例中的女教师没有出现上述三种情形,而学校以"非正当"理由将其解聘的行为,是不正确的,侵犯了该教师的合法权益。

(2)根据我国《教师法》第三十九条规定,教师对学校或者其他教育机构侵犯其合法权益的,或者对学校或者其他教育机构作出的处理不服的,可以向教育行政部门提出申诉,教育行政部门应当在接到申诉的三十日内,作出处理。案例中女教师在自己的合法权益受到侵害时,向教育局提出申诉,经区教育局有关部门与学校多次协调后,学校留下了这名教师。这说明教育申诉提供了救济,可以切实地保障教育行政相对人的合法权益。

2. 谢老师的行为体现了启发性、循序渐进、理论联系实际的教学原则。

(1)启发性原则是指在教学活动中,教师要调动学生的主动性和积极性,引导他们通过独立思考、积极探索,生动活泼地学习,自觉地掌握科学知识,提高分析问题和解决问题的能力。案例中的谢老师通过提出不同的问题,激发了学生的兴趣,活跃了学生的思维。

(2)循序渐进原则是指教师要严格按照科学知识的内在逻辑和学生的认知发展规律进行教学,使学生掌握系统的科学文化知识,能力得到充分的发展。案例中的谢老师提出的问题由易到难,由浅入深,循序渐进地帮助学生掌握知识。

(3)理论联系实际原则是指教师在教学中,应使学生从理论与实际的结合中来理解和掌握知识,并引导他们运用新获得的知识去解决各种实际问题,培养他们分析问题和解决问题的能力。案例中的谢老师利用图片显示校门口商店里某种冰棍的价格,引导学生在解决实际问题中掌握相关知识。

3.(1)案例反映了个体身心发展的个别差异性和互补性规律。

①个体身心发展的个别差异性的一个重要表现即不同儿童所具有的个性心理不同,如同年龄的儿童具有不同的兴趣、爱好和性格等。案例中的两个孩子分别喜欢弹琴和绘画,这说明他们具有不同的个性心理,体现了个体身心发展的个别差异性规律。

②个体身心发展的互补性是指机体某一方面的机能受损甚至缺失后,可通过其他方面的超常发展得到部分补偿。互补性既存在于生理机能与生理机能之间,也存在于心理机能与生理机能之间。案例中喜欢弹琴的孩子失聪后改学绘画,最终成为美术家;而喜欢绘画的孩子在失明后开始学习弹琴,最终成为音乐家。他们虽然分别丧失了听力和视力,但他们通过其他方面的超常发展和坚强的意志努力最终获得了良好的发展,这体现了个体身心发展的互补性规律。

(2)①根据个体身心发展的个别差异性规律,教育必须因材施教,充分发挥每个学生的潜能和积极因素,有的放矢地选择适宜、有效的教育途径和方法手段,使每个学生都能得到最大的发展。针对案例中的两个孩子,教师应根据其不同个性特点,有的放矢地进行引导,发挥其优势,调动他们的主观能动性,使他们的身心得到发展。

②个体身心发展的互补性要求教师首先要树立信心,相信每一个学生,特别是暂时落后或在某些方面有缺陷的学生,通过其他方面的补偿性发展,都会达到与一般正常学生一样的发展水平。其次,要掌握科学的教育方法,发现学生的优势,扬长避短,长善救失,激发学生自我发展的信心和自觉。例如,案例中,鼓励失聪的孩子学习绘画,失明的孩子学习弹琴。

4.(1)案例中专家问学生坑底比上面热还是冷时,没有学生能够回答。但是,当教师换了一种提问方式,问地球的内核是什么样的状态时,同学们却能齐声回答出正确答案。这种现象表明,学生的学习是机械学习而非有意义学习。学生只是依据字面上的联系,记住某些词句或组合,而没有将以符号为代表的新观念与其认知结构中原有的适当观念建立起非人为的和实质性的联系。因此,当学生在面对专家提出的问题时,没有人能够回答出来。

(2)①有意义学习的产生既受学习材料本身性质(客观条件)的影响,也受学习者自身因素(主观条件)的影响。从客观条件来看,有意义学习的材料本身必须合乎这种非人为的和实质性的标准,即具有逻辑意义。教材一般符合此要求。从主观条件来看，首先，学习者必须具有有意义学习的心向；其次，学习者认知结构中必须具有适当的知识，以便与新知识进行联系；最后，学习者必须积极主动地使这种具有潜在意义的新知识与认知结构中有关的旧知识发生相互作用。

②从本案例来看，教材本身具有逻辑意义，造成学生死记硬背的是主观条件。也就是说，学生没有将新知识与原有的适当观念联系起来。因此，教师在教学过程中应当注意对学生有意义学习能力的培养。

5.(1)①归属与爱的需要，也称社交需要，是指每个人都有被他人或群体接纳、爱护、关注、鼓励及支持的需要。尊重需要是在生理、安全、归属与爱的需要得到基本满足后产生的对自己社会价值追求的需要，包括自尊和受到别人的尊重两个方面。②在上述案例中，王同学家庭关系破裂，这会导致其归属与爱的需要缺失；李同学受到班主任的公开辱骂，说明其尊重需要没有得到满足。③根据马斯洛的需要层次理论可知，这两种需要均属于缺失需要，对于我们适应社会来说有着重要的积极意义。较低级的需要至少必须部分满足之后才会出现对较高级需要的追求。王、李两位同学均因为低级需要的缺失而使得学习动机降低，学习成绩下降。

(2)①对于王同学，要满足其归属与爱的需要。教师和家长要尽可能地给学生以爱，要为学生创造一个良好和睦的学习、家庭环境；要重视师生之间的交互作用，要让王同学在集体中受到欢迎和接纳，得到友情、友谊。②对于李同学，要满足其尊重需要。首先，班主任应对其伤害李同学的行为公开道歉，并在以后的教育教学中尊重学生的人格尊严。其次，要使李同学有成功和获得赞许的机会，使他从中获得成功的体验，同时要重视和珍惜他的每一点进步和每一次成功。

(考生可结合自身实际加以阐述，言之有理即可)

福建省教师招聘考试教育综合预测试卷(十四)

答案速查：

1 ~ 5	BBDCA	6 ~ 10	CCABA	11 ~ 15	DBBBC	16 ~ 20	CDCAC
21 ~ 25	BABAC			1 ~ 5	ABCD ABCD BC ABCD ABCD		
6 ~ 10	ABCD ABCD ABCD BCD ACD						

一、单项选择题

1. B 【解析】本题考查时事政治。2022年4月，共青团中央联合中央宣传部、国家发展改革委等17部门印发相关意见，开展青年发展型城市建设试点，鲜明提出了城市对青年更友好，青年在城市更有为的城市发展理念。

2. B 【解析】本题考查时事热点。2023年1月17日,福建省首座预制装配化跨海大桥——厦门翔安大桥主桥正式通车。

3. D 【解析】本题考查《新时代中小学教师职业行为十项准则》。《新时代中小学教师职业行为十项准则》中坚守廉洁自律准则要求教师:严于律己,清廉从教;不得索要、收受学生及家长财物或参加由学生及家长付费的宴请、旅游、娱乐休闲等活动,不得向学生推销图书报刊、教辅材料、社会保险或利用家长资源谋取私利。因此题干中的教师违背了坚守廉洁自律的准则。

4. C 【解析】本题考查《教师资格条例》。根据《教师资格条例》第十六条规定,教育行政部门或者受委托的高等学校在接到公民的教师资格认定申请后,应当对申请人的条件进行审查;对符合认定条件的,应当在受理期限终止之日起30日内颁发相应的教师资格证书。

5. A 【解析】本题考查《中华人民共和国教育法》。《中华人民共和国教育法》第七十八条规定,学校及其他教育机构违反国家有关规定向受教育者收取费用的,由教育行政部门或者其他有关行政部门责令退还所收费用;对直接负责的主管人员和其他直接责任人员,依法给予处分。

6. C 【解析】本题考查《中国学生发展核心素养》。人文底蕴主要是学生在学习、理解、运用人文领域知识和技能等方面所形成的基本能力、情感态度和价值取向,具体包括人文积淀、人文情怀和审美情趣等基本要点。开展国学经典诵读系列活动有利于培养学生的人文底蕴。

7. C 【解析】本题考查我国目前中小学主要的教学原则。“求也退,故进之;由也兼人,故退之”讲的是:子路和冉有向孔子请教的是同一个问题——听到一个很好的主张,是不是应该马上去做呢?孔子却对不同的人做出不同的回答。可见,孔子针对不同学生的特点,采用不同的解决方法,即体现了因材施教的原则。

8. A 【解析】本题考查旧中国的学制沿革。“癸卯学制”明文规定教育目的是“忠君、尊孔、尚公、尚武、尚实”,明显反映了“中学为体,西学为用”的思想。

9. B 【解析】本题考查我国中小学主要的德育原则。集体教育和个别教育相结合原则是指,在德育过程中,教育者要善于组织和教育学生热爱集体,并依靠集体教育每个学生,同时通过对个别学生的教育,来促进集体的形成和发展,从而把集体教育和个别教育有机地结合起来。题干中的李老师不仅对沉迷电子游戏的学生进行了个别谈话教育,还召开了全班性的主题班会,这体现了个别教育和集体教育相结合原则。

10. A 【解析】本题考查遗传素质对人的身心发展的影响。儿童期的智力测验并不能准确地预测成年以后的工作成就，这表明遗传素质对人的身心发展不具有决定性作用，只是为人的发展提供了可能性，A项正确。B、C项说法也正确，但是题干并不涉及，所以排除。遗传素质的个别差异是人的身心发展的个别差异的原因之一，D项说法错误。

11. D 【解析】本题考查教育的文化功能。教育的文化功能之一是教育能够传播、交流和融合文化。教育通过传播文化，使不同国家和民族的文化相互交流、交融，促进文化的优化和发展。留学生到我国学习，并把中国文化带回自己的祖国，使不同国家的文化可以相互交流，体现的是教育的文化传播功能。

12. B 【解析】本题考查学生的特点。学生具有可塑性。学生处于长知识、长身体的时期，也是他们的品德、人格正在形成的时期，各方面尚未成熟，具有很大的发展潜力，而且尚未定型，极容易受外部环境因素的影响，具有“染于苍则苍，染于黄则黄”的特点。

13. B 【解析】本题考查三维课程目标。“过程与方法”目标突出的是让学生“学会学习”，使学生获得知识的过程同时成为获得学习方法和能力发展的过程。B项注重方案设计的思考和改善，属于过程与方法目标。A项属于情感态度与价值观目标，C、D项属于知识与技能目标。

14. B 【解析】本题考查常用的德育方法。实际锻炼法是有目的地组织学生参加各种实际活动，使其在活动中锻炼思想，增长才干，培养优良的思想和行为习惯的德育方法。题干中某小学通过开展“当一次环卫工”主题教育活动，来提高学生爱护公共卫生环境的意识，体现了对实际锻炼法的运用。

15. C 【解析】本题考查班级管理的模式。班级民主管理是指班级成员在服从班集体的正确决定和承担责任的前提下参与班级全程管理的一种管理方式。班级民主管理的实质是在班级管理的全过程中，调动学生自我教育的力量，使人人都积极主动地参与班级事务。班主任将班级事务交给班级事务委员会自行分配，其他班级成员积极配合，让所有学生都参与班级事务工作，体现的是班级民主管理的内涵。

16. C 【解析】本题考查个人本位论的主要观点。个人本位论主张应当按照人的本性和发展的需要来确定教育目的。C项表述符合个人本位论的观点。A项为宗教本位论的观点，B项为社会本位论的观点，D项为教育无目的论的观点。

17. D 【解析】本题考查中小学生常见的心理问题。中小学生常见的心理问题包括儿童多动综合征、学习困难、焦虑症和考试焦虑、儿童厌学症、恐怖症、强迫症等。其中，强迫症是一组以强迫症状（主要包括强迫观念和强迫行为）为主要临床表现的神经症。儿童正常的强迫行为包括反复玩弄手指、摇头、走路时喜欢反复数栏杆等。

题干中的小明爱数台阶属于强迫行为。故本题选D项。

18. C 【解析】本题考查思维的过程。系统化是指人脑把具有相同本质特征的事物归纳到一定类别系统中去的思维过程，如学生在掌握整数、分数等知识之后，可以将其概括归纳为有理数。

19. A 【解析】本题考查智力量表。最早的智力测验是由法国心理学家比纳和西蒙于1905年编制的，称为比纳—西蒙智力量表。

易错提示：考生易混淆比纳—西蒙智力量表与斯坦福—比纳智力量表，可根据关键词进行区分："最早""世界上第一个"的智力测验量表是比纳—西蒙智力量表；"最著名"的智力测验量表是斯坦福—比纳智力量表。

20. C 【解析】本题考查道德情感。直觉的道德情感是指由于对某种具体的道德情境的直接感知而迅速发生的情感体验。题干中小唐看到有人乱扔垃圾会感到厌恶，属于直觉的道德情感。故本题选C项。

21. B 【解析】本题考查气质的类型。黏液质的心理特点有：稳重，考虑问题全面；安静，沉默，善于克制自己；善于忍耐；情绪不易外露；注意力稳定而不容易转移，外部动作少而缓慢。故小芳属于黏液质。

22. A 【解析】本题考查精加工策略。类比是精加工的重要方法，是根据两个或两类对象间在某些属性上的相同或相似所做的类推。类比法是使抽象的概念变得形象、具体，陌生的概念变得熟悉，深奥的概念变得浅显有力的学习策略之一。题干中强调用类比的方法，将陌生的概念转化为自己熟悉的知识，这种学习策略属于精加工策略。

23. B 【解析】本题考查维果斯基的最近发展区理论。为促进教学发展，维果斯基认为教师可采用教学支架，进行支架式教学，即在学生试图解决超出当前知识水平的问题时给予支持和指导，帮助其顺利通过最近发展区，使之最终能够独立完成任务。

24. A 【解析】本题考查教育心理学的发展历史。20世纪60年代掀起了一股人本主义思潮，罗杰斯提出了"以学生为中心"的主张，认为教师只是一个"方便学习的人"。

25. C 【解析】本题考查对心理健康的理解。焦虑症是以与客观威胁不相适应的焦虑反应为特征的神经症。焦虑对人的心理健康具有两面性，适当的焦虑可以促进人的心理健康。故A项说法错误。心理健康是人类生存、发展的基础，是一个随着时代的推移，在社会和文化因素影响下不断演变的概念。即使在今天，对于心理健康还很难做出明确的界定。故B项说法错误。心理健康的状态不是固定不变的，而是动态变化的过程。随着人的成长、经验的积累、环境的改变,心理健康状况也会有所改变。故D项说法错误。因此,答案选C项。

二、多项选择题

1. ABCD 【解析】本题考查《中小学教育惩戒规则(试行)》。根据《中小学教育惩戒规则(试行)》第七条规定,学生有下列情形之一,学校及其教师应当予以制止并进行批评教育,确有必要的,可以实施教育惩戒:(1)故意不完成教学任务要求或者不服从教育、管理的;(2)扰乱课堂秩序、学校教育教学秩序的;(3)吸烟、饮酒,或者言行失范违反学生守则的;(4)实施有害自己或者他人身心健康的危险行为的;(5)打骂同学、老师,欺凌同学或者侵害他人合法权益的;(6)其他违反校规校纪的行为。

2. ABCD 【解析】本题考查德育的途径。我国德育的途径是广泛多样的,包括:思想品德课(思想政治课)与其他学科教学;社会实践活动;课外、校外活动;共青团、少先队组织的活动;校会、班会、周会、晨会、时事政策的学习;班主任工作。

3. BC 【解析】本题考查常用的教学方法。演示法是指教师通过展示实物、教具和示范性的实验来说明、印证某一事物和现象,使学生掌握新知识的一种教学方法。"张老师将事先插在红墨水瓶中的枝条剪下来,分到学生手里,让学生一边剥枝条一边观察"采用的是演示法。谈话法也叫问答法,它是教师按一定的教学要求向学生提出问题让学生回答,通过问答、对话的形式来引导学生思考、探究,获取或巩固知识,促进学生智能发展的方法。教师提问,学生边观察边回答,体现的是谈话法。

4. ABCD 【解析】本题考查教学的基本环节。教师教学工作包括五个基本环节:备课、上课、作业的布置与反馈、课外辅导和学业成绩的检查与评定。

5. ABCD 【解析】本题考查班集体的形成与培养。班集体的形成与培养措施包括:(1)确定班集体的发展目标;(2)建立得力的班集体核心;(3)建立班集体的正常秩序;(4)组织形式多样的教育活动;(5)培养正确的舆论和良好的班风。所以A、B、C、D四项做法都正确。

6. ABCD 【解析】本题考查教师成长的途径。教师成长的途径包括:(1)观摩和分析优秀教师的教学活动;(2)开展微格教学;(3)进行专门训练;(4)进行教学反思。故本题答案全选。

7. ABCD 【解析】本题考查影响遗忘进程的因素。影响遗忘进程的因素包括:(1)学习材料的性质;(2)系列位置效应;(3)识记材料的数量和学习程度;(4)记忆任务的长久性与重要性;(5)识记的方法;(6)时间因素;(7)情绪和动机。

8. ABCD 【解析】本题考查似动知觉。似动知觉是指在一定的时间和空间条件下,人们在静止的物体间看到了运动,或者在没有连续位移的地方看到了连续的运动。似动知觉包括动景运动、诱导运动(诱发运动)、自主运动、运动后效等。

9. BCD 【解析】本题考查影响态度与品德学习的一般条件。影响态度与品德学习的一般条件包括外部条件和内部条件。(1)外部条件,包括:①家庭教养方式;②社会风气;③同伴群体。(2)内部条件,包括:①认知失调;②态度定势;③道德认知。

10. ACD 【解析】本题考查马斯洛的需要层次理论。马斯洛对七种需要进行了区分:位于需要层次底部的四种需要(生理需要、安全需要、归属与爱的需要、尊重需要)被称为缺失需要,它们是个体生存所必需的,必须得到一定程度的满足。但是,这些需要一旦满足,由此产生的动机就会趋于消失。后三种需要(求知需要、审美需要、自我实现的需要)是成长需要,它们虽不是我们生存所必需的,但对于我们适应社会来说却有重要的积极意义。故本题选A、C、D三项。

三、填空题

1. 十六
2. 歧视
3. 平等
4. 个体主观能动性
5. 教育者
6. 课外书籍
7. 学校教育制度(学制)
8. 启发式　注入式
9. 师生关系
10. 杰克逊
11. 练习
12. G(一般)
13. 斯金纳
14. 学习迁移
15. 注意力

四、判断说理题(参考答案)

1. 教育者严格要求学生,就很难尊重信任学生。这种说法是否正确?请结合教育学的知识说明理由。

(1)这种说法是不正确的。(2)在德育工作中,尊重信任与严格要求是辩证统一的,尊重和信任是严格要求的前提。爱是严的基础,严是爱的体现,只有把两者紧密结合在一起,才能取得最佳教育效果。

2. 创造性思维完全等同于发散式思维。这种说法是否正确？请结合心理学的知识说明理由。

(1)这种说法是不正确的。(2)创造性思维是指用独特新颖的方法解决问题的思维过程。创造性思维既是发散思维和聚合思维的统一,也是形象思维和抽象思维的统一,它只是更多地表现在发散思维上,并不完全等同于发散思维。故题干表述错误。

3. 维果斯基认为教学的可能性由学生的最近发展区决定,教学的最佳效果产生于“最近发展区”。这种说法是否正确？请结合心理学的知识说明理由。

(1)这种说法是正确的。(2)在维果斯基看来,教学的可能性由学生的最近发展区决定,“教学应该走在发展的前面”。这里有两层含义:①教学在发展中起主导作用;②教学创造着最近发展区。维果斯基强调,教学不能只适应发展的现有水平,还应适应最近发展区,从而走在发展的前面,最终跨越“最近发展区”而达到新的发展水平。因此,教学的最佳效果产生于“最近发展区”。

五、案例分析题(参考答案)

1. (1)学校的做法是错误的。根据《中华人民共和国未成年人保护法》第三十五条规定,学校、幼儿园安排未成年人参加文化娱乐、社会实践等集体活动,应当保护未成年人的身心健康,防止发生人身伤害事故。在本案例中,学校及教师明知冬冬是未成年人,但却安排并默许其实施用铁桶抬开水这一危险行为,学校主观上有过错,客观上存在疏于管理、同意未成年人从事不利于身体健康成长的活动的行为,最终造成了冬冬被开水烫伤这一伤害事故的发生。

(2)①安全防范从小事做起,规范学校管理,杜绝散漫管理带来的安全隐患;②规范教师行为,对违反法律规定的教师行为坚决予以制止和批评;③加强学校的安全教育,提高教师的安全防护意识和法律知识;④做好学生的自护教育;⑤做好学校安全保障方面的硬件设施的维护,搞好学校应急事故处理程序。

2. (1)学校教育在人的身心发展中起主导作用。①学校教育对于个体发展做出社会性规范;②学校教育具有开发个体特殊才能和发展个性的功能;③学校教育对个体发展的影响具有即时和延时的价值;④学校教育具有加速个体发展的特殊功能。案例中,学校教育提高了季羡林学习的自我意识和自我教育能力,对他的个人发展具有长远意义。教师对季羡林在作文方面的表扬,以及王寿彭的奖励,促进了他的其他学科学习成绩的提高,加速了他个体身心发展的速度。这些都是学校教育对人的发展起主导作用的表现。

(2)个体主观能动性是个体发展的决定性因素。个体的主观能动性是一种寻求发展的积极动机和渴望,是人的身心发展的内在动力,也是促进个体发展从潜在的可能状态转向现实状态的决定性因素。季羡林的老师和山大校长王寿彭的表扬激发了他学习的主观能动性,“从此认真注意考试名次,不再掉以轻心”,从而四次期考得了四个甲等第一。这是个体发挥主观能动性的结果。

总之,学校教育对人的身心发展起主导作用,个体主观能动性是人的身心发展的内因和动力。二者彼此关联、相互配合,共同发挥作用,促进人的身心发展。

3.(1)①测验是为了了解学生的学习情况,从而达到调整教学,以评促教,促进学生学习的目的。该教师大胆创新,允许学生“公然”作弊,学生通过在A4纸上写东西,带进考场参加考试,形成了“从他们在那张A4纸上总结的内容就能看出高低来”这种结果,反思了“为什么张某某能考好?为什么李某某考不了高分?”最后,开始交流哪种学习方法好。学生们明确了学习的方向和目的。这正体现了测验的价值和目的。

②该教师为了改变学生作弊的不良行为,采取了斯金纳的行为塑造的方法。我们不能等到学习者完全不表现作弊行为的时候再给予强化,而需要把目标行为分解,分成一个个逐渐趋向目标的小步子。如第二次考试让每个学生带半张A4纸,第三次考试带四分之一张A4纸……用这种方式逐渐改善了学生作弊的不良行为。

(2)①教师创设了适当的机会让学生感受策略的效力,发挥了学生的主动性和能动性,即“写上自己想写的任何东西”,通过这一举动指导学生分析和反思策略使用的过程和效果,这体现了学习策略的主体性原则和个人效能感原则。

②生成性原则是指在学习过程中要利用学习策略对学习的材料重新进行加工,产生某种新的东西。也就是说,学习者应该利用学习的策略对学习材料进行生成性加工,而不是简单地利用别人已有的知识和经验。案例中的学生采用了层次不同的加工策略,这是他们学习成绩产生差异的主要原因。

③有效监控原则是指学生应该把注意力集中在学习结果和学习过程之间的关系上,监控自己使用每种学习策略所导致的学习结果,以便确定所选策略是否有效。本案例中“为什么张某某能考好?为什么李某某考不了高分?”“开始交流哪种学习方法好”即体现了这一点。

4.(1)明明缺乏自制性和坚韧性的意志品质。①意志的自制性是一个人善于控制和支配自己的情绪,约束自己言行的品质。具有良好自制性的人善于控制自己去执行所采取的决定,具有较强的组织性和纪律性。②意志的坚韧性是一个人在行动中坚持决定,百折不挠地克服重重困难去达到行动目的的品质。在本案例中,明明缺乏对行动目的的坚持性,因为天气变冷就轻易地放弃了自己的计划,缺乏约束自己行动的品质。这些都表明他缺乏自制性和坚韧性的意志品质。

(2)对于明明可以采用以下方法培养其意志品质:①加强生活目的性教育,树立科学的世界观。②组织实践活动并让明明参加,以取得意志锻炼的直接经验。坚强的意志是在克服困难的实践活动中形成和发展起来的。③根据明明缺乏自制性和坚韧性的意志品质,可采取不同的锻炼措施,增强其自我管理和自我约束的能力。④发挥教师、班集体和榜样的模范作用,给予必要的纪律约束。教师可以用科学家、发明家、劳动模范、革命先烈以及文艺作品中的优秀人物来激励明明,还可以从他周围的生活中,从他熟悉的人中,特别是从同龄人中选取典型,为他树立坚强意志的榜样。⑤鼓励明明加强自我锻炼,从点滴小事做起。

5.(1)从场独立型和场依存型的角度分析,陈明属于场独立型,罗亮属于场依存型。

(2)场独立型的学生对客观事物的判断常以自己的内部线索(经验、价值观)为依据,不易受到周围环境因素的影响和干扰,倾向于对事物的独立判断;场依存型的学生对客观事物的判断常以外部线索为依据,其态度和自我认知易受周围环境或背景(尤其是权威人士)的影响,往往不易独立地对事物做出判断,而是人云亦云,从他人处获得标准;行为常以社会为定向,社会敏感性强,爱好社交活动。案例中,陈明在学习上遇到问题时,常利用个人经验独立对其进行判断,并且很少受到同学与老师建议的影响,故属于场独立型的认知风格;罗亮更愿意听老师和同学的建议,并以他们的建议作为分析问题的依据,另外还喜欢察言观色,关注社会问题,故属于场依存型的认知风格。

福建省教师招聘考试教育综合预测试卷(十五)

答案速查:

1~5	CADCC	6~10	ADAAB	11~15	CCCAA	16~20	CDADB
21~25	ABACD			1~5	ABC ABD ABD AB ABCD		
6~10	ABC BCD BC ABD ABD						

一、单项选择题

1. C 【解析】本题考查教育政策。根据《义务教育课程方案(2022年版)》以及《义务教育劳动课程标准(2022年版)》,劳动教育从综合实践活动课程中独立出来,成为中小学的一门独立课程,劳动课程平均每周不少于1课时,用于活动策划、技能指导、练习实践、总结交流等。

2. A 【解析】本题考查时事政治。2023年3月5日,时任国务院总理李克强作《政府工作报告》。《政府工作报告》在“对今年政府工作的建议”中提出，加快建设高质量教育体系，推进义务教育优质均衡发展和城乡一体化，推进学前教育、特殊教育普惠发展，大力发展职业教育，推进高等教育创新，支持中西部地区高校发展，深化体教融合。

3. D 【解析】本题考查《中华人民共和国教育法》。《中华人民共和国教育法》第十二条规定，国家通用语言文字为学校及其他教育机构的基本教育教学语言文字，学校及其他教育机构应当使用国家通用语言文字进行教育教学。

4. C 【解析】本题考查《中华人民共和国教育法》。根据《中华人民共和国教育法》第五十一条规定，图书馆、博物馆、科技馆、文化馆、美术馆、体育馆（场）等社会公共文化体育设施，以及历史文化古迹和革命纪念馆（地），应当对教师、学生实行优待，为受教育者接受教育提供便利。故答案选C项。

5. C 【解析】本题考查《小学教师专业标准（试行）》。《小学教师专业标准（试行）》关于“教育教学知识”的内容主要有：(1)掌握小学教育教学基本理论；(2)掌握小学生品行养成的特点和规律；(3)掌握不同年龄小学生的认知规律和教育心理学的基本原理和方法；(4)掌握所教学科的课程标准和教学知识。故选C项。

6. A 【解析】本题考查法律法规与政策相关内容。根据《中华人民共和国义务教育法》第四十一条规定，国家鼓励教科书循环使用。故A项正确。根据《中华人民共和国义务教育法》第二十二条规定，县级以上人民政府及其教育行政部门应当促进学校均衡发展，缩小学校之间办学条件的差距，不得将学校分为重点学校和非重点学校。学校不得分设重点班和非重点班。故B项错误。根据《中华人民共和国义务教育法》第三十九条规定，国家实行教科书审定制度。教科书的审定办法由国务院教育行政部门规定。未经审定的教科书，不得出版、选用。故C项错误。根据《中小学教师违反职业道德行为处理办法》（2018年修订）第四条规定可知，组织、参与有偿补课属于违反职业道德的行为，故D项错误。

7. D 【解析】本题考查教育的政治功能。“化民成俗，其必由学”意为：（君子想要）教化百姓，并形成好的风俗，就一定要重视设学施教。“建国君民，教学为先”意为：建设国家，统治人民，首先要设学施教。引文体现了教育为社会培养合格的成员和公民的重要性，揭示了教育的政治功能。

8. A 【解析】本题考查教育科学研究的基本方法。个案研究法是指在较长时间内，通过系统搜集特定个体的有关资料，研究其发展变化过程的方法。题干中班主任对小王进行的长达一年多的跟踪研究，属于个案研究法。

9. A 【解析】本题考查师生关系的内容。师生在教育内容的教学上结成授受关系。故选A项。此外，师生在人格上是平等的关系，在社会道德上是互相促进的关系。

10. B 【解析】本题考查古代社会的教育。在原始社会，教育和社会生活、生产劳动紧密相连。奴隶社会时，教育从社会活动中分化出来，与生产劳动相脱离和相对立。

11. C 【解析】本题考查个体身心发展的动因。环境决定论认为人的发展主要依靠外在的力量，诸如环境的刺激和要求、他人的影响和学校的教育等。家长不顾家庭经济条件也要买学区房的行为，体现了家长对学校教育的过分重视，从儿童的发展角度看，这倾向于环境决定论。

12. C 【解析】本题考查旧中国的学制沿革。"壬子癸丑学制"第一次规定了男女同校，废除读经，充实了自然科学的内容，将学堂改为学校。

13. C 【解析】本题考查德育原则。教育影响的一致性与连贯性原则是指在德育工作中，教育者应主动协调多方面教育力量，统一认识和步调，有计划、有系统、前后连贯地教育学生，发挥教育的整体功能，培养学生正确的思想品德。该原则要求争取家长和社会的配合，主动协调好与家庭、社会教育的关系，逐步形成以学校为中心的"三位一体"的德育网络。"5+2=0"的现象说明学校教育与社会现实生活严重脱节，要解决这个问题，学校德育应坚持教育影响的一致性与连贯性原则，处理好学校教育和家庭教育、社会教育的衔接工作，形成教育合力，保证对学生影响的连续性、系统性。

14. A 【解析】本题考查五育的关系。德育对其他各育起着保证方向和保持动力的作用，它体现了社会主义教育的方向，是"五育"的灵魂；智育为其他各育的实施提供了认识基础；体育是实施各育的物质保证；美育和劳动技术教育是德育、智育、体育的具体运用和实施。故选A项。

15. A 【解析】本题考查常用的教学方法。参观法又称现场教学，是教师根据教学目的和要求，组织学生进行实地考察、研究，使学生获取新知识，巩固、验证旧知识的一种教学方法。某校组织学生到红军长征中的战争遗址接受爱国主义教育，运用的是参观法。此题应注意区分D项，实习作业法主要是指教师指导学生在课内外进行实际操作，将知识运用于实践，这种方法常用于自然学科的教学。所以本题答案选A项。

16. C 【解析】本题考查课程类型。从课程内容的组织方式来划分，课程可分为分科课程与综合课程，故C选项正确。A项是从课程内容的固有属性来划分的，B项是以课程的表现形式或者说影响学生的方式为依据来划分的，D项是从对学生学习要求的角度来划分的。

17. D 【解析】本题考查心智技能的形成阶段。原型内化，即智力活动的实践模式(原型)向头脑内部转化,由物质的、外显的、展开的形式变成观念的、内潜的、简缩的形式的过程。原型内化是心智技能的完成阶段,故D项说法有误。

18. A 【解析】本题考查问题解决的过程。理解问题即明确问题,就是把握问题的性质和关键信息,摒弃无关因素,并在头脑中形成有关问题的初步印象,即形成问题的表征。因此,学生读题干的过程属于理解问题阶段。

19. D 【解析】本题考查社会助长。社会助长是指个体与别人在一起活动或有别人在场时,个体的行为效率提高的现象。小明和伙伴一起写作业时效果好、质量高,这体现了社会助长。

20. B 【解析】本题考查注意的特点。注意的集中性是指心理活动停留在被选择的对象上的强度或紧张度,它使心理活动离开一切无关的事物,并且抑制多余的活动,以保证注意的对象能得到比较鲜明和清晰的反映。人在注意力高度集中时,除了对目标物之外,对自己周围的其他事物就会“视而不见、听而不闻”了。

21. A 【解析】本题考查知识直观。在实际的教学过程中,主要有三种直观方式,即实物直观、模像直观和言语直观。其中,模像直观指观察与教材相关的模型与图像(如图片、图表、幻灯片、电影、录像、电视等),形成感知表象。因此,题干中宋老师采用视频演示运用了模像直观。

22. B 【解析】本题考查皮亚杰的认知发展阶段理论。认知发展处于前运算阶段的儿童,其思维具有泛灵论的特点,即将人类的特征赋予无生命的物体,他们会认为任何物体都是有生命的。

23. A 【解析】本题考查感觉规律。一种感觉兼有另一种感觉的心理现象叫联觉。在日常生活中各种感觉现象经常联系在一起,由此产生了联觉,如红色给人以热烈、紫色给人以高贵、蓝色给人以安静、黑色给人以沉重的感觉等。题干中强调听觉兼有温度觉,属于联觉现象。

24. C 【解析】本题考查记忆的分类。动作记忆是以做过的运动或动作为内容的记忆,又称运动记忆。在头脑中保留的体操动作、舞蹈动作等都属于动作记忆。

25. D 【解析】本题考查不同的学习理论观点。苛勒等人通过著名的黑猩猩实验提出的完形—顿悟学习理论属于认知学习理论。故答案选D项。而A、B、C三项属于行为主义学习理论。

二、多项选择题

1. ABC 【解析】本题考查中共福建省委、福建省人民政府印发的《关于全面深化新时代教师队伍建设改革的实施意见》。中共福建省委、福建省人民政府印发的《关于全面深化新时代教师队伍建设改革的实施意见》中指出,教师承担着传播知识、传播思想、传播真理的历史使命,肩负着塑造灵魂、塑造生命、塑造新人的时代重任,是教育发展的第一资源,是国家富强、民族振兴、人民幸福的重要基石。

2. ABD 【解析】本题考查近代教育的特点。近代教育的特点包括:(1)国家加强了对教育的重视和干预,公立教育崛起;(2)初等义务教育的普遍实施;(3)教育的世俗化;(4)教育的法制化。故选A、B、D三项。C项,严格的等级性属于古代教育的特点。

3. ABD 【解析】本题考查班级管理的功能。班级管理的功能:(1)有助于实现教学目标,提高学习效率;(2)有助于维持班级秩序,形成良好的班风;(3)有助于锻炼学生能力,学会自治自理。

4. AB 【解析】本题考查教育的经济功能的体现。教育对生产力的促进作用主要是通过两个方面来实现的,即教育再生产劳动力和教育再生产科学知识。

5. ABCD 【解析】本题考查学校产生的条件。学校的产生应该具备以下几个条件:(1)生产力的发展以及社会生产水平的提高,为学校的产生提供了物质基础;(2)脑力劳动和体力劳动相分离,为学校的产生提供了专门从事教育活动的知识分子;(3)文字的创造与知识的积累,为学校教育活动的开展提供了有效的教育手段与充分的教育内容;(4)国家机器的产生,需要专门的机构来培养官吏和知识分子来为统治阶级服务。

6. ABC 【解析】本题考查自我效能感的影响因素。自我效能感的影响因素包括:(1)个人自身行为的成败经验(直接经验)。(2)替代经验。(3)言语暗示(言语劝说)。(4)情绪唤醒。故本题选A、B、C三项。

7. BCD 【解析】本题考查想象的加工方式。孙悟空的形象利用了黏合的想象加工方式;千手观音的形象利用了夸张的想象加工方式;"雷公""电母"的形象运用了拟人化的想象加工方式。

8. BC 【解析】本题考查学习的分类。根据奥苏伯尔的学习分类,A、D两项属于有意义学习;B、C两项属于机械学习。因此,本题选B、C两项。

9. ABD 【解析】本题考查自我意识的结构。一般认为,自我意识包括三种成分:自我认识、自我体验、自我监控。

10. ABD 【解析】本题考查观察学习的过程。班杜拉把观察学习的过程分为注意、保持、复现(生成)和动机四个子过程。故本题选A、B、D三项。

三、填空题

1. 学会学习

2. 就近入学

3. 观察法

4. 品德行为

5. 教书育人

6. 示范性

7. 讲授法

8. 综合实践活动

9. 智力

10. 回忆

11. 效能

12. 问题解决

13. 评价

14. 对偶故事法

15. 抑郁症

四、判断说理题(参考答案)

1. 素质教育就是要学生什么都学,什么都学好。这种说法是否正确? 请结合教育学的知识说明理由。

(1)这种说法是不正确的。(2)题干所述是对素质教育使学生全面发展的误解。素质教育强调为学生的发展奠定基础,同时又要发展学生的个性,因此素质教育对学生的要求是合格加特长。这决定了一方面学生必须学习国家规定的必修课程,夯实基础;另一方面,学生还应该学习选修课程,充分发挥自己的特长,形成独特的个性。

2. 学生是发展中的人,具有不成熟性,所以教师要容忍学生犯错误,不要惩罚学生。这种说法是否正确? 请结合教育学的知识说明理由。

(1)这种说法是不正确的。(2)作为发展中的人,意味着学生还是不成熟的人,是一个正在成长的人。把学生作为发展中的人来对待,就要理解学生身上存在的不足,就要允许学生犯错误。当然,更重要的是要帮助学生解决问题,改正错误,从而不断促进学生的进步和发展,而不是容忍学生犯错。

3. 刺激泛化和刺激分化是互补的过程,泛化是对事物差异性的反应,分化则是对事物相似性的反应。这种说法是否正确? 请结合心理学的知识说明理由。

(1)这种说法是不正确的。(2)机体对与条件刺激相似的刺激做出条件反应,属于刺激的泛化。如果只对条件刺激做出条件反应,而对其他相似刺激不做反应,则出现了刺激的分化。刺激泛化和刺激分化是互补的过程。泛化是对事物相似性的反应,分化则是对事物差异性的反应。

五、案例分析题(参考答案)

1.(1)案例中班主任和学校的做法是不正确的。根据《中华人民共和国义务教育法》第四条规定,凡具有中华人民共和国国籍的适龄儿童、少年,不分性别、民族、种族、家庭财产状况、宗教信仰等,依法享有平等接受义务教育的权利,并履行接受义务教育的义务。根据《中华人民共和国义务教育法》第二十七条规定,对违反学校管理制度的学生,学校应当予以批评教育,不得开除。初中生张华属于义务教育阶段的学生,学校应当依法保护其接受义务教育的权利,不得以任何理由和借口,包括以"劝退"的方式,来侵犯其接受义务教育的权利。

(2)关于张华"课堂自律能力差,经常干扰正常教学秩序,并有多次偷窃行为"的问题,学校及班主任可以:①对其进行批评教育,确有必要的,可以实施教育惩戒措施。②及时纠正其错误言行,培养张华的规则意识、责任意识。③与张华的家长以民主讨论的形式共同制定管教措施,帮助张华改正不良行为。

2.(1)认同。班级管理事无巨细,涉及方方面面,如班级组织建设、班级制度管理、班级教学管理及班级活动管理等。品学兼优的学生也有可能出现一些品行问题,需要班主任及时发现并进行教育,引导他们养成正确的行为习惯。在德育过程中,教育者既要尊重信任学生,又要对学生提出严格的要求,把严与爱有机地结合起来,使教育者的合理要求转化为学生的自觉行动。案例中赵老师的做法不符合尊重信任学生与严格要求学生相结合的德育原则,仅凭信任是没有办法从根本上解决问题的。

(2)对于符老师的疑问,可以采取下列方法加以解决:

①建立"以学生为本"的班级管理机制。扩大学生在班级管理中的参与度,使学生在实际锻炼中增强对班级的责任感,如设立生活委员,明确生活委员的职责,规范生活委员的行为;让班委会集体管理班级的有关费用,班委会集体决定、相互监督,以此培养学生的廉洁自律意识。

②制定相应的规章制度、行为准则来约束学生。采取正面教育与纪律约束相结合的教育,让学生感受到老师的信任和温情关怀的同时,学会遵守班级规章制度,养成良好的行为习惯。

③设置明确的奖惩规则,树立严格的规则意识。通过赏罚分明的措施帮助学生形成正确的认识,使学生明白不仅要学习知识,还要从小树立规则意识,做一个遵纪守法的好公民。

3.(1)①幻想是有意想象的一种特殊形式,是一种与生活愿望相结合并指向于未来的想象。

②幻想是创造想象的一种特殊形式,与一般的创造想象相比具有下述两个特征:

第一，幻想体现了个人的愿望，是个人向往的形象。第二，幻想常是创造性活动的准备阶段。幻想虽然是有目的的，但不像一般的创造想象那样需要付出艰苦的精神劳动。幻想不指向于当前物质产品和精神产品的创造，而是指向未来，代表个体的愿望，故常常又是创造性活动的准备阶段。

(2)创造想象是按照一定目的、任务，使用自己以往积累的表象，在头脑中独立地创造出新形象的过程。创造想象产生的条件有：①强烈的创造愿望；②丰富的表象储备；③积累必要的知识经验；④原型启发；⑤积极的思维活动；⑥灵感的作用。

(3)培养学生创造性想象的措施有：①要引导学生学会观察，丰富学生的表象储备。②引导学生积极思考。③引导学生努力学习科学文化知识，扩大学生的知识经验以发展学生的空间想象能力。④注意发展学生的语言能力。⑤结合学科教学，有目的地训练学生的想象力。⑥引导学生进行积极的幻想。在本案例中，学生将《西游记》中人物的各种能力与现代科技相联系，这引导我们在教学中应注意培养学生的观察能力和想象能力；学生感叹古人想象力的丰富，这启示我们应鼓励学生积极思考；学生感叹几百年后，现在的幻想可能变为现实，这启示我们应该鼓励学生积极幻想，培养学生大胆幻想与善于幻想的能力；还有学生说想象离不开知识的积累，这启示我们应注重引导学生努力学习科学文化知识，为学生想象能力的发展提供基础。

4. (1)班杜拉以儿童的社会行为习得为研究对象，形成了其关于学习的基本思路，即观察学习是人的学习最重要的形式。班杜拉认为，学习是个体通过对他人的行为及其强化结果的观察，从而获得某些新的行为反应或已有的行为反应得到修正的过程。案例中的儿童出现攻击行为，是因为他们观看到一组成年男子对充气玩偶进行攻击(如大声吼叫或拳打脚踢)后，发生了观察学习。

(2)替代强化是指观察者因看到榜样的行为被强化而受到强化。案例中“第一组儿童产生较多的攻击性行为，第二组则比第三组表现出更少的攻击性行为”，是因为他们在观看成年男子攻击玩偶的过程中出现了替代强化的结果。

5. (1)美国心理学家韦纳把人经历过事情的成败归结为六种原因，即能力、努力程度、工作难度、运气、身心状况、外界环境。又把上述六项因素按各自的性质，分别归入三个维度：内部归因和外部归因、稳定性归因和非稳定性归因、可控制归因和不可控制归因。小雅将成绩归因于努力，属于内部、不稳定、可控的因素。小斌将成绩归因于能力，属于内部、稳定、不可控的因素。小辉将成绩归因于任务难度，属于外部、稳定、不可控的因素。

(2)①材料中小雅将活动的结果归因于努力，这是一种积极的归因，作为教师，应该在日常学习活动中帮助她巩固这种归因。②材料中小斌将失败归因于能力，这会使他产生无力感，久而久之，易产生习得性无助，不利于学生的成长。作为教师，应该帮助小斌将活动成果归因于努力，同时多在能力方面对其加以鼓励，让其相信自身具备相关解决问题的能力，以提高小斌学习的积极性，增强其学习动机。③材料中小辉将失败归因于任务难度，这会让他对未来的学习活动抱有相同的期待，会影响他在之后学习活动上的努力程度。作为教师，应该在帮助他做好努力归因的同时，做好现实归因，帮助他分析影响学习成绩的因素还有哪些，是智力、学习方法，还是家庭环境、教师等因素。教师在分析这些因素在多大程度上影响其学习成绩的同时，要尽力指出解决这些问题的方法，以提高其克服困难的勇气，增强自信心。

福建省教师招聘考试教育综合预测试卷(十六)

答案速查：

<table>
<tr><td>1～5</td><td>AACDA</td><td>6～10</td><td>CDDAA</td><td>11～15</td><td>BADAB</td><td>16～20</td><td>CDBAA</td></tr>
<tr><td>21～25</td><td colspan="3">ABACB</td><td>1～5</td><td colspan="3">BCD ACD ABCD ABD AD</td></tr>
<tr><td>6～10</td><td colspan="3">ABC AD BCD CD BD</td><td colspan="4"></td></tr>
</table>

一、单项选择题

1. A 【解析】本题考查时事政治。2023年3月13日第十四届全国人民代表大会第一次会议通过了关于修改《中华人民共和国立法法》的决定。

2. A 【解析】本题考查时事热点。2022年5月7日，在重庆市召开的2022年全国基础教育论坛上，全国学科教育联盟成立。联盟覆盖语文、数学、英语、物理、历史、生物学、化学、思想政治、地理、音乐、美术、体育与健康、信息技术、心理健康、生涯规划15个学科，由26所师范院校学科教育专家，80余位课标修订组核心成员、课标教材主编，100余所中小学名师名校长组成。

3. C 【解析】本题考查《中华人民共和国义务教育法》。根据《中华人民共和国义务教育法》第五十六条规定，学校以向学生推销或者变相推销商品、服务等方式谋取利益的，由县级人民政府教育行政部门给予通报批评；有违法所得的，没收违法所得；对直接负责的主管人员和其他直接责任人员依法给予处分。

4. D 【解析】本题考查《中华人民共和国未成年人保护法》。根据《中华人民共和国未成年人保护法》第六十三条规定，除下列情形外，任何组织或者个人不得开拆、查阅未成年人的信件、日记、电子邮件或者其他网络通讯内容：(1)无民事行为能力未成年人的父母或者其他监护人代未成年人开拆、查阅；(2)因国家安全或者追查刑事犯罪依法进行检查；(3)紧急情况下为了保护未成年人本人的人身安全。故D项违反了

《中华人民共和国未成年人保护法》的规定。

5. A 【解析】本题考查《深化新时代教育评价改革总体方案》。根据《深化新时代教育评价改革总体方案》要求，在教育评价改革中，坚持把师德师风作为第一标准。坚决克服重科研轻教学、重教书轻育人等现象，把师德表现作为教师资格定期注册、业绩考核、职称评聘、评优奖励首要要求，强化教师思想政治素质考察，推动师德师风建设常态化、长效化。健全教师荣誉制度，发挥典型示范引领作用。全面落实新时代幼儿园、中小学、高校教师职业行为准则，建立师德失范行为通报警示制度。对出现严重师德师风问题的教师，探索实施教育全行业禁入制度。故选A项。

6. C 【解析】本题考查《中华人民共和国义务教育法》。《中华人民共和国义务教育法》第五十八条规定，适龄儿童、少年的父母或者其他法定监护人无正当理由未依照本法规定送适龄儿童、少年入学接受义务教育的，由当地乡镇人民政府或者县级人民政府教育行政部门给予批评教育，责令限期改正。题干中的小刚父母无正当理由未依照《中华人民共和国义务教育法》有关规定送适龄的小刚入学接受义务教育，应当由当地乡镇人民政府或者县级人民政府教育行政部门给予批评教育，责令限期改正。故选C项。

7. D 【解析】本题考查德育原则。尊重信任与严格要求是辩证统一的，是制约德育效果的两个相辅相成的必要条件，尊重和信任是严格要求的前提，正如苏联教育家马卡连柯所说："要尽量多地要求一个人，也要尽可能地尊重一个人。"所以，马卡连柯的这句话体现了严格要求与尊重信任相结合的原则。

8. D 【解析】本题考查教育目的的意义。教育目的是整个教育工作的核心，是教育活动的依据和评判标准、出发点和归宿，在教育活动中居于主导地位。它贯穿于教育活动的全过程，对一切教育活动都有指导意义。

9. A 【解析】本题考查旧中国的学制沿革。"壬寅学制"以日本的学制为蓝本，由当时的管学大臣张百熙起草，是我国颁布的第一个学制系统，虽然正式公布，但并未实行。

易错提示：考生易混淆我国颁布的第一个现代学制和实施的第一个现代学制，这两个学制是不同的，二者区分的关键在于是否实施，考生要注意辨别。

10. A 【解析】本题考查常用的教学方法。演示法是指教师通过展示实物、教具和示范性的实验来说明、印证某一事物和现象，使学生掌握新知识的一种教学方法。题干中教师演示如何通过显微镜观察植物的内部结构，学生通过观察教师的演示进而获得有关植物的知识，这种教学方法属于演示法。

易错提示:在复习过程中,演示法中的实验演示与实验法容易造成混淆,考生可结合以下内容进行理解:

实验演示——教师做实验,学生看;

实验法——学生做实验,教师指导。

11. B 【解析】本题考查新课程倡导的学生观。新课程倡导的学生观认为,学生是发展中的人,要用发展的观点认识学生。周老师为学生建立“成长档案”,记录学生的成长过程,说明周老师把学生当做成长中的人来看待,具备“学生是发展中的人”这一学生观。

12. A 【解析】本题考查个体身心发展的规律。题干引文的意思是:在适当的时机进行教育,叫作及时,错过了学习时机,事后补救,尽管勤苦努力,也较难成功。所谓关键期,就是指人的某种身心潜能在人的某一年龄段有一个最好的发展时期。在这一时期内,对个体某一方面进行训练可以获得最佳成效,并能充分发挥个体在这一方面的潜力。错过了关键期,训练的效果就会降低,甚至永远无法补偿。所以,题干所述表明教育工作要抓住人身心发展的关键期。

13. D 【解析】本题考查班级的相关内容。文艺复兴时期的著名教育家埃拉斯莫斯最先提出“班级”一词。夸美纽斯提出的是班级授课制,故D项说法不正确。

14. A 【解析】本题考查教师的知识素养。精深的学科专业知识即本体性知识,是教师知识结构的核心,也是教师向学生传授知识的必备基础。

15. B 【解析】本题考查课程标准。课程标准规定了学科的教学目标、任务,知识的范围、深度和结构,教学进度以及有关教学方法的基本要求,是编写教科书和教师进行教学的直接依据,也是衡量各科教学质量的重要标准。

16. C 【解析】本题考查我国教育目的的根本性质。坚持社会主义方向,是我国教育目的的根本性质和特点。

17. D 【解析】本题考查动机冲突。多重趋避冲突是指对含有吸引与排斥两种力量的多种目标予以选择时所发生的冲突。题干中学生对于填报哪里的志愿这一问题,有多种包含吸引与排斥两种力量的目标选择,故这时发生的冲突属于多重趋避冲突。

18. B 【解析】本题考查测验的标准。效度是指一个测验工具希望测到某种行为特征的有效性与准确程度。一年级的测试题能够测出一年级学生的真实水平,但是测不出二年级学生的真实水平,故该测验对于二年级学生来说效度低。

19. A 【解析】本题考查不同心理学流派的代表人物。构造主义心理学派的代表人物有冯特、铁钦纳,故A项符合题意。B项,杜威是机能主义心理学派的代表人物;C

项,华生是行为主义心理学派的代表人物;D项,奈塞尔是现代认知心理学派的代表人物。

20. A 【解析】本题考查奥苏伯尔关于学习的划分。奥苏伯尔从两个维度对学习做了区分:从学生学习的方式上,将学习分为接受学习与发现学习;从学习内容与学习者认知结构的关系上,又将学习分为有意义学习和机械学习。根据这一分类可知,A项属于有意义的接受学习,B项属于机械学习,C项属于有意义的发现学习,D项属于机械的发现学习。故选A项。

21. A 【解析】本题考查知觉的种类。空间知觉指物体的空间特性在人脑中的反映,包括形状知觉、大小知觉、深度知觉、方位知觉等。辨别汉字的偏旁部首和结构属于空间知觉中的方位知觉。

22. B 【解析】本题考查学习迁移理论。桑代克等人认为,迁移是非常具体的、有条件的,需要有共同的要素。只有当两个机能的因素中有相同要素时,一个机能的变化才会改变另一个机能的习得。故题干中的观点属于相同要素说。

23. A 【解析】本题考查遗忘的理论。明明知道某件事,但就是不能回忆出来的现象称为"舌尖现象"或"话到嘴边现象"。舌尖现象可以用提取失败说来解释:从信息加工的观点看,遗忘是一时难以提取出需要的信息,遗忘之所以发生是因为编码不准确,失去了检索线索或线索错误。一旦有了正确的线索,经过搜寻,所需要的信息就能提取出来,这就是遗忘的提取失败理论。

24. C 【解析】本题考查瞬时记忆的编码方式。瞬时记忆(感觉记忆)的编码方式有图像记忆和声像记忆两种,图像记忆是主要的编码方式。A项是长时记忆的编码方式;B项是短时记忆的主要编码方式。

25. B 【解析】本题考查上位学习。上位学习又称总括学习,是在学生掌握一个比认知结构中原有概念的概括和包容程度更高的概念或命题时产生的。上位学习遵循从具体到一般的归纳概括过程。题干中学生后学习的"树"概念比先知道的"梧桐""白杨"等概念概括程度更高,故属于上位学习。

二、多项选择题

1. BCD 【解析】本题考查《中共中央 国务院关于深化教育教学改革全面提高义务教育质量的意见》的内容。《中共中央 国务院关于深化教育教学改革全面提高义务教育质量的意见》对"促进信息技术与教育教学融合应用"做的规定为:推进"教育+互联网"发展,按照服务教师教学、服务学生学习、服务学校管理的要求,建立覆盖义务教育各年级各学科的数字教育资源体系。加快数字校园建设,积极探索基于互联网的教学。免费为农村和边远贫困地区学校提供优质学习资源,加快缩小城乡教育差距。加强信息化终端设备及软件管理，建立数字化教学资源进校园审核监管机制。

2. ACD 【解析】本题考查个体身心发展的互补性的体现。AD两项体现了生理机能之间的互补，C项体现了心理机能与生理机能之间的互补。B项与互补性无关。

3. ABCD 【解析】本题考查操行评定的一般步骤。操行评定的一般步骤是：学生自评、小组评议、班主任评价、信息反馈。

4. ABD 【解析】本题考查课程类型。从课程设计、开发、管理主体或管理层次来看，可将课程划分为国家课程、地方课程和校本课程。

5. AD 【解析】本题考查教学原则。题干中的李老师通过让学生做“萝卜蹲”的游戏，让学生直观地感知数列排列规律，并且将数列知识与学生的实际生活相结合，这体现了直观性原则和理论联系实际的原则。

6. ABC 【解析】本题考查运用注意规律组织教学。A项老师突然中断讲课，是利用刺激物的活动和变化引起学生的无意注意。B项老师用彩色粉笔突出重点，是利用刺激物之间显著的对比关系引起学生的无意注意。间接兴趣，特别是稳定的间接兴趣，是引起和保持有意注意的重要条件。学生的间接兴趣越稳定，就越能对活动的对象产生有意注意。C项正确。如果只让学生凭借无意注意来学习，则不利于他们克服学习过程中的困难。D项错误。

7. AD 【解析】本题考查神经系统的结构。神经系统包括中枢神经系统和周围神经系统。中枢神经系统包括脑和脊髓。

8. BCD 【解析】本题考查影响态度与品德学习的一般条件。影响态度与品德学习的一般条件有：(1)外部条件，包括家庭教养方式、社会风气、同伴群体。(2)内部条件，包括认知失调、态度定势、道德认知。故答案选B、C、D三项。

9. CD 【解析】本题考查学习水平分类。根据学习情境由简单到复杂、学习水平由低到高的顺序，心理学家加涅把学习分为八类：(1)信号学习；(2)刺激—反应学习；(3)连锁学习；(4)言语联结学习；(5)辨别学习；(6)概念学习；(7)规则或原理学习；(8)解决问题学习(高级规则的学习)。故答案选C、D两项。

10. BD 【解析】本题考查行为改变的基本方法。行为改变的基本方法主要有强化法、代币奖励法、行为塑造法、示范法、处罚法(惩罚法)、自我控制法等。系统脱敏法属于行为演练的基本方法，而认知调节法是改善认知的方法。

三、填空题

1. 优先

2. 专业能力

3. 24

4.《礼记》

5. 分支型学制

6. 创造美

7. 非制度化

8. 班级常规管理

9. 特朗普制

10. 集体

11. 科学幻想

12. 学生与环境

13. 发生认识论

14. 加涅

15. 普雷马克

四、判断说理题(参考答案)

1. 评定学生学业成绩只能通过考试来进行。这种说法是否正确?请结合教育学的知识说明理由。

(1)这种说法是不正确的。(2)学业成绩的检查与评定是教学工作的一个重要环节,它对教学工作的顺利进行和教学质量的提高具有十分重要的意义。检查学生学业成绩的方法是多种多样的。常用的检查方式有两大类:平时考查和考试。平时考查的方式主要有口头提问、检查书面作业和单元测验等。考试是对学生知识、技能等进行总结性检查时所采用的一种方式。综上所述,评定学生学业成绩只能通过考试来进行的说法是不正确的。

2. 负迁移就是逆向迁移。这种说法是否正确?请结合心理学的知识说明理由。

(1)这种说法是不正确的。(2)负迁移也叫“抑制性迁移”,是指一种学习对另一种学习产生阻碍作用。逆向迁移是指后继学习对先前学习产生的影响。因此负迁移和逆向迁移是不同的。

3. 问题解决不受情绪影响。这种说法是否正确?请结合心理学的知识说明理由。

(1)这种说法是不正确的。(2)问题解决的影响因素有问题情境与问题表征的方式、定势与功能固着、原型启发、已有知识经验、情绪与动机等。因此,情绪对问题解决有一定影响,肯定、积极的情绪状态有利于问题的解决;否定、消极的情绪状态则会阻碍问题的解决。所以,题干的说法不正确。

五、案例分析题(参考答案)

1. 赵老师的做法是错误的,学校的做法是正确的。我国《教师法》第七条规定,教师有“从事科学研究、学术交流，参加专业的学术团体，在学术活动中充分发表意见”的权利。但教师必须在保证完成本职工作，不影响学校正常的教育教学工作的前提下行使本权利，同时还要服从学校教育教学工作的安排，因地制宜地参加进修和培训。案例中赵老师为参加学术研讨会，致使两个班的化学课没有上，可知赵老师没有执行学校的教学计划，履行教师聘约，完成教育教学工作任务，因此赵老师的做法是错误的。学校按照规定，扣发赵老师当日工资和当月全勤奖并对其提出批评的做法是正确的。

2.（1）案例中的教师通过教学反思，呈现了两种不同效果的教学情境，这体现了启发性、循序渐进和理论联系实际的教学原则。

①启发性原则是指在教学活动中，教师要调动学生的主动性和积极性，引导他们通过独立思考、积极探索，生动活泼地学习，自觉地掌握科学知识，提高分析问题和解决问题的能力。贯彻这一原则要求教师加强学习的目的性教育，调动学生学习的主动性；设置问题情境，启发学生独立思考，培养学生良好的思维方法和思维能力。案例中这位教师在第一堂课中提出的问题“‘强项’在现代汉语中是什么意思”使课堂出现了“冷场”的局面，而在进行教学反思后的第二堂课上，学生们能够紧跟问题思考，最后“纷纷举手并给出正确的答案”，这说明学生们的积极性被成功地调动了起来，证明教师的启发有了效果。

②循序渐进原则是指教师要严格按照科学知识的内在逻辑和学生的认知发展规律进行教学，使学生掌握系统的科学文化知识，能力得到充分的发展。贯彻这一原则要求教师的教学要有系统性；按照学生的认识顺序，由浅入深、由易到难、由简到繁地进行教学。案例中，第一堂课中教师的问题之所以没有得到学生的回应，正是因为他直接把难题摆了出来，没有遵循由易到难的顺序；改进后的第二堂课中，教师先问了容易的问题，学生们做出回答之后再一步步地引导到目标问题。这样通过循序渐进的引导，学生们自然而然就理解了教师的问题。

③理论联系实际原则是指教师在教学中，应使学生从理论与实际的结合中来理解和掌握知识，并引导他们运用新获得的知识去解决各种实际问题，培养他们分析问题和解决问题的能力。贯彻这一原则要求教师重视书本知识的教学，在传授知识的过程中注重联系实际；重视引导和培养学生运用知识的能力。案例中教师在第一堂课中的问题没能引起学生的兴趣，正是因为“强项”这个词被单独拿出来直接让学生解释，学生无法联系自己已有的经验。而到了第二堂课，教师先问学生有什么强项，当学生说出了自己的强项之后，教师再让学生思考刚才说的“强项”是什么意思。这成功地让学生将理论与生活实际联系了起来，因此他们很快就明白了这个词的现代

意义，也理解了“强项”一词古今词义的区别，这节课最终也就取得了很好的效果。

(2)新课程强调教师要经常进行教学反思，教学反思也是教师专业发展和自我成长的核心因素。案例中的教师通过教学反思之后，对第一次上课中效果不好的环节进行了修正，第二次上课时该环节就得到了很好的效果。这说明该教师的教学反思是积极有效的，教师应该经常通过教学反思来改进自身的教学。

3. (1)①创造良好的教学环境。为了使学生在学习过程中不受外部无关刺激的干扰，应该创造一个安静、整洁的教学环境。如保持教室的安静、教室的布置简洁朴素等。②注重讲演、板书技巧和教具的使用。客观刺激物的强度、对比、新颖性和活动性是引起无意注意的重要因素，教师要发挥无意注意的积极作用，就应努力在讲演、板书和教具使用中施加这些影响。③注重教学内容的组织和教学形式的多样化。教师在教学中要考虑学生的需要、兴趣、知识经验和情绪状态，使教学方法、教学形式、教学内容符合学生的需要，引起学生的无意注意。

(2)由材料分析可知，①林老师穿着漂亮、艳丽的新衣服，用彩色粉笔装饰黑板边缘，这些做法会分散学生对学习的注意力，使学生更多地注意这些与学习无关的内容。②先宣布期中考试成绩会让学生关注考试的结果而不是老师上课的内容，也不利于学生将注意力集中在学习上。③教师在讲课过程中，应该音量适中，语音、语调做到抑扬顿挫，遇到重点、难点还要加强语气，伴以适当的手势和表情。林老师讲课时言语平静，又因准备的内容十分丰富加快了讲课速度，这种做法不易吸引学生的注意力，会导致教学效果不好。④上课过程中，林老师偶然发现有个别同学在开小差，就立即点名批评，这一做法会分散学生的注意力，对课堂的连贯性产生消极影响。

4. (1)该案例中师生的对话直接改变了小刚的道德认知。品德是由知、情、意、行四者构成，培养学生品德的过程，就是培养四种品德心理因素并使之协调发展的过程。知即道德认知，道德认知是指对于行为规范及其意义的认识，是人的认识过程在道德上的表现。道德认知是个体道德的基础，是道德情感、道德意志产生的依据，对道德行为具有定向的意义，是行为的调节机制。品德的核心是道德认知。

(2)本案例中，教师通过对话引导小刚认识到在超市拿起话梅就吃的行为是不对的。教师引导他对是非进行判断，使小刚产生正确的道德认知，为其品德形成奠定了基础。

5. (1)学生是发展中的人，要用发展的观点认识学生。学生具有巨大的发展潜能。学生是处于发展过程中的人，教师要理解学生身上存在的不足，要允许学生犯错误，更重要的是要帮助学生解决问题，改正错误，从而不断促进学生的进步和发展。案例中的小苏虽然违反课堂纪律，但该老师宽容了该生的不足，并让他担任英语小组长、抽出课余时间给他补课,帮助他取得进步。

(2)学生是独特的人。每个学生都有自身的独特性。独特性也意味着差异性,差异不仅是教育的基础,也是学生发展的前提,应视之为一种财富而珍惜开发,使每个学生在原有基础上都得到完全、自由的发展。案例中的老师通过多方了解情况,知道了小苏破坏课堂纪律是为了引起老师和同学们的注意,便让小苏担任英语小组长,给他表现的机会;此外,该教师还时常表扬鼓励小苏,抽出时间给他补课,对他多加关注和关心。该教师针对小苏的特点,因材施教,尊重了其独特性。

(3)学生是具有独立意义的人。学生是学习的主体,教师对学生的教育与改造,只是学生发展的外部条件和外因,学生的主体活动才是学生获得发展的内在机制和内因。案例中的小苏在老师的帮助下能够认真听讲,积极发言,及时完成作业,学习成绩稳步提高,这说明该教师尊重了学生的主体性,激发了学生的主动性和积极性。

福建省教师招聘考试教育综合预测试卷(十七)

答案速查:

1~5	CBBAD	6~10	DBADB	11~15	BBACB	16~20	CAABD
21~25	CBDAC	1~5	ABD AD ABC ABCD ABCD		6~10	BC BD AD ABC AB	

一、单项选择题

1. C 【解析】本题考查时事政治。2022年2月4日晚,举世瞩目的北京第二十四届冬季奥林匹克运动会开幕式在国家体育场隆重举行。北京成为历史上唯一的“双奥之城”。

2. B 【解析】本题考查时事政治。2023年2月3日,我国首条跨海高铁——福厦高铁进入静态验收阶段,标志着该高铁全线主体工程及其配套工程建设已基本完成,距离线路今年开通运营更进一步。

3. B 【解析】本题考查《中华人民共和国教师法》。根据《中华人民共和国教师法》第二十六条规定,中小学教师和职业学校教师享受教龄津贴和其他津贴,具体办法由国务院教育行政部门会同有关部门制定。

4. A 【解析】本题考查《中华人民共和国义务教育法》。《中华人民共和国义务教育法》第二十一条规定,对未完成义务教育的未成年犯和被采取强制性教育措施的未成年人应当进行义务教育,所需经费由人民政府予以保障。

5. D 【解析】本题考查课程类型。学科课程是指以文化知识(科学、道德、艺术)为基础,按照一定的价值标准,从不同的知识领域或学术领域选择一定的内容,根据知识的逻辑体系，将所选出的知识组织为学科的课程类型。我国中小学开设的语、数、英等课程即属于学科课程。

6. D 【解析】本题考查教学组织形式。复式教学是把两个或两个以上不同年级的学生编在一个教室里，由一位教师分别用不同的教材，在一节课里对不同年级的学生进行教学的一种特殊组织形式。题干描述的是复式教学的内涵。

7. B 【解析】本题考查个体身心发展的理论。题干中孟子这句话的意思是：人的本性是善的，万事万物的本性都为我所具备。它强调了个体身心发展的力量来自于内在需要，是内发论的观点。

8. A 【解析】本题考查教育的政治功能。题干引文的意思是如果贤良人才多，国家就治理得很好；如果贤良人才少，国家就治理得差。国家的兴衰在于人才多寡。这说明教育可以通过培养人才来实现对政治经济制度的影响，体现了教育的政治功能。

9. D 【解析】本题考查素质教育观。A、B、C三项均是在实施素质教育过程中出现的误区，不能体现素质教育的理念，均可排除。

10. B 【解析】本题考查教师劳动的特点。教师劳动的创造性主要表现在：(1)因材施教；(2)对教材内容的处理、教学方法的选择和运用；(3)“教育机智”。题干中，教师积极采取措施应对教育情境，体现了教师劳动的创造性。

11. B 【解析】本题考查教育的起源。生物起源说认为，教育是一种生物现象，而不是人类所特有的社会现象。根据题干中劳伦兹的观点，动物界也存在教育活动，这与教育的生物起源说观点一致。故选B项。

12. B 【解析】本题考查教育目的的价值取向。社会本位论认为教育的目的是为社会培养合格的成员和公民，使受教育者社会化，社会价值高于个人价值，教育的质量和效果可以用社会发展的各种指标来评价。由题干中的“造就公民”可知，题干所述属于社会本位论的观点。

方法技巧：做此类试题时重点抓住关键词，个人本位论追求的是个人的发展，所以题干描述中常带有“本性”“潜能”“个人需要”“自由”“个人价值”等关键词；社会本位论追求的是社会的发展，所以题干描述中常带有“社会需要”“适应社会”“社会化”“公民”“社会价值”等关键词。考生做题时可根据关键词来进行判断。

13. A 【解析】本题考查现代学校教育制度的类型。双轨制是指学校系统分为两轨，一轨是学术教育，为特权阶层子女所占有，学术性很强，学生可升到大学以上；另一轨是职业教育，为劳动人民的子弟所开设，属生产性的一轨。两轨之间互不相通，互不衔接。题干所述学制属于双轨学制。

14. C 【解析】本题考查思维的品质。思维的敏捷性是指思维活动迅速正确，能当机立断。“眉头一皱，计上心来”体现了思维的敏捷性。

15. B 【解析】本题考查知觉的概念。知觉是在感觉的基础上产生的，它是人脑对直接作用于感觉器官的客观事物的整体属性的反映。题干所述就是对苹果的知觉过程。

16. C 【解析】本题考查影响学习迁移的因素。学习对象间的共同因素是学习迁移产生的客观必要条件，但不是唯一的条件。故选C项。

17. A 【解析】本题考查教学反思的方法。布鲁巴奇等人认为教学反思的方法主要有：(1)反思日记；(2)详细描述；(3)交流讨论；(4)行动研究。

18. A 【解析】本题考查布鲁纳的认知—发现学习理论。布鲁纳强调学习的主动性和认知结构的重要性，所以他主张教学的最终目标是促进学生对学科结构的一般理解。

19. B 【解析】本题考查学习与教学的因素。学习与教学的因素包括学生、教师、教学内容、教学媒体和教学环境。其中，教学媒体是教学内容的载体，是教学内容的表现形式，是师生之间传递信息的工具。

20. D 【解析】本题考查处理纪律问题的策略。教师使用非言语线索能消除许多课堂上的不良行为，而且不必中断上课。这些非言语线索包括目光接触、手势、身体靠近和触摸等。

21. C 【解析】本题考查意志的品质。意志的坚持性是指一个人在行动中坚持决定，百折不挠地克服重重困难去达到行动目的的品质。题干中学生在制定目标后容易动摇，更改目标，说明他主要缺乏意志的坚持性。

22. B 【解析】本题考查品德的心理结构。品德的心理结构包括四种相辅相成的基本心理成分：道德认知、道德情感、道德意志和道德行为。其中，道德情感是人的道德需要是否得到实现而引起的一种内心体验，也就是人在心理上所产生的对某种道德义务的爱憎、喜恶等情感体验。题干中小飞一想到英雄人物就会产生敬仰之情，属于品德心理结构中的道德情感。

23. D 【解析】本题考查埃里克森的人格发展阶段理论。埃里克森认为，6～11岁儿童的发展任务是培养勤奋感，此年龄段的儿童处于小学阶段。

24. A 【解析】本题考查性格的结构。性格的意志特征，是指个体自觉地确定目标，调节支配行为，从而达到目标的性格特征。例如，顽强拼搏、当机立断。因此，题干中“自觉性、果断性”的心理特征符合性格的意志特征。

25. C 【解析】本题考查知识学习的类型。并列结合学习又称组合学习，是在新命题与认知结构中原有的命题既非下位关系又非上位关系，而是一种并列的关系时产生的。例如,学习质量与能量、遗传与变异、需求与价格等概念之间的关系就属于并列结合学习。

二、多项选择题

1. ABD **【解析】**本题考查《新时代中小学教师职业行为十项准则》。《新时代中小学教师职业行为十项准则》制定了教师需要遵守的十项准则,分别是:坚定政治方向、自觉爱国守法、传播优秀文化、潜心教书育人、关心爱护学生、加强安全防范、坚持言行雅正、秉持公平诚信、坚守廉洁自律和规范从教行为。故答案选A、B、D三项。

2. AD **【解析】**本题考查《中华人民共和国教师法》。根据《中华人民共和国教师法》第七条规定,教师享有下列权利:(一)进行教育教学活动,开展教育教学改革和实验;(二)从事科学研究、学术交流,参加专业的学术团体,在学术活动中充分发表意见;(三)指导学生的学习和发展,评定学生的品行和学业成绩;(四)按时获取工资报酬,享受国家规定的福利待遇以及寒暑假期的带薪休假;(五)对学校教育教学、管理工作和教育行政部门的工作提出意见和建议,通过教职工代表大会或者其他形式,参与学校的民主管理;(六)参加进修或者其他方式的培训。故A、D两项属于教师的权利,B、C两项属于教师的义务。

3. ABC **【解析】**本题考查德育过程的顺序。德育过程一般以知为开端,以行为终结。但由于社会生活的复杂性、德育影响的多样性等因素,在德育具体实施过程中,又具有多种开端,可根据学生品德发展的具体情况,或从导之以行开始,或从动之以情开始,或从锻炼品德意志开始,最后达到使学生品德在知、情、意、行几方面和谐发展的目的。故选项ABC表述不准确。

4. ABCD **【解析】**本题考查教育科学研究的过程。教育科学研究的过程包括:(1)选择研究课题;(2)教育文献检索与综述;(3)制订研究计划;(4)教育研究资料的收集、整理与分析;(5)教育研究论文与报告的撰写。

5. ABCD **【解析】**本题考查德育的基本任务。德育的基本任务包括:(1)培养学生良好的道德品质;(2)培养学生正确的政治方向;(3)培养学生正确的价值观;(4)培养学生良好、健康的心理品质;(5)培养学生良好的思想品德能力等。

6. BC **【解析】**本题考查古代教育。

A项,古代社会的教育一般指奴隶社会的教育和封建社会的教育。一般认为,学校教育正式产生于奴隶社会初期。故A项说法正确。

B、D项,古代东西方的教育虽然在具体内容和形式上存在许多差异,但也有一些共同特征,具体表现为:阶级性、道统性、等级性、专制性、刻板性和象征性。故B项说法错误,D项说法正确。

C项,古代社会的教育与生产劳动相脱离和相对立。故C项说法错误。

综上所述,本题选B、C项。

7. BD 【解析】本题考查影响个体身心发展的因素。题干引文的意思是:增长才干必须刻苦学习。不努力学习就不能增长才智,不明确志向就不能在学习上获得成就。这里所提到的影响人的身心发展的因素是教育和个体主观能动性。

8. AD 【解析】本题考查神经系统的活动方式。用具体事物作为条件刺激而建立的条件反射系统叫作第一信号系统,是人和动物共有的;用语词作为条件刺激而建立的条件反射系统叫作第二信号系统,是人类特有的。故A、D两项属于第一信号系统,B项属于第二信号系统,而C项属于本能行为。

9. ABC 【解析】本题考查加德纳的多元智力理论。加德纳认为人的智力结构中存在着七种相对独立的智力:(1)言语智力;(2)逻辑—数学智力;(3)视觉—空间智力;(4)音乐智力;(5)运动智力;(6)人际智力(社交智力);(7)自知智力(内省智力)。D项流体智力属于卡特尔提出的智力概念。

10. AB 【解析】本题考查操作技能。操作技能又叫运动技能、动作技能,是通过学习而形成的合乎法则的操作活动方式。操作技能是一种习得的能力,表现为迅速、精确、流畅和娴熟的身体运动的活动方式。像我们日常生活中的写字、打字、绘画,音乐方面的吹、拉、弹、唱,体育方面的田径、球类、体操,生产劳动方面的车、刨、磨等活动方式,都属于操作技能的范畴。故本题选A、B两项。C、D两项属于心智技能。

三、填空题

1. 1995

2. 30

3. 创造性

4. 相对性(常模参照性)

5. 钻研教材　了解学生

6. 全面发展

7. 因材施教

8.《教育漫话》

9. 观察研究法

10. 绝对化要求

11. 选择功能

12. 道德行为

13. 认知内驱力

14. 课堂气氛

15. 逻辑性　严谨性

四、判断说理题(参考答案)

1. 学校教育对学生的身心发展具有主导作用,家庭教育和社会教育对学生的影响不大,因此,可以忽略家庭教育和社会教育。这种说法是否正确?请结合教育学的知识说明理由。

(1)这种说法是不正确的。(2)教育不仅仅是学校的事情,学生的身心发展受到家庭教育、学校教育和社会教育三方面的影响。教育成效往往是这三方面合力的结果,如果这三方面步调统一、互相促进,合力就大,教育效果就好;反之,教育效果就差。学校和家庭、社会三者应协调一致、互相配合,不能忽略家庭教育和社会教育。

2. 学习动机越强,个体的学习效果一定越好。这种说法是否正确?请结合心理学的知识说明理由。

(1)这种说法是不正确的。(2)"耶克斯—多德森定律"表明,动机不足或过分强烈都会影响学习效果。第一,动机的最佳水平随着任务性质的不同而不同。在比较容易的任务中,行为效果(工作效率)随着动机的提高而上升;随着任务难度的增加,动机的最佳水平有逐渐下降的趋势。第二,一般来讲,最佳水平为中等强度的动机。第三,动机水平与行为效果呈倒U型曲线。

3. 一般而言,分散复习的效果优于集中复习。这种说法是否正确?请结合心理学的知识说明理由。

(1)这种说法是正确的。(2)相对于大多数学习而言,分散复习的效果优于集中复习,因为分散复习可降低疲劳感,减少前摄抑制和倒摄抑制的影响。

五、案例分析题(参考答案)

1. (1)学校招聘没有教师资格证的小李的行为不合法。根据《中华人民共和国教师法》第十条规定,国家实行教师资格制度。然而案例中的学校却聘用了没有取得教师资格证的小李进行任教,故构成违法行为。

(2)小李老师对小明受同学欺负却未进行干预的行为不合法。根据《中华人民共和国教师法》第八条规定,教师应当履行"制止有害于学生的行为或者其他侵犯学生合法权益的行为,批评和抵制有害于学生健康成长的现象"的义务。案例中的小李老师对小明遭到的排挤、歧视漠不关心,未履行教师义务,故构成违法行为。

(3)小明父亲辱骂、威胁小李老师的行为不合法。根据《中华人民共和国教师法》第三十五条规定,侮辱、殴打教师的,根据不同情况,分别给予行政处分或者行政处罚;造成损害的,责令赔偿损失;情节严重,构成犯罪的,依法追究刑事责任。虽然案例中的小李老师只有教师之名,没有教师之实,但小明父亲采用打架、辱骂的方式对待小李是违法的。

2.(1)榜样示范法。榜样示范法是用榜样人物的优秀品德来影响学生的思想、情感和行为的方法。由于榜样能把社会真实的思想、政治和法纪、道德关系表现得更直接、更亲切、更典型,因而能给人以极大的影响、感染和激励,教育、带动和鼓舞人们前进。杨老师为了让男生剪短头发,先从自身出发,给学生树立了一个榜样,更能让学生接受教育。

(2)陶冶教育法。陶冶教育法是教师利用环境和自身的教育因素,对学生进行潜移默化的熏陶和感染,使其在耳濡目染中受到感化的德育方法。杨老师没有直接要求学生剪短发,而是通过五分钟的交流会来引导学生,对学生产生了潜移默化的影响,最终达到了很好的教育效果。

(3)品德评价法。品德评价法本是通过对学生品德进行肯定或否定的评价而予以激励或抑制,促使其品德健康形成和发展的德育方法。然而杨老师是通过学生对自己的理发效果进行评价,得到大多数学生的公认,进而让学生受到教育。这种方法更具新意,让人耳目一新。

(4)说服教育法。说服教育法是通过摆事实、讲道理,使学生提高认识,形成正确观点的方法。这是一种坚持正面理论教育和正面思想引导,增强辨别是非能力,促进道德发展的重要方法。案例中的杨老师就理发事件开展了五分钟的交流会,这体现了他对说理教育法的运用。在运用说理教育法时,杨老师注意到了说理的趣味性,而且抓住了运用该方法的时机,符合运用说服教育法的要求。

(5)品德修养指导法。品德修养指导法是教师指导学生自觉主动地进行学习、自我品德反省,以实现思想转化及行为控制的德育方法。从"欣喜地发现那几个男生的长发变短了……"可以看出,学生在听到杨老师的一番话后进行了反思和改进,这是杨老师运用品德修养指导法产生的效果。

3.(1)练习是形成各种操作技能所不可缺少的关键环节,通过应用不同形式的练习,可以使个体掌握某种技能。一般来说,随着练习次数的增多,动作的精确性、速度、协调性等会逐步提高。

(2)虽然不同的学习者的练习曲线存在差异,但也具有共同点,表现在:①开始进步快。②中间有一个明显的、暂时的停顿期,即高原期。通常把学生在学习过程中出现一段时间的学习成绩和学习效率停滞不前,甚至学过的知识感觉模糊的现象,称为"高原现象"。在本案例中,学习英语过程中的滞留时间和收发电报练习中的成绩停顿即高原现象。③后期进步较慢。在本案例中，随着词汇量的增加，英语学习过程中出现的滞留期变长，说明练习后期的进步虽然缓慢，但坚持练习还会有所提升。④总趋势是进步的，但有时出现暂时的退步。整个练习过程中，成绩往往会有一些波动起伏现象。而且，多数情况下，练习曲线反映出来的技能的进步是先快后慢；也有少数情况可能出现先慢后快的趋势。在本案例中，体现了这一特点的是：在收发电报练习的15～28天之间，虽有练习，但成绩却不见提高甚至还有所下滑。

4.（1）学习兴趣是在学习活动中产生的，它使学习活动变得积极、主动，并富有成效。激发学生的学习兴趣是促使学生积极地进行学习的一个重要方式。只有让学生对学习活动产生浓厚的兴趣，学习才不会成为他们的沉重负担，才能使学生愉快地、主动地投入到学习活动中去。张子琪原来对英语学习不感兴趣，不喜欢英语课，不喜欢英语老师的教学方法，基本上放弃了英语课，成绩自然也考不及格。

（2）韦纳把人经历过事情的成败归结为六种原因，即能力、努力程度、工作难度、运气、身心状况、外界环境。又把上述因素按性质分别归入三个维度：内部归因和外部归因、稳定性归因和非稳定归因、可控制归因和不可控制归因。①努力归因，在教学中提高学生的学习动机要进行努力归因，即无论成功或失败都归因于努力与否。把学习归因于努力会提高学生的学习动机。②能力归因，当学生学习成功时归因于能力，可以提高学生的自我效能感，使他们相信自己有能力完成相应的学习行为，从而推动学习的进行。案例中的张子琪意识到通过自己的努力学好英语不是一件难事，并享受英语进步的喜悦，感觉英语完全成为她的强项，是将自己的成功归因于努力程度和能力两个方面。

（3）①个人效能感原则是指学生在执行某一任务时对自己胜任能力的判断和自信程度，它是影响学习策略选择的一个重要动机因素。案例中的张子琪随着英语成绩的提高，信心也越来越大，感觉英语都变成她的强项了，体现了自我效能感对学习策略的影响。②主体性原则是指在学习策略教学中应该发挥和促进学生的主体作用，它既是学习策略训练的目的，又是必要的方法和途径。案例中的辅导老师总是鼓励张子琪自己多思考、多开口，而不是等着老师帮助，这培养了张子琪学习的主动性，体现了主体性原则。③内化性原则是指在学习策略的学习过程中，学生能够不断实践各种学习策略，逐步将其内化成自己的学习能力，熟练掌握并达到自动化水平。案例中的张子琪在学习中把好的学习方法应用在自己的学习中，如做笔记、课下主动练习、与外国人沟通、看英文版电影等。

福建省教师招聘考试教育综合预测试卷(十八)

答案速查:

1~5	BDCDD	6~10	CBCDB	11~15	DBBAB	16~20	ABDCD
21~25	BDDDD	1~5	BBABA	6~10	BBBBB	11~15	ABABB

一、单项选择题

1. B 【解析】本题考查时事政治。中华人民共和国、沙特阿拉伯王国、伊朗伊斯兰共和国三方于2023年3月10日在北京发表联合声明。三国均表示愿尽一切努力,加强国际地区和平与安全。

2. D 【解析】本题考查世界知识产权日。世界知识产权日由世界知识产权组织于2001年4月26日设立,并决定从2001年起将每年的4月26日定为"世界知识产权日"。所以,2023年4月26日是第23个世界知识产权日。

3. C 【解析】本题考查《中华人民共和国未成年人保护法》。根据《中华人民共和国未成年人保护法》第二条规定,本法所称未成年人是指未满十八周岁的公民。故A项说法正确。第四条规定,保护未成年人,应当坚持最有利于未成年人的原则。故D项说法正确。第二十一条规定,未成年人的父母或者其他监护人不得使未满十六周岁的未成年人脱离监护单独生活。故C项说法错误。第二十五条规定,学校应当建立未成年学生保护工作制度,健全学生行为规范,培养未成年学生遵纪守法的良好行为习惯。故B项说法正确。

4. D 【解析】本题考查《中华人民共和国教育法》。根据《中华人民共和国教育法》第三十六条规定,学校及其他教育机构中的管理人员,实行教育职员制度。学校及其他教育机构中的教学辅助人员和其他专业技术人员,实行专业技术职务聘任制度。

5. D 【解析】本题考查《中华人民共和国义务教育法》。根据《中华人民共和国义务教育法》第二十九条规定,教师在教育教学中应当平等对待学生,关注学生的个体差异,因材施教,促进学生的充分发展。

6. C 【解析】本题考查《中华人民共和国义务教育法》。根据《中华人民共和国义务教育法》第十一条规定,适龄儿童、少年因身体状况需要延缓入学或者休学的,其父母或者其他法定监护人应当提出申请,由当地乡镇人民政府或者县级人民政府教育行政部门批准。

7. B 【解析】本题考查教学评价的基本类型。绝对性评价又称为目标参照性评价(标准参照评价),是运用目标参照性测验对学生的学习成绩进行的评价。进行评价时,每个人的成绩分数只与统一的、固定的客观标准进行比较,即这种评价并不照顾评价对象的整体水平状况而提高或降低评价标准。高中的毕业会考会确定一个标准,将每一个学生的考试成绩与这个标准进行比较,从而判断学生是否达到标准。因此,这种考试属于绝对性评价。

易错提示:相对性评价、绝对性评价和个体内差异评价是易混点。考生在区分这三种评价类型时,可把相对性评价理解为“看位置”,把绝对性评价理解为“看标准”,把个体内差异评价理解为“看自己”。

8. C 【解析】本题考查教师劳动的特点。教师劳动具有广延性,广延性是指空间的广延性。教师没有严格界定的劳动场所,课堂内外、学校内外都可能成为教师劳动的空间。教师不能只在课内、校内发挥影响力,还要走出校门,协调学校、社会、家庭的教育影响,以便形成教育合力。题干中的数学老师在课上注意到小明情绪低落后,在课下积极向家长说明情况,体现了教师劳动的广延性特点。

9. D 【解析】本题考查教育的人口功能。受过教育的人口更容易做远距离迁移,小周毕业后选择留在北京工作体现了教育促进人口迁移的功能。

10. B 【解析】本题考查素质教育的时代特征。作为国力竞争基础工程的教育,必须培养具有创新精神和实践能力的新一代人才,这是素质教育的时代特征。

11. D 【解析】本题考查对教育内涵的理解。狭义的教育指学校教育,A项理解错误。B项是从个体的角度来给教育下定义的,这种观点不够全面。C项,教育具有负向功能,对社会和个体的发展的影响并不总是好的,C项理解错误。D项是兼顾社会和个体两个方面给教育下定义的,理解正确。

12. B 【解析】本题考查我国中小学主要的德育原则。李老师教育学生们不仅要知道传统礼仪,更要在生活当中积极践行传统礼仪,这体现了知行统一的德育原则。

13. B 【解析】本题考查目标管理的提出者。目标管理是由美国管理学家德鲁克提出来的。

14. A 【解析】本题考查影响个体身心发展的因素。题干的描述强调了遗传因素对人的发展的影响。

15. B 【解析】本题考查常用的教学方法。讨论法是指全班或小组成员在教师的指导下,围绕某一中心问题发表自己的看法和见解,从而进行相互学习的一种方法。题干引文是指在教学中同伴之间要相互学习,讨论切磋,取长补短,共同进步。这体现了讨论法的内涵。故选B项。

16. A 【解析】本题考查生产力对教育发展的影响和制约。从蒸汽机时代到电气生产时代再到自动化时代体现了生产力的发展，不同生产力时代要求工人具有不同的教育水平，这说明生产力的发展水平制约着人才培养的规格。

17. B 【解析】本题考查学生的特点。题干中的小学生和老师用一样的笔，说明小学生具有向师性。

18. D 【解析】本题考查科尔伯格的品德发展阶段理论。科尔伯格将道德判断分为三个水平，每一水平包含两个阶段。前习俗水平：(1)服从与惩罚的道德定向阶段；(2)相对功利的道德定向阶段（相对功利取向阶段、朴素的利己主义的定向）。习俗水平：(1)好孩子的道德定向阶段（寻求认可取向阶段）；(2)维护权威或秩序的道德定向阶段（遵守法规取向阶段）。后习俗水平：(1)社会契约的道德定向阶段（社会法制取向阶段、社会契约取向阶段）；(2)普遍原则的道德定向阶段（原则或良心定向阶段、普遍伦理取向阶段）。在社会契约的道德定向阶段，个体仍以法制观念为导向，有强烈的责任心和义务感，因此小王的道德判断处于社会契约取向阶段。

19. C 【解析】本题考查感觉的相互作用规律。感觉对比是同一感受器接受不同的刺激，而使感受性发生变化的现象。感觉对比可分为两种：同时对比和继时对比。其中，几个刺激物同时作用于同一感受器会产生同时对比现象。题干所述是同时对比的典型例子。

20. D 【解析】本题考查影响问题解决的因素。人们把某种功能赋予某物体的倾向称为功能固着。在功能固着的影响下，人们不易摆脱事物用途的固有观念，从而直接影响问题解决的灵活性。题干中的小芳只想到长尾夹可以用来夹文件而想不到其他的用途是受到了功能固着的影响。

21. B 【解析】本题考查人格的特征。一个人的某种人格特点一旦形成，就相对稳定下来了，要想改变它是比较困难的事情。"三岁看大，七岁看老"体现的就是人格的稳定性。

22. D 【解析】本题考查分配学生座位的关注点。分配学生座位时，最值得教师关注的应该是对人际关系的影响。

23. D 【解析】本题考查自我意识的成分。自我监控，即对自己的意志控制，如自我检查、自我监督、自我调节、自我追求等。题干所述为自我监控中的自我检查。

24. D 【解析】本题考查认知风格的类型特点。场依存型的学生对客观事物的判断常以外部线索为依据；行为常以社会为定向，社会敏感性强，爱好社交活动；理科、自然科学成绩差，人文、社会科学成绩好。场独立型的学生对客观事物的判断常以自己的内部线索（经验、价值观）为依据；行为常是非社会定向的，社会敏感性差，不善于社交，关心抽象的概念和理论，喜欢独处；理科、自然科学成绩好，人文、社会科学成绩差。因此,D项符合题意。

25. D 【解析】本题考查人本主义学习理论。人本主义学习理论注重有意义的自由学习观和学生中心的教学观,题干中教师尊重学生的兴趣、需要和价值,从学生实际出发,以学生为中心,符合人本主义学习理论的观点。

二、判断选择题

1. B 【解析】本题考查《中华人民共和国教师法》。根据《中华人民共和国教师法》第十五条规定,各级师范学校毕业生,应当按照国家有关规定从事教育教学工作。国家鼓励非师范高等学校毕业生到中小学或者职业学校任教。

2. B 【解析】本题考查学生发展核心素养的内容。学生发展核心素养,主要指学生应具备的,能够适应终身发展和社会发展需要的必备品格和关键能力。题干表述错误。

3. A 【解析】本题考查《中华人民共和国教育法》。《中华人民共和国教育法》第六十七条规定,教育对外交流与合作坚持独立自主、平等互利、相互尊重的原则,不得违反中国法律,不得损害国家主权、安全和社会公共利益。

4. B 【解析】本题考查赫尔巴特的教育思想。赫尔巴特强调教师的权威作用和中心地位,而卢梭等人主张自然教育,强调教师不要过多干预儿童的发展。故题干表述错误。

5. A 【解析】本题考查影响个体身心发展的因素。题干引文的意思是:一块白色的丝布,把它放到青色的染缸中,白丝就变成了青色;把它放到黄色的染缸中,就又变成了黄色。这体现了环境对人的发展的重要作用。

6. B 【解析】本题考查对素质教育的理解。素质教育是我国教育改革和发展的长远方针,是我国各级各类教育追求的共同理想,并不是对特定阶段、特定学校提出的要求。

7. B 【解析】本题考查主要课程理论流派的观点。活动课程论重视学生通过亲自体验获得直接经验。学科中心课程理论重视儿童对系统知识的学习。故题干表述错误。

8. B 【解析】本题考查学生的特点。学生具有依赖性,但同样也具有主观能动性。学生在接受教育的过程中,具有一定的素质,可以进行自我教育。因此,学生是自我教育和发展的主体。

9. B 【解析】本题考查迁移的作用。根据迁移的性质和结果,可将迁移分为正迁移、负迁移和零迁移。其中,正迁移也叫"助长性迁移",是指一种学习对另一种学习的促进作用。负迁移也叫"抑制性迁移",是指一种学习对另一种学习产生阻碍作用。

故学习迁移对新知识、新技能的学习既可能起促进作用,也可能起阻碍作用。

10. B 【解析】本题考查学习期待的概念。学习期待是个体对学习活动所要达到目标的主观估计。

11. A 【解析】本题考查意志行动的特征。意志行动的特征有:(1)意志行动是人特有的自觉确定目的的行动,自觉地确立目的是意志的首要特征;(2)意志对活动有调节支配作用,使人的行动能按设定好的目的去改造世界;(3)克服内部和外部的困难是意志行动最重要的特征;(4)意志行动以随意动作为基础。故题干说法正确。

12. B 【解析】本题考查对过度学习的理解。实验证明,过度学习达到50%,即学习的熟练程度达到150%时,学习的效果最好;超过150%时,效果并不递增,很可能引起厌倦、疲劳而成为无效劳动。题干说法错误。

13. A 【解析】本题考查皮亚杰的认知发展阶段理论。认知发展处于前运算阶段的儿童,只注意主观的观点,不能从客观事物的角度出发,只能考虑自己的观点,无法接受别人的观点,也不能将自己的观点与别人的观点协调。儿童还不能设想他人所处的情境,常以自己的经验为中心,从自己的角度出发来观察和理解世界。皮亚杰的"三山实验"证明了儿童的"自我中心性"的思维特征。

14. B 【解析】本题考查操作性条件反射和经典性条件反射的区别。经典性条件反射强调行为前的强化,操作性条件反射强调行为后的强化。故题干说法错误。

15. B 【解析】本题考查想象的种类。再造想象是依据词语或符号的描述、示意在头脑中形成与之相应的新形象的过程。人在阅读文艺作品、历史文献,工人看建筑或机械图纸都属于再造想象。故题干所述内容为再造想象。题干说法错误。

三、名词解释

1. 素质教育

素质教育是依据人的发展和社会发展的实际需要,以全面提高全体学生的基本素质为根本目的,以尊重学生主体性和主动精神,注重开发人的智慧潜能,形成人的健全个性为根本特征的教育。

2. 共同特质

共同特质是在同一文化形态下的群体所共同具有的特质,它是在共同的生活方式下形成的。

四、简答题(参考答案)

1. 简述班级授课制的优缺点。

(1)优点:①有利于经济有效地大面积培养人才,提高教学效率;②它以"课"为教学活动单元,能保证学习活动循序渐进,有利于学生获得系统的科学知识;③有利于发挥教师的主导作用;④有利于发挥学生集体的教育作用;⑤有利于学生德、智、体多方面的发展;⑥有利于进行教学管理和教学检查。

(2)缺点:①不利于学生主体性的发挥;②不利于培养学生的探索精神、创造能力和实际操作能力;③不能很好地适应教学内容和教学方法的多样化;④不利于因材施教,难以满足学生个性化的学习需要;⑤不利于学生之间真正的交流和启发;⑥以"课"为基本的教学活动单位,某些情况下会割裂内容的整体性。

2. 简述"教学应该走在发展的前面"的含义及其意义。

(1)在维果斯基看来,教学的可能性由学生的最近发展区决定,"教学应该走在发展的前面"。其有两层含义:①教学在发展中起主导作用。它决定着儿童的发展,决定着发展的内容、水平、速度及智力活动的特点。②教学创造着最近发展区。教学应适应学生的现有水平,但更重要的是要发挥教学对发展的主导作用。

(2)其意义在于:指导教育者不应只看到儿童今天已达到的发展水平,还应看到仍处于形成中的状态,正在发展的过程。所以,维果斯基强调教学不能只适应发展的现有水平,还应适应最近发展区,从而走在发展的前面,最终跨越"最近发展区"而达到新的发展水平。

3. 简述影响创造性的因素。

(1)环境。家庭与学校的教育环境以及社会文化是影响个体创造性的重要因素。

(2)智力。创造性的研究表明,创造性与智力并非成简单的线性关系,二者既有独立性,又在某种条件下具有相关性,在整体上呈正相关趋势。高智商是高创造性的必要条件,但不是充分条件。

(3)个性。创造性与个性二者之间具有互为因果的关系。

五、论述题(参考答案)

1. 全面发展教育是对含有各方面的素质培养功能的整体教育的一种概括,是为使受教育者多方面得到发展而实施的多种素质培养的教育活动总称。试论述我国全面发展教育的内容。

(1)德育。德育是培养学生正确的人生观、世界观、价值观,使学生具有良好的道德品质和正确的政治观念,形成正确的思想方法的教育。

(2)智育。智育是传授给学生系统的科学文化知识、技能,发展他们的智力和与学习有关的非认知因素的教育。智育的主要内容和任务包括传授知识、发展技能、培养自主性和创造性。

(3)体育。体育是授予学生有关身体健康的知识、技能,发展他们的体力,增强他们的自我保健意识和体质,培养他们参加体育活动的需要和习惯,增强其意志力的教育。

(4)美育。美育是培养学生健康的审美观,发展他们感受美、鉴赏美、创造美的能力,培养他们高尚的情操与文明素养的教育。

(5)劳动技术教育。劳动技术教育是引导学生掌握劳动技术知识和技能,形成劳动观点和习惯的教育。

2. 试述影响注意转移的条件。

(1)原有注意的紧张度。原有注意的紧张度越小,转移就越容易、迅速;反之,就越困难、缓慢。

(2)新的注意对象的特点。新的注意对象越符合人的需要和兴趣,注意转移就越容易、迅速;反之,就越困难、缓慢。

(3)大脑皮层神经兴奋过程和抑制过程相互转换的灵活性。灵活性强的人,注意转移比较容易;灵活性差的人,注意转移较难。

(4)各项活动的目的性或第二信号系统的调节作用。目的性不明确,语言的调节能力太弱,既不能很快地抑制那些不该兴奋的区域,也不能很快地解除大脑皮层上应该解除的抑制,这样就使注意的转移表现得不灵活。注意转移的速度和质量取决于前后两种活动的性质和个体对这两种活动的态度,同时也受个性特点的影响。

六、案例分析题(参考答案)

1. (1)小张老师的行为不合法。①根据《中华人民共和国教师法》第八条规定,教师有“贯彻国家的教育方针,遵守规章制度,执行学校的教学计划,履行教师聘约,完成教育教学工作任务”的义务。小张老师谎称生病不上班,经多次劝说后仍然不肯上班,显然没有履行作为教师的该项义务。②根据《中华人民共和国教育法》第三十三条规定,教师享有法律规定的权利,履行法律规定的义务,忠诚于人民的教育事业。小张老师在任职期间不上班,给学校的教育教学工作造成了损失,是一种严重的失职行为。③小张老师不肯上班,导致相关教学工作停止,侵犯了学生的受教育权。

(2)学校可以给予小张老师行政处分或者解聘的处理。根据《中华人民共和国教师法》第三十七条规定,教师有下列情形之一的,由所在学校、其他教育机构或者教育行政部门给予行政处分或者解聘:①故意不完成教育教学任务给教育教学工作造成损失的;②体罚学生,经教育不改的;③品行不良、侮辱学生,影响恶劣的。根据上述规定可知,学校可以给予小张老师行政处分,如果再不回校上课,可以依法解聘小张老师。

2. (1)该案例体现了教学过程的间接经验与直接经验相结合规律。以间接经验为主是教学活动的主要特点,但在教学中必须重视直接经验的作用。在案例中,学生对雨的观察得到的是直接经验,而老师将其引向古诗这一间接经验,这一教学过程即体现了直接经验与间接经验相结合的特点。

(2)该案例体现了教学过程的教师主导作用与学生主体作用相结合规律。教师在教学活动中起主导作用,而学生是教学活动中具有能动性的主体。学生是具有主观能动性的人,他们能够能动地反映客观事物。他们的学习动机、兴趣、意志等因素直接影响学习效果。因此,在教学中必须发挥学生的主体作用。教师的主导作用和学生的能动性是相互促进的。无论多么优秀的教师,都无法代替学生学习。成功的教学有赖于学生主观能动性的发挥。本案例中,该老师只是提了一个问题,给了学生一句评价。虽然话不多,但是很关键,充分调动了学生学习的积极性,给了学生很大的想象空间,引发了他们的主动思考,收到了良好的教学效果。

3.(1)①"耶克斯—多德森定律"表明,动机不足会影响学习效率,在比较容易的任务中,学习效率随动机的提高而上升。周某认为自己天赋较高,教师每天授课内容知识点少,很容易就学会,不用着急学习,期末考试前仍沉迷于游戏、聊天等活动,没有任何学习行为,学习动机不足,导致其考试成绩不理想。

②"耶克斯—多德森定律"表明,学习动机过分强烈也会影响学习效率。李丽学习很刻苦,每天都想着要考出好成绩,每晚都熬夜学习,学习动机较高,其父母也对其抱有较高的期望,又进一步提高了她的学习动机,影响了学习效率,导致其期末考试成绩不理想。

(2)建议:动机水平与行为效果呈倒U型曲线,面对不同难度的任务时,要恰当地控制学习动机水平。二人应对学习和期末考试保持中等强度的动机水平,合理分配时间,组织有效的复习,提高学习效率。

4.(1)案例中教法的主要依据是意义识记的效果优于机械识记。机械识记是根据材料的外在联系,采取多次重复的方式所进行的识记,如对无意义音节、地名、人名、历史年代等的识记。这种识记具有被动性,但它能够防止对记忆材料的歪曲。意义识记是在理解的基础上,依据材料的内在联系,并运用已有的知识经验而进行的识记,它是学生识记的主要形式。在意义识记中,理解是关键。凡是有意义的材料,必须让学生学会积极开动脑筋,找出材料之间的联系;对无意义的材料,应尽量赋予其人为的意义,在理解的基础上进行识记,记忆效果会更好。

(2)精加工策略是指把新信息与头脑中的旧信息联系起来从而增加新信息意义的深层加工策略。它常被描述成一种理解记忆的策略,其要旨在于建立信息间的联系。联系越多,能回忆出信息原貌的途径就越多,即提取的线索就越多。精加工越深入、细致,回忆就越容易。案例中的教师就是采用了精加工策略中的记忆术,从而提高了记忆效果。

图书反馈

重磅！真题有奖征集！

「**凡提供当年度考试真题者，根据真题完整度，可获得500元以内现金奖励。**」

具体请联系QQ:1831595423

（温馨提示：所提供真题须是当年度考试真题，且真实有效。）

联系方式：400-600-3363　　研发部QQ：1831595423

招教网
招考资讯平台

山香官网
考编服务平台

山香网校
线上学习平台

图书订正链接
勘误更新平台